中国博士后基金2015年第五十七批面上项目：新丝绸之路背景下应对BEPS挑战的反避税问题研究（项目编号：2015M572241）
湖南省教育厅2015年重点项目："一带一路"战略下应对BEPS挑战问题研究
（项目编号：2015A051）
研究成果
湖南科技大学学术著作出版基金资助

双边税收协定

对合伙企业的适用研究

黄素梅 著

法律出版社
LAW PRESS·CHINA

目　录

前　言

税收是各国政府的主要财政支柱，对某项所得是否征税，主要看该国是否拥有税收管辖权，国际上确定税收管辖权的标准主要有属人原则和属地原则。属人原则，是指以纳税人（包括自然人、法人和其他组织）的国籍、登记注册所在地或住所、居所和管理机构所在地等为标准来确定税收管辖权。凡属于某国的公民和居民，对该国负有无限纳税义务，即其全球所得都应在该国纳税，该国对其拥有税收管辖权，这种税收管辖权又称为属人管辖权或居民税收管辖权。属地原则，是指以一国的领土疆域范围为标准，确定其税收管辖权。凡位于某国领土内的一切人（包括自然人、法人和其他组织），无论是本国人还是外国人，均对该国负有有限纳税义务，即凡是来源于该国的所得应向该国纳税，该国对其均具有税收管辖权，这种税收管辖权又称为属地管辖权或来源地税收管辖权。

不同国家对税收管辖权采用不同的原则将导致国际双重征税后果的产生。当不同国家的税收管辖权同时重叠在同一笔所得上时，即发生国际双重征税。这种国家之间的税收管辖权的相互交叉重叠可以分为两种情况，即相同的税收管辖权相互重叠和不同的税收管辖权相互重叠。[①] 国际双重征税产生的原因主要在于国家税收管辖权之间的冲突，主要表现在以下几个方面：一是由于不同国家同时行使居民税收管辖权和所得来源地税收管辖权，从而导致冲突。目前，大多数国家出于税收主权的考虑，既行使居民税收管辖权又行使来源地税收管辖权；或者行使的税收管辖权不一致，有的国家行使来源地税收管辖权，有的国家行使居民税收管辖权。这一方面使具有跨国所得的纳税人，作为居民纳税人对其居住国要就其世界范围内的所得承担无限居民纳税义务，另一方面作为非居民纳税人对所得来源国就其在该国境内取得的所得承担有限纳税义务，从而导致国际双重征税的产生。二是由于居民身份确定标准不一，从而导致冲突。各国在确定纳税人居民身份时，所遵循的标准可能存在差异，这导致一个纳税人在两个或两个以上国家同时被视为本国居民纳税人，承担无限纳税义务。例如，某企业实体甲在 A 国依法注册登记设立，但其主要营业地和管理中心在 B 国。如果 A 国认定居民的标准是注册登记地标准，则它将该实体视为居民企业；如果 B 国认定居民的标准是管理中心标准，则它也将该企业实体视为居民企业。此时，甲同时属于 A、B 两国的居民企业，如果两国都将该实体甲认定为纳税主体，则甲要对两国都承担无限居民纳税义务，从而产生双重征税。三是确定所得来源地的标准不同，从而导致冲

---

① 参见刘剑文主编：《国际税法学》，北京大学出版社 2000 年版，第 85 页。

突。各国国内税法对同一类所得的来源地的确定可能存在不同标准,这也将导致相关国家的来源地税收管辖权之间的冲突,从而对同一笔所得产生国际双重征税。这类税收管辖权冲突表现在纳税人的同一笔所得分别被两个国家认定为来源于其境内,纳税人应分别向这两个国家就该笔所得承担纳税义务。例如,A 国居民甲为 B 国居民合伙企业,在 C 国承包的某项工程技术中提供技术咨询服务。对甲所收取的咨询费,C 国根据劳务的使用地标准,将该项所得视为来源于 C 国,要对其征税;B 国则基于劳务报酬作为费用扣除的企业所在地标准,认为该项所得来源于 B 国,也要对其征税,此时就产生了国际双重征税。如果 A 国以甲的居住国身份对这笔所得行使居民税收管辖权,那么就产生对同一笔所得的三重征税。即使判定所得来源地采用同一标准,但在执行过程中对标准的理解和解释不同时,也会产生双重征税。①

这种双重征税显然增加了纳税人的税收负担,不符合税收公平原则。仅通过各国国内法进行规定,无法达成避免双重征税的目的。因此,国家之间往往会通过缔结关于避免对所得和财产双重征税的协定,以尽可能消除双重征税。这种国际税收协定是两个或两个以上的主权国家,为了协调相互间税收分配关系和加强税务行政方面的合作,本着对等原则,经由政府谈判后所签订的一种书面协议。因此,国际税收协定可分为多边和双边两种。

目前,国际上达成的多边税收协定为数不多,涉及内容相对较窄,影响不如双边税收协定大。1922 年 4 月,奥地利、匈牙利、意大利、波兰、罗马尼亚和南斯拉夫 6 国之间签订了国际税收条约史上第一个以解决双重征税问题为内容的多变性条约;1983 年瑞典、丹麦、

---

① 参见杨斌:《国际税收》,复旦大学出版社 2004 年版,第 115 页。

芬兰、冰岛和挪威5国签订了有关税务行政互助的条约，具有较大影响力，经过两次修改后与经济合作与发展组织（Organization for Economic Cooperation and Development，OECD）的范本十分接近；日本、美国、澳大利亚和加拿大4国于1996年9月签订了关于加强反对跨国偷税行为的合作协议；欧洲委员会和OECD于1988年1月25日在法国斯特拉斯堡共同制定了《多边税收征管互助公约》（又被称为《多边税收行政互助公约》），该公约向两组织成员开放，是一项旨在通过开展国际税收征收管理协作，打击跨境逃税、避税行为，维护公平税收秩序的多边条约，于1995年4月1日生效。我国政府在2013年8月27日正式签署《多边税收征管互助公约》。近年来，这一公约的影响力快速上升，正日益成为开展国际税收征收管理协作的新标准，目前已有60多个成员国。

世界上最早的双边税收协定是1843年由比利时与法国签订的，该协定主要是为了解决两国之间在税务方面的相互合作和情报交换问题。1977年和1979年，OECD和联合国先后正式发布了《关于对所得和财产避免双重征税的协定范本》（以下简称《范本》）和《发达国家与发展中国家关于双重征税的协定范本》（以下简称《UN范本》），它们的主要内容基本相同，但《UN范本》有关条款内容更强调来源国税收管辖权原则，更多地照顾到资本输入国（大多数属于发展中国家）的权益。各国对外缔结的协定往往以《范本》或者《UN范本》为基础。本书的分析以《范本》为例，它主要包括以下5个方面的内容：一是第1～2条规定协定的适用范围。二是第6～22条规定对各类跨国所得和财产价值的征收权的划分（以下简称分配规则或者分配条款），即针对不同种类性质的跨国所得规定相应的规则，明确哪些所得项目应由所得来源地国或居住国一方独占征税，哪些所得项目应由双方分享征税权，哪些所得项目来源国一方在一定条件和范围内可以优先行使征税权。三是第23条规定消除国际重复征税的方法(以下简称方法条款),包括免税法和抵免法。免税法是指居住国一方对本国居民纳税人来源于所得来源地国另一方的、已向来源地国缴纳了税款的跨国所得,在一定条件下放弃行使居民税收管辖权,允许不计入该居民纳税人的应税所得额内免于征税;抵免法是指居住国按照居民纳税人已在来源地国缴纳的所得税或财产税额,允许从其居住国应纳税额中扣除。四是第24条规定,禁止对缔约国国民的税收歧视待遇。五是第25~27条规定建立国际税务行政协助关系,主要包括相互协商程序、税务情报交换以及税款征收协助。①

《UN范本》遵循《范本》的范式和原则,但在征税权的分配上更注重来源地税收管辖权,主要体现在收入来源国对营业利润、投资所得和财产所得拥有更大的征税权。具体而言,两个范本在征税权分配上的异同,主要体现在以下几个方面:

一是不动产所得的征税权。两个范本关于不动产所得征税权的分配规则基本相同,两者的第6条都规定:"缔约国一方居民从缔约国另一方的不动产取得的所得(包括农业所得或林业所得),可以在另一国征税。"但通过常设机构取得的不动产所得应视为营业利润,按有关营业利润的规则分配征税权。

二是营业利润的征税权。营业利润的征税一般要遵循常设机构原则、利润归属原则和独立企业原则,以均衡收入来源国和居住国之间的利益。第一,关于常设机构原则。两个范本的第7条第(1)款都规定:"缔约国一方企业的利润应仅在该国征税,但该企业通过设在缔约国另一方的常设机构进行营业的除外。如果该企业

① 参见廖益新主编:《国际税法学》,高等教育出版社2008年版,第68~73页。

通过在缔约国另一方的常设机构进行营业，则其利润可以在另一国征税。”但两个范本在常设机构的构成条件、是否将有关监督管理活动和劳务活动也列入常设机构等问题上有分歧。《UN 范本》较《范本》而言，着眼于扩大常设机构范围或放宽构成常设机构的条件。第二，关于利润归属原则。利润归属原则是指缔约国一方对外国企业的营业利润征税，只能以归属于常设机构的利润为限。对哪些利润应归属于常设机构，两个范本存在不同标准。《范本》采用实际联系标准，即仅当营业利润的产生与常设机构有实际联系时，才能归属于常设机构征税；而《UN 范本》主张采用有限制的引力原则，即非居民除按实际联系原则归属利润外，在收入来源国境内虽设有常设机构，但绕开常设机构自行在收入来源国开展营业活动，如这些活动与常设机构营业活动相同或相似，也可将其利润归入常设机构进行征税。第三，关于独立企业原则。独立企业原则是指将常设机构视为独立的纳税实体，要将所取得的利润进行汇总归并，独立计算盈亏，把作为独立企业可能得到的利润准确完全地归属于常设机构。两个范本作了相同的规定。就常设机构与总机构之间的营业往来，常设机构与该企业的其他机构、关联企业及其所属常设机构之间的营业往来，应按照正常交易原则，以公开公平的市场交易价格为依据计算归属于常设机构的利润，以便来源国据此征税。

三是投资所得的征税权。两个范本对投资所得的征税，都设立了股息、利息、特许权使用费 3 个条款。《UN 范本》对全部形式的投资所得实行居民税收管辖权和收入来源地税收管辖权相结合的原则，承认缔约国双方都有征税权，但《范本》不承认特许权使用费的收入来源地征税权，主张由受益所有人居住国征税。

四是财产所得的征税权。两个范本对不动产转让所得一致主张由不动产所在地国进行课税，但对财产转让所得的规定有所差异。

相同之处主要在于：对不动产转让所得，以财产所在地为所得来源地，由来源国行使税收管辖权；对常设机构的营业财产进行转让或从事个人独立劳务的固定基地的财产转让以及对从事国际运输的船舶或飞机、内河运输的船只的转让，或对附属于上述船舶、飞机、船只的动产取得的收益的转让有相同规定。不同规定主要在于对股票或类似权益的转让所得的处理。①

综上可见，协定的作用主要是避免双重征税，并加强国家间的合作，防止逃避税，消除税收歧视，实现税收饶让抵免。② 两个范本第6～22条的分配规则将限制所得来源国的课税权：来源国或者完全放弃其课税权，或者其所课税额将受到限制而应遵循协定所规定的税率。居住国原则上负有义务采用免税法或抵免法来减轻或避免双重征税。

目前，世界各国所缔结的协定大都是以上述两个范本为蓝本的，我国所缔结的大部分税收协定的内容更接近《范本》的规定。在数量上，双边税收协定远远超过多边税收协定，世界上大多数国家也多采用缔结双边税收协定的方式来解决国际双重征税问题，因此，本书主要从双边税收协定的视角来进行研究。

虽然有税收协定对跨国所得课税进行协调，但税收协定只是对管辖权的范围作为分配，相应的管辖权仍与国内法产生许多不对称，这些不对称既有可能导致双重征税，也有可能造成双重征税。除此之外，因其他种种原因，如协定中某些用语没有做出统一的解释、协定规则指向要适用缔约国国内法等，各国在对跨国所得课税时可能会适用其本国税法。

---

① 参见杨斌、宋春平：《两个协定范本关于所得征税权分配规则的比较》，载《国际税收》2011年第8期。

② 参见廖益新：《国际税法学》，高等教育出版社2008年版，第143～144页。

就合伙企业而言，各国国内所得税法对它的规定存在较大的差异。有的国家如西班牙、巴西、巴拿马将其视为纳税主体，即合伙企业所得由合伙企业本身负担纳税义务；有的如德国、芬兰、加拿大、美国则不承认其纳税主体地位，将其视为税收透明体或者税收虚体，即合伙企业所得不是由合伙企业本身承担纳税义务，而是将所得“流经”至其合伙人，由其承担纳税义务。对同样的实体，有的将它视为合伙，有的将其视为公司，有的允许其选择按照合伙或公司课税。有的将在国内设立的合伙企业视为纳税虚体，而将在国外设立的合伙企业视为纳税实体。有的国家承认合伙人与合伙企业之间的各种交易关系，对由此产生的相关交易金额，允许从合伙企业所得中列支，有的则不承认，由此产生的费用不能从合伙企业所得中列支。因此，在税收上合伙企业常常构成混合实体，即同一混合体在两个或两个以上税收管辖区因其法律规定不同而产生不同的税务处理，主要体现在对同一笔支付，该混合体的定性是透明体抑或不透明体。混合实体被用来进行混合错配安排，尤其是近年来，许多全球性的跨国公司在其税收架构中，往往利用混合实体或者税收透明体在税务上的错配以规避主权国家的税收征收管理，这是一种较为常见的“税基侵蚀与利润转移”（Base on Erosion and Profit Shifting，BEPS）方式，各国目前正如火如荼地开展研究与合作，以规制 BEPS 行为，维护国家税收权益。

也正是由于上述各国国内税法中赋予合伙企业不同的税收待遇，当合伙企业具有跨国所得，各国在对其进行课税而适用协定时就会产生各种各样的冲突，如主体定性冲突和所得定性冲突。这些冲突一方面导致国家间协定适用上的分歧和矛盾；另一方面也致使企业试图利用各国之间的不同规定，借助税收上的错配安排或者混合实体的错配，企图规避税收。这两者都将导致双重征税或不征税现象的产生,致使国家税收流失,纳税人税负加重或减轻,有悖税负公平原则。那么应如何对合伙企业及其所得适用协定,尽可能避免这些冲突,有效避免双重征税或不征税,实现协定的目的和宗旨,以维护国家税权,确是国际税收中的一个难题,值得探讨和研究。

随着我国经济的快速发展,外国来华投资所采取的企业形式也多种多样,尤其是合伙这种形式的采用,近年来有了显著增长,主要体现在风险投资领域以及咨询和服务领域。为了顺应这种潮流,我国对《合伙企业法》进行了修订,增加了有限合伙以及特殊合伙形式,规定合伙企业的生产经营所得和其他所得由合伙人分别缴纳所得税;并明确规定自然人和法人都可以参与合伙企业,毫无疑问,外商也可以在我国设立合伙企业。有限合伙制度的创设满足了希望在中国设立、运作、投资风险投资基金、私募股权基金的外国投资者的需求。近年来,这种私募股权基金在我国蓬勃发展。同时,我国的合伙企业也可以到海外投资,合伙企业的跨国所得课税现象日趋频繁,合伙企业适用国际税收协定的情况就不可避免。

鉴于我国与各缔约国国内税法对合伙企业的规定存在差别,在适用协定过程中必然会产生各种各样的冲突。如何对合伙企业及其跨国所得正确适用国际税收协定就成为迫在眉睫的问题,但我国学者在这方面的研究尚不多见。

因此,本书针对双边税收协定对合伙企业及其跨国所得的适用进行了研究,探讨了合伙企业在双边税收协定中是否具备享有优惠的协定资格、合伙企业所得(如营业利润、股息、利息、特许权使用费等)如何进行定性及其对课税的影响、合伙企业常设机构的认定及其所得的课税、合伙人与合伙企业之间交易所得的定性及其课税、双边税收协定对合伙企业及其跨国所得的适用等问题,并结合我国所缔结的中外双边税收协定及我国所处的不同缔约国地位的情形,对涉及我国的合伙企业及其跨国所得如何正确适用中外双边税收协定进行了分析,提出了一些粗浅的建议。

但因笔者才疏学浅,能力有限,对与合伙企业及其跨国所得的课税协调相关的问题,未能面面俱到,逐一深入研究。书中所涉内容也存在诸多不足之处,恳请各位专家、同仁批评指正!

第一章　合伙企业的纳税地位与定性冲突

合伙企业的纳税地位或者各国所给予它的纳税待遇，即是由合伙人还是合伙企业对所得负有纳税义务的不同，将极大地影响合伙企业跨国所得征税中能否享有双边税收协定有关优惠。这种企业形式也在很大程度上为跨国公司利用不同国家的不同规定而进行不同的股权架构设计，从而进行避税提供了极大便利。

一、合伙企业在各国所得税法上的纳税地位

各国国内所得税法对合伙企业在税收上的待遇有不同规定，根据合伙企业所得征税模式是由合伙人还是合伙企业承担纳税义务这一标准，可分为两大类型：

一类征税模式是由合伙人而不是合伙企业本身对合伙企业所得承担纳税义务，合伙企业既不是个人所得税也不是企业所得税的纳税主体，

具有这种纳税地位或者税收待遇的合伙企业在税法理论上常常被称为“纳税虚体”“税收虚体”“税收透明体”或者“透明实体”。

对合伙企业赋予这种税收待遇的国家又可细分为两种类型。一是所谓的准实体模式，即不认为合伙企业负有独立的纳税义务，但却又主张其是独立于合伙人而存在的实体，完全有单独计算应税所得的可能与必要。按照这一观点，合伙企业应依据一定的会计处理方法与原则，通过对收入与开支的确认计算出合伙企业的应税所得，最后按协议约定的或其他认可的标准将其分配到合伙人手中，合伙人就其分配到的所得缴纳个人所得税。① 即在合伙企业经营期间，以合伙企业为单位申报，计算其所得、成本、扣除项目，确定合伙企业的利润或者亏损，然后再将利润或亏损分配给各合伙人，并保持原有的所得性质不变，由各合伙人按照自身的性质（如法人合伙人、自然人合伙人或其他合伙人）、各项所得的不同扣除规则以及税率向税务机关申报纳税。由此可见，准实体模式适用了“流经原则”（flow-through principle），加拿大、美国、芬兰等国采取这种模式。例如，芬兰在税收上将国内外合伙企业视为纳税虚体，合伙企业不是独立的纳税人，而仅是一个会计单位，其利润视为合伙人的所得并由其纳税。即使芬兰的合伙企业从外国获得所得或者没有居民合伙人，也不会改变其税收待遇。如果在芬兰没有居民合伙人，则纳税人为非居民合伙人。② 二是非实体模式。在采取这种模式的国家中，合伙企业不仅不被视为独立课税实体，而且其还不能作为一个独立于合伙人之外的实体，仅是反映通过契约联系起来的一种关系，因而不要求合伙企业单独计算利润与亏损，合伙人分配到的不

---

① 参见吴金光：《三种合伙企业课税模式比较》，载《涉外税务》2002 年第 8 期。

② Marjaana Helminen, “Tax Treatment of Cross-Border Income Derived Through a Partnership-A Finnish Perspective”, *IBFD*, 2002, 56(7).

是被汇总后的所得的一部分,而是合伙总收入和总支出中应由其分享或承担的那一部分。合伙企业将各项性质不同的收入来源与支出按一定标准逐项分配给合伙人,各项所得在能相互区分并保持原有性质的条件下,在合伙人环节被计算出来并课以个人所得税。[①]也就是说,直接将合伙企业的费用、成本、收益在各合伙人之间进行分摊,就如合伙人直接获得收益或直接产生费用,然后由各合伙人计算盈亏,承担纳税义务。德国、荷兰、英国、丹麦等国采用这种模式。

这两种征税模式虽然在形式上有所差异,但实质上最终都是由合伙人承担纳税义务,因此本书将其统一为一大类型,即"纳税虚体"。将合伙企业视为纳税虚体的国家除了上述提到的以外,还有澳大利亚、美国、卢森堡、挪威、奥地利、波兰、瑞士、瑞典、土耳其、大不列颠、冰岛等国。[②] 我国对国内的合伙企业也是赋予其纳税虚体的税收待遇。

另一类征税模式,是由合伙企业本身对所得承担纳税义务,合伙企业是独立的纳税主体,在税收上与公司处于同样的地位,即对合伙企业和公司采取同样的待遇,税收上没有区别对待,对两者都是按照企业所得税纳税。在合伙企业层面计算收益、成本费用扣除额度,确定合伙企业的应纳税所得额。合伙企业缴纳完企业所得税之后,再向合伙人进行利润分红,合伙人的分红类似于股东从公司获得股息收入,对合伙人适用对股息的征税规定。特别要注意的是,税收上的纳税实体和民商法上的法人资格并非完全等同。有的国

---

① 参见吴金光:《三种合伙企业课税模式比较》,载《涉外税务》2002 年第 8 期。

② Weggenmann Hans, *Einordnungskonflikte bei Personengesellschaften im Recht der deutschen Doppelbesteuerungsabkommen unter besonderer Berücksichtigung des OECD-Partnership-Reports* 1999, Nürnberger, 2002, S. 30.

家在民商事法律地位上将合伙企业视为法人，但并不将其视为独立的纳税实体。反之，有些国家并不将合伙企业视为民商法上的法人，但在税法上却将其视为独立的纳税实体。本书将享受独立纳税主体地位这种税收待遇的合伙企业在税收理论上称为“纳税实体”或者“税收实体”。将合伙企业视为纳税实体的国家主要有印度尼西亚、爱沙尼亚、罗马尼亚、墨西哥、西班牙、巴西、哥斯达黎加、厄瓜多尔、危地马拉、巴拿马、乌拉圭、委内瑞拉、比利时等。①

此外，也有一些国家对国内外合伙企业的税收待遇有不同规定，例如，我国将根据我国法律设立的合伙企业在税法上视为纳税虚体，而将根据外国（地区）设立的合伙企业视为纳税实体。还有一些国家对不同类型的合伙企业规定不同的税收待遇和地位，如捷克、斯洛伐克、加拿大、土耳其、澳大利亚等国将有限合伙企业视为纳税实体，而普通合伙企业则不被视为纳税实体。爱尔兰则规定，无论是普通合伙企业还是有限合伙企业，都可以按照法律规定选择作为或不作为纳税实体。② 也就是说，在爱尔兰，合伙企业具有自主选择按照纳税实体或按照纳税虚体进行纳税的自由。下面主要介绍美国、德国、日本、加拿大、西班牙、法国等国家中合伙企业的税收待遇。

（一）美国

美国的“合伙企业”是一个含义广泛的概念，包括任何两个或两个以上的人所组成的从事营业活动、金融活动或投资活动的非法人组织。其《统一合伙法》第 6 条规定：“两个或两个以上的人作为共

---

① Weggenmann Hans, *Einordnungskonflikte bei Personengesellschaften im Recht der deutschen Doppelbesteuerungsabkommen unter besonderer Berücksichtigung des OECD-Partnership-Reports* 1999, Nürnberger, 2002, S. 30.

② OECD-Report, pp. 71 - 163.

有人，以营利为目的而从事经营的组织为合伙。”该法第2条对“人”的解释中，指出“人”包括“个人、合伙、公司或其他组合”。但某个按照州合伙企业法设立的组织实体是否在税收上也是合伙企业，即被视为纳税虚体，则具有不确定性。即使某个组织实体不是按照州合伙企业法建立的，在税收上也可以视为合伙企业。同样，按各州合伙企业法建立的组织实体在税收上也可以不被视为合伙企业。

美国合伙企业的税收法规是1954年税制改革时由国会颁布的，后来形成了美国《国内税收法典》(Internal Revenue Code，IRC)中的K小章。

K小章规定对合伙企业不在实体层面课税。根据IRC第701节的规定，原则上将合伙企业视为纳税虚体，所有合伙的所得、收益、扣除、损失和抵免都“流经”(pass through)至合伙人个人并在合伙人层面课税。然而，根据IRC第703节(a)的规定，合伙企业是一个独立的利润所得计算主体，故必须提出纳税申报，通常适用与个人相同的所得计算规则。

在合伙人与合伙企业的关系上，IRC第707节(a)(1)规定，合伙人可以像独立的第三人一样与合伙企业从事交易活动，此时，合伙企业被视为一个独立的实体。合伙人将固定资产出售给合伙企业的所得应作为合伙人的应税资本利得。同样，合伙企业因与合伙人之间交易而产生的亏损，在合伙企业层面也被视为可扣除的损失。[①] 根据IRC第707节(c)产生的所谓“受担保付款”或者“保证支付”(guaranteed payments)是作为对合伙人的劳务报酬来支付且区别于合伙企业所得的。如果合伙企业中的所得既不属于IRC第707节(a)(1)下的类似于与陌生的第三人所进行的交易所得，也不

① See Daniels A. H. M., *Issues in International Partnership Taxation*, Deventer (NL): Kluwer Law and Taxation Publishers, 1991, p. 24.

属于 IRC 第 707 节(c)中的受担保付款,那么其就属于“被分配的份额”(distributed share),即合伙人从合伙企业份额中所得到的收入,从而适用 IRC 第 731～733 节中的分配规则。[①] 被视为同第三者交易以及被视为受担保付款所支付给合伙人的费用,合伙企业可以列支,对合伙人而言,两者之间的实质区别在于税负不同。因 IRC 第 707 节(a)(1)规定的类似于独立第三人的交易而产生的所得,合伙人可以自行确定,将其纳入资本利得或普通所得,而根据 IRC 第 707 节(c)所规定的来自企业层面的受担保付款则通常被纳入普通所得范围。

由此可知,美国关于合伙企业的税法制度表明了合伙企业的双重特性。一方面,合伙企业被视为导管公司,本身不是纳税实体;另一方面,合伙企业又被视为一个实体组织,并由此决定合伙人和合伙企业之间交易的税收结果。[②]

由于合伙企业与公司的税收地位不同,待遇各异,如何在税收上对实体组织进行分类就显得极重要。

1997 年以前,判断一个实体在税收上是属于合伙企业还是公司,美国国内收入署(Internal Revenue Service,IRS)和法院主要按照“四要素标准”进行定性。该四要素指的是:(1)一定的经营期间(continuity of life);(2)集中化的管理(centralized management);(3)所有者承担有限责任(limited liability for its owners);(4)所有权份额能自由转让(freely transferable ownership interests)。[③] 除非相关实体所具有的公司特性多于合伙企业的特性,即至少具备以上 4 个

---

① Kesselmeyer B., *Die Partnership im US-Steuerrecht (Federal)-unter Berücksichtigung der Beteiligung deutscher Partner*, Aachen, 2000, S. 175.

② See Daniels A. H. M., *Issues in International Partnership Taxation*, Deventer (NL): Kluwer Law and Taxation Publishers, 1991, p. 24.

③ Treas. Reg. § 301.7701－2(a).

特性中的3个，否则将被视为合伙企业。因此，一个英国法人如果不具备上述特性中的3个，在美国税收上可能被视为合伙企业。在Philip G. Larson v. Commissioner 案中，[1]税收法庭认为，加州的有限合伙仅具备集中化管理和所有权份额能自由转让的特征，而缺少一定的经营期限以及所有者承担有限责任这两个特性，使该有限合伙在税收上不能视为法人。

在美国联邦税法上，公司通常属于纳税主体，而合伙企业则不是。按照美国各州的一般公司法建立的实体在税收上通常不能视为合伙企业，但S小章下的公司，如有限责任公司(limited liability company,LLC)，在税收上也可能被视为合伙企业。[2] 在实践中，美国的四要素标准适用起来有一定难度，对有限合伙和新的非法人实体形式更是如此，如LLC和有限责任合伙(limited liability partnership,LLP)。

美国的LLC与我国的有限责任公司完全不同，其法制具有较强的灵活性。因美国仅要求LLC根据各州的公司法来设立，因而美国各州都自行设置了有限责任公司法。虽然这50多个相似的法令大体上都与美国《统一有限责任公司法案》或由美国律师协会拟订的《标准有限责任公司法》相似，但无论是州法还是上述两个标准法，都赋予LLC在设立章程、组织形式上极高的选择弹性。通常而言，LLC具有法人资格。LLC的设立要件主要是在契约合意后，完成在设立州的正式注册，将其公司名称、存续期间、设立宗旨及股份持有人之间的权利和义务载明于营业协议中。营业协议无须公开，不拘泥于任何形式，所以，无论是在法律上还是在实践中，要界定一个专

---

① Philip G. Larson. 66 T. C. 159(1976).

② See David J., Rachofsky, "Overview of the U. S. Tax Consequences of Disregarded Entities", *IBFD*, 2001, 55(9/10).

属于LLC的典型法律性质或是常用的合同类型，都是比较困难的。①

在实践中，要求纳税人算出公司特性的个数并将其与非公司特性的个数进行比较，这种方法具有很大的任意性。纳税人易于操纵这四个要素以达到其期望的税收结果，采用这种方法除了增加征收管理成本外，并没有增加任何税收收入。由于这些缺点，1997年财政部取消了"四要素标准"而代之以"打钩选择"（check-the-box）方法。② 即美国《国内收入署规章》（IRS Regulations）第301第7701目第1条、第2条、第3条（§ 301.7701－1，－2&－3）规定，出于行政效率的考虑，除了预设清单（Default List）上列出的企业组织被视为自始就具有税法法人人格即纳税主体地位外，其余根据美国或是外国法令成立的组织都可由纳税义务人填写8832号表单，自行选择其在美国联邦税法上的税收人格的认定事实，让"合格实体"自由选择按公司或合伙企业纳税。③ 这种简化使企业不必再费尽心思聘请律师和会计师等专业人士对企业进行设计从而实现"合法避税"，为企业缩减了经营成本。

"打钩选择"方法很简便，它适用于所有非法人实体和单个所有者的实体（an entity with a single owner，以下简称一人公司）。根据该规则，拥有两个或两个以上所有者的非法人实体，如合伙企业、有限合伙、LLC或LLP，都可以视为"合格实体"（eligible entity）。合格的实体被视为合伙，除非它选择按公司纳税。一人公司也可以选择

---

① 参见吴青伦：《德国法上判定外国企业税法法人格的标准》，载《涉外税务》2012年第5期。

② 打钩选择方法是指在纳税申报表中，有几个可选项目，如按个人纳税、按公司纳税，纳税人只要在其欲选择的项目后打钩即可。

③ Treas. Reg. § 301.7701－3.

按公司纳税。[1] 然而，对于一人公司而言，该规则的缺点是将它视为独资经营（sole proprietorship），这对绝大多数联邦税收而言，意味着该实体将被忽略（disregarded），[2]或者说被穿透，因而其又被称为“被忽略实体”。[3] 从税收的角度来看，如果未选择按公司课税，则有两个或更多所有者的非法人实体将被视为合伙，按 K 小章课税；而一人公司视为被忽略实体，即将之同其所有人视为一个整体，也就是不具有税法意义上的纳税主体地位。

对于非法人实体而言，如果选择按公司来经营，通常很难得到比作为合伙来经营更有利的税收便利（tax-wise）。合伙所得通常只在投资者层面课税，而公司所得通常不仅在所得实现时要在实体层面课税，而且在所得分配时也要对投资者课税；尽管有许多限制，合伙的损失可以由合伙人直接享有扣除额，而公司的损失只能从公司利润中来扣除；合伙清算时通常是免税的，而公司清算时，公司和股东层面通常都会招致课税。

从历史角度来看，合伙的税收便利常常因非税方面的不利之处得以抵销：对企业的所有者而言缺乏州法上的有限责任。[4] 然而，随着 LLC 的出现，纳税人可以同时享有这两者的好处。有限责任公司的纳税人有权将州法上规定的有限责任和合伙的税收待遇结合起来，但有一个例外，即公开贸易合伙（publicly traded partnerships，PTP）。作为 IRC 的特殊规则，PTP 被视为公司而不是合伙课税。由于纳税人可以自行选择企业个体的应税地位，LLC 可被自由勾选为

---

① Treas. Reg. § 301..7701 -2(a).

② Rabinovitz Joel & Eric M. Zort, "Tax Nothings", *Taxes*, 1997, p. 75.

③ See David J., Rachofsky, "Overview of the U. S. Tax Consequences of Disregarded Entities", *IBFD*, 2001, 55(9/10).

④ See Rabkin Jacob & Mark H. Johnson, "The Partnership under the Federal Tax Laws", *Harvard Law Rev.*, 1942, (55).

合伙企业而不作为企业所得税的征税主体,因此,LLC 通常被应用在中小型企业或是跨国性企业集团架构中。[①] 一旦让纳税人自行选择企业组织的纳税性质,不仅会导致税法上的个体与所得分类出现分歧,而且有使应税交易凭空消失的可能。因此,奥巴马在其 2009 年 5 月提出的税法修正案中,大力倡议废除这种"打钩选择"方法,并指出这项改革可为美国带来约 865 亿美元的收入,但截至目前,相关修正案尚未实现。[②] 从某种意义上来说,LLC 既不是公司,也不是合伙,而是兼具二者优势的"第三条道路",是迄今为止将传统公司的有限责任保障和合伙的税收待遇结合得最完美的企业形式。[③]

(二)德国

德国的合伙形式主要有:股份两合公司(Kommanditgesellschaft auf Aktien),德国《股份法》对其进行了规定,一方面它由股东组成,另一方面至少要有一个普通合伙人;民法上的人合公司(Gesellschaft Bürgerlichen Rechts),其被规定在德国《民法典》中;隐名合伙(Stille Gesellschaft)、人合公司(Offene Handelsgesellschaft, OHG)以及两合公司(Kommandit Gesellschaft, KG),其被规定在德国《商法典》中。在 KG 中,要求至少有一个普通合伙人,且承担无限责任。最普遍的 KG 是 GmbH & Co. KG,在这种合伙形式中,由一个有限责任公司(Gesellschaft mit beschrärnkter Haftung, GmbH)充当普通合伙人。但实际上,这仅是为 GmbH 提供一个组建合伙的机会,它在经济上并不是一个承担无限责任的普通合伙人,而是仅以有限责任公司的股份为限来承担责任。

---

① 但如银行和保险业等部分商业活动是不允许采用 LLC 的组织形式的。

② 参见吴青伦:《德国法上判定外国企业税法法人格的标准》,载《涉外税务》2012 年第 5 期。

③ 参见廖凡:《美国非公司型有限责任企业初探》,载《法学》2003 年第 9 期。

德国国内税法制度规定，由各合伙人对合伙企业所得承担纳税义务。因此，就投资者的税收而言，合伙企业的利润是否分配并没有影响。[①] 合伙企业的存在是为了确定应税所得，其利润和损失在合伙企业层面计算后直接分配给各合伙人并由其纳税。[②]

如果一个外国居民经营德国的合伙企业，根据德国《所得税法》（Einkommensteuergesetz，EStG）第 1 条第（4）款以及第 49 条第（1）款第（2）项的规定，负有有限的所得税纳税义务。而如果是一外国公司作为合伙企业的合伙人，则根据德国《企业所得税法》（Körperschaftsteuergesetz，KStG）第 2 条以及 EStG 第 49 条第（1）款第（2）项的规定，它负有有限的公司税纳税义务。

EStG 第 15 条第（1）款第（1）项第（2）小项规定，属于工商企业的所得不仅包括合伙人的营业利润，还包括合伙人因向合伙企业提供劳务而获得的酬金、因投入贷款或转让资产而获得的报酬。这些所得被称为“特别报酬”（Sondervergütungen），即合伙人因与合伙企业发生交易所获得的所得，它要纳入合伙人的合伙企业利润所得之中来计算。如果一个合伙人在其自己的工商企业或自由职业等范围内与合伙企业发生交易往来，那么他因此从合伙企业获得的报酬就不属于其独立经营的企业或自由职业所得，而是属于其作为合伙人的合伙企业的营业利润。

对于外国企业或者组织实体的定性，德国采用的是类型比较（Typenvergleich）原则。1930 年帝国财政法院（Reichsfinazhof，RFH）的一个判决涉及对一个委内瑞拉合伙企业的定性。RFH 认为设立

---

① See Lethaus Hans J. & Assessor Harald Mohr & C. H. Boehringer Sohn Ingelheim, “The Taxation of German Partnerships”, *IBFD*, 2000, 54(8/9).

② See Martin Bünning, “Germany: Use of Partnership and Other Hybrid Instruments in Cross-Border Transactions”, *Intertax*, 2003, 31(6/7).

国对合伙企业的税收待遇并非决定性的，而是要根据类型比较来确定，该外国的合伙企业是像一个德国的股份公司还是合伙企业。因此，要对企业在外国民法上的构成以及德国对合伙企业和股份公司的分类进行比较。[①] RFH 作出的“委内瑞拉判决”得到了普遍认可，德国联邦财政法院（Bundesfinanzhof，BFH）接受了判决中的观点，并常常在以后的判决中加以适用。

那么，何为类型比较呢？在德国法中，类型比较主要是从企业的内部结构来将外国企业与德国的合伙企业或者股份公司进行比较。首先，对这一待确定性质的实体进行分析，确定其在外国公司法中具有何种结构和地位，此时，不仅要考虑外国对实体分类的法律，还要考虑其他法律规定，[②]如企业所在地国、经营管理国针对企业及个人的法规。其次，将该实体的法律结构与德国公司或者合伙的结构做比较，即确定该外国实体是否具有德国《公司法》所规定的公司特征。[③] 换句话说，就是确定该企业是适合归入股份公司还是更适合归入合伙企业。在此方面，外国实体在其母国被视为税收上的虚体还是实体并不重要。如果该外国实体的法律结构与德国的合伙企业结构具有可比性，那么尽管该外国将该实体视为公司，德国还是将其视为合伙企业。[④]

2004 年 3 月 19 日，德国财政部发布解释函告，以阐述根据美国

---

① RFH v. 12. 02. 1930, RStBI 1930, 444.

② See Martin Bünning, “Germany: Use of Partnership and Other Hybrid Instruments in Cross-Border Transactions”, *Intertax*, 2003, 31(6/7).

③ Schonhaus Mathias, *Die Behandlung der stillen Gesellschaft im Recht der Doppelbesteuerungsabkommen unter besonderer Berücksichtigung des OECD-Partnership-Reports*. Frankfurt a. M, 2005, S. 33.

④ Schonhaus Mathias, *Die Behandlung der stillen Gesellschaft im Recht der Doppelbesteuerungsabkommen unter besonderer Berücksichtigung des OECD-Partnership-Reports*. Frankfurt a. M, 2005, S. 33.

公司法成立的LLC,应如何在德国税法上认定其身份。首先,德国财政部指出,LLC在德国税法上有两种可能的税法地位:一种是独立的纳税主体,具备税法上的法人人格,如公司制企业;另一种是相当于合伙企业的人合组织,不具备税法上的法人人格。如认定其为人合组织,在税法上视为纳税虚体,就可能构成该LLC在德国境内的附属分支机构,甚至常设机构。

总的来说,德国税法上对于外国实体的判断主要有以下标准:第一个标准是该实体是否独立于股份持有人,是否拥有统一的对内业务执行权及对外代表权。集中统一是指一个或一个以上的自然人或法人可全权行使表决权,而无须经由全体股份持有人的同意,且该决定权是没有时限限制的。一般来说,公司组织有着统一且集中的业务执行权和对外代表权。第二个标准是有限责任制。公司制企业的特征就是股东仅就其出资额负担有限清偿责任,只要某实体组织没有任何一个股份持有人承担无限清偿责任,就算满足这项标准。第三个标准是所持份额是否可进行自由转让。所持股份的自由转让是公司制企业的重要特征,而合伙企业相比公司制企业,在所持有的股份转让上受限更多,很多时候甚至是被禁止的,例如,必须先得到其他股份持有人同意后,才能转让给第三人。第四个标准是利润分配决议。就公司制企业而言,利润的分配必须经由年度股东大会决议方能确定,但对于合伙企业而言,合伙人如想得到利润分配,通常无须经由任何类似决议。第五个标准是出资限制。一般来说,合伙企业没有最低出资资本额的相关限制,但公司制企业通常有最低出资限制。第六个标准是无限存续期间。公司制企业通常都是永续经营的,而合伙企业则并非如此。第七个标准是利润分配比例。根据德国《公司法》第60条第(1)款规定,股份有限公司的利润分配,通常是根据持股比例,根据德国《有限责任公司法》第29条第

(3)款规定,有限公司是根据出资比例,根据德国《商法典》第121条及第168条规定,合伙企业则是根据缴付出资比例或人头数。不同于公司股东主要只扮演出资人的角色,如果分配利润时除了出资比例,也考虑个人贡献等因素,则多半倾向于合伙企业的特性。第八个标准是法定设立要件。德国法规定,要设立股份有限公司、股份有限合伙以及有限责任公司,均须办理商业登记。仅经由合意订立营业协议,并不足以成立一个公司组织。此外,合伙企业通常视为自营业协议缔结之日起就存在,其后的企业登记只是为了取得对抗第三人的效力。第九个标准是一些其他的辅助标准。除前述标准外,其他衡量指标在判定组织的分类上,都不具有决定性,如股份持有人的数目就不是一个区别公司和合伙的合适指标。但因美国法赋予LLC极高的设立弹性,在实践中,很难以一个笼统的分类来判定其是否属于税法中的纳税主体,必须按照实际情况逐一清查。德国税务机关也是综合考虑以上标准,如果满足上述九项标准中的前五项主要标准,则某个实体组织可被认定为公司;第六项标准只在部分情况下才有适用的可能性,而其他几项标准则只具有辅助参考意义。没有所谓的单一关键要素,如有限责任必定是公司等。①

(三)日本

日本《税法典》中并没有合伙企业的概念,所有根据日本《民法典》构成法律实体的组织,除个别情况外,都需要缴纳企业所得税。根据公司法成立的一般合伙企业和有限合伙企业,都是法律实体,因此都要缴纳企业所得税。与此相反,不属于法律实体的非公司制联合体则不需要缴纳企业所得税,而是要通过“穿透原则”,由实际

---

①　参见吴青伦:《德国法上判定外国企业税法法人格的标准》,载《涉外税务》2012年第5期。

受益人缴纳个人所得税。例如,对基于性质不明的联合体建立的合同关系,其参与者要直接计算纳税,联合体不需要计算纳税。[①]

日本《民法典》和日本《商法典》对合伙企业作了规定,有普通合伙(Kumiai)与隐名合伙(Tokumei Kumiai)两种,各合伙人的出资及其他合伙财产,属于全体合伙人共有。普通合伙(Kumiai),根据日本《民法典》设立,合伙成员之间订有合作合同,无须注册登记,一般由律师、税务代理人以及医生所采用。普通合伙本身并不是法律实体,也不是独立的纳税主体,所得由合伙人按份承担纳税义务。根据日本有关税法规则,Kumiai 不用向税务当局进行纳税申报,但当所得由其成员根据所得税法课税时,应保持所得通过 Kumiai 产生时的特性,给予普通合伙的成员工作的报偿被视为由 Kumiai 向其成员分配营业利润所得,[②]但是,在实践中这种处理也并非确定无疑。[③]

隐名合伙(Tokumei Kumiai),依据日本《商法典》设立,也不是独立的纳税实体,由合伙人承担纳税义务,与 Kumiai 不同的是,只有公司才有资格采取这种组织形式从事营业活动,且公司要申报全部所得,如果合伙企业将所得分配给投资者,则要适用预提税,除非投资者不足 10 人;如果投资者是非居民,则所得归属位于日本的财产所得。在实践中,外国的合伙企业可以视为 Tokumei Kumiai。

其他的合伙形式如无限合伙企业(Gomei Kaisha)与有限合伙企业(Goshi Kaisha),虽具有合伙的某些特征,但被视为纳税实体并适

---

① 参见史耀武:《中国个人所得税制度研究》,财政部财政科学研究所2013年博士学位论文,第255页。

② See Yoshiaki Hirano, *Partnership no Hoteki Houzou ni Kansuru Ichi Kosatsu*(*A Certain Consideration on Legal Structure of Partnership*), Zeimu Daigakuko Ronso, 1993, S. 257.

③ IFA, Cahiers Droit Fiscal International Volume LXXXa, *Subject on International Tax Problems of Partnerships*, Kluwer Law International, 1995, p. 319.

用日本《公司所得税法》。例如，无限合伙企业（Gomei Kaisha）是根据日本《商法典》组成的法人，具有法人人格，是日本公司所得税法上的纳税人。日本无限合伙企业的功能类似于英美法上的无限合伙，但英美法上的无限合伙通常不是公司所得税主体。有限合伙企业（Goshi Kaisha）也是日本公司所得税法上的纳税主体，其功能类似于法国的未公开的合伙（société en commandit）和德国的KG。日本《公司所得税法》并没有授予这两种合伙企业以纳税虚体地位，但这两种形式在实践中采用得很少，如在1997年，Gomei Kaisha仅占所有合伙形式的0.3%，而Goshi Kaisha仅占1.2%。[①]

（四）加拿大

根据加拿大有关商事法的规定，合伙企业在类型上分为一般合伙企业、有限合伙企业、合资企业和混合型合伙企业，合伙企业不被认定为法律实体。加拿大税法中没有关于合伙企业的专门定义，合伙企业不是所得税的纳税人，其税制采取的是准独立征税实体模式，从广义上来看，即纳税虚体模式。在合伙企业层面上以合伙企业为单位向税务当局申报年度税务信息表，根据所得的来源进行分类，并按照各自相应的规则，计算每一项所得项目的应纳税所得并保持原有所得性质不变，再由各合伙人按自身性质、各项所得的扣除规则和税率向税务当局申报纳税。也就是说，加拿大合伙企业所得的分配是根据流经原则进行的，即合伙企业经营所得先在合伙企业层面上计算，再分配给合伙人，由合伙人申报缴纳税收，同时合伙企业向税务当局提供税务信息表。对合伙企业的非经营所得如股息、利息、红利，则保持其特性，从合伙企业流经至合伙人，由合伙人申报纳税。关于准备金，允许在合伙企业层面上在一定范围内作有

---

① See Yoshihiro Masui, "Taxation of Partnerships in Japan", *IBFD*, 2002, 56(4).

限的扣除;对于公益性救济性捐赠,在计算合伙企业利润时不允许抵扣,但可以在合伙人之间分配而由合伙人申请抵扣;合伙人从合伙企业分得所得后,可申请某些扣除,如合伙人举债购买合伙企业中的股份所支付的利息可以扣除;因加拿大个人所得税实行的是综合制,因此,允许扣除一些家庭费用如儿童照看费用。合伙企业的亏损不能向前或向后结转到其他年份,而是同样被分配给合伙人,合伙人分得的亏损额可用以抵扣其纳税年度所得,或者向前或向后结转到其他年份。

合伙企业的设立并非一定要通过书面协议才成立,通过口头协议或行为暗示也可以取得合伙企业的组织形式。同时,加拿大对合伙企业还规定,企业必须要有利润目的。加拿大《所得税法案》规定了反避税条款,以防止利润和各种来源所得按不合理比例分配,限制公司制合伙人多次利用小商户扣除和有限合伙人用虚假的合伙企业损失或抵免去冲抵其他所得。该法案也规定,非居民合伙企业中的居民合伙人就其分得的所得申报纳税,但可以申请境外所得的税收抵免。合伙企业的非居民合伙人在加拿大境内取得的所得则保持其所得性质在加拿大申报纳税。①

合伙企业利益被转让的,新合伙人要根据其持有比例对应全年收入进行纳税,原合伙人对其原股份对应的应税收入份额不需要计算纳税。合伙企业取得各种所得的来源和性质会保持不变,并落实到其合伙人头上。无论被认定为一般所得的分配还是资本所得的分配,都不需要计算纳税。合伙协议一般会对合伙企业收入或成本费用分配作出限制。加拿大针对分配规定了一些反避税规则,例如,如果不成比例分配的主要目的是降低或推迟纳税义务,则此分

---

① 参见张标敏:《中加合伙企业所得税制比较及启示》,载《涉外税务》2002年第2期。

配不被税法所认同。合伙人进行关联交易的，要适用与上面基本一致的反避税规则。合伙人持有合伙企业的成本，要根据未分配利润进行增加，根据分配或损失进行降低。其目的是确保按照特殊原则进行处理的收入或损失，能够在纳税人持有成本中准确反映出来。例如，在对财产转让所得减半征收时，全部转让所得都要增加合伙人持有成本，以便在持有财产被转让时，对应收益不会被征税。但与美国不同的是，对于积极经营者，合伙人在企业中的成本可能变成负数，因为税法允许超过投资额的分配额或损失被传递给合伙人。负成本会增加合伙企业财产处置时的整体收益，但对于有限合伙人或消极合伙人，负成本被认定为财产转让所得。①

合伙企业发生的债务不影响合伙人的持有成本。但一般合伙人在合伙企业层面，税法并没有规定其损失扣除比例不得超过实际投资额（包括投资资本和未支取收益）。超过的损失将会导致合伙人持有成本变为负数。这也会进一步增加权益处置时的收益。但对有限合伙人可承担的损失额，税法则规定不得超过其资本投资额。②

（五）法国

在法国税法中，即使事实上并非对合伙企业课税而是由合伙人根据他们在合伙企业相应的按份所得代表合伙企业纳税，合伙企业经常被认为具有纳税义务，其本身仍区别于合伙人具有独立的税收地位。可以说法国对合伙企业采用的是一种混合税制。例如，股份有限合伙按公司课税；普通合伙、经济利益团体、民事合伙以及未公开合伙中的所得则由合伙人纳税；在有限合伙中，负无限责任的合

---

① 参见史耀武：《中国个人所得税制度研究》，财政部财政科学研究所2013年博士学位论文，第256页。

② 参见史耀武：《中国个人所得税制度研究》，财政部财政科学研究所2013年博士学位论文，第258页。

伙人的所得应根据适用于合伙企业的规定课税,但作为例外,普通合伙人也可以选择适用公司所得税,而属于隐名合伙人的所得份额应根据适用于股份公司的规定课税。

(六)荷兰

荷兰所得税法对合伙企业没有专门规定。对公司所得税没有涵盖范围内的所有组织,都视为纳税虚体,因此,就合伙企业而言,是直接对合伙人进行课税。但对股份可以转让的有限合伙企业,则有特殊规定:有限合伙人取得的所得,要分别在合伙企业层面缴纳企业所得税,在合伙人层面缴纳个人所得税;承担无限责任的合伙人取得的所得,则只需缴纳个人所得税。

(七)西班牙

西班牙将合伙企业视为纳税实体。一个在西班牙设立的类似于德国法上称为人合公司即“OHG”或者两合公司即“KG”的实体在西班牙《民法》中被视为法人,这类实体通过一个设立合同获得法律人格。西班牙《企业所得税法》根据人合公司和两合公司在西班牙的民法地位来确定企业所得税法意义上的法人纳税主体。根据西班牙《所得税法》第7条第1款的规定,西班牙人合公司和股份公司具有同样的企业所得税纳税义务。合伙人从西班牙的人合公司或者两合公司中的分红被视为合伙人的资本收入,所得将在合伙人和合伙企业层面上加以区分。根据西班牙《公司所得税法》的规定,由人合公司或者两合公司承担公司所得税,并且合伙人对其分红承担个人所得纳税义务。

综观各国合伙企业所得税制,合伙企业税收法律地位、各国税收立法水平、税收征管能力以及纳税人纳税意识等综合因素,是确定合伙企业课税模式的重要影响因素。一般来说,纳税实体课税模式对税务管理的要求相对较低,税务处理和规则的制定相对简单。征管技术较为落后的国家,一般倾向于采用纳税实体模式,而纳税虚体课税模式要求通过复杂的计算，对合伙企业的收入和支出等要素进行分配，并确保各种所得来源信息准确，以使各种所得来源在性质不变的情况下流经至合伙人，因此，对税务处理规则的制定和信息监控技术处理能力等有较高的要求。此外，还需要纳税人自觉遵守税法。采用这种模式的国家，大多数是发达国家。另外，合伙企业所得税制的课税模式与企业是否具有法人地位并无直接关系。[①]

二、合伙企业的定性冲突

（一）定性冲突的含义

1. 所谓的识别冲突

在国际税法中会遇到“识别冲突”（conflicts of qualification）这个概念，OECD 报告认为，如果缔约国对双边税收协定（以下简称协定）进行了不同的解释或适用，就会产生“识别冲突”的情形。但值得注意的是，OECD 财政事务委员会（以下简称委员会）对“识别冲突”这个概念进行了有保留的采用，对之冠以定语“所谓的”。它认为，当居住国和来源国基于其不同的国内法而适用协定的不同条款时，与合伙企业有关的协定适用的困难主要是由“所谓的”“识别冲突”所致。[②] 但并未对“识别冲突”作出详细定义。Vogel 认为，国际税法上的“识别冲突”是指对协定规定下的特定的事实进行归类时产生的冲突。[③] 一般认为，当两个缔约国根据其本国所得税法对协定所规定的同一个事件进行不同归类而认为都有课税权时，就会产生课税权的冲突，这被称为积极的“识别冲突”，随之而来的结果就是双重征税；当两个缔约国根据其本国所得税法对同一事件进行不

---

① 参见魏志梅：《合伙企业所得税制研究》，载《税务研究》2014 年第 4 期。

② See OECD-Report, para. 94.

③ Vogel Klaus & Lehner Moris, Doppelbesteuerungsabkommen der Bundersrepublik Deutschland auf dem Gebiet der Steuern vom Einkommen and Verögen Kommentar. Müchen, 2003, Einl., Rz. 151.

同归类而认为对应课税对象没有课税权时，就产生消极的“识别冲突”，导致双重不征税。当两个缔约国根据其国内所得税法对同一所得进行不同定性，而将其归入协定第6～22条的不同分配规则项下时，就会产生“所得识别冲突”。例如，对合伙人从合伙企业获得的营业所得，一国根据协定第10条将其认定为股息，而另一国则根据第7条认定为营业利润。而当不同的协定国将同一个应税事件归属不同的人名下时，就产生“主体识别冲突”。例如，对同一应纳税所得，一国认为纳税主体是合伙企业，而另一国认为是合伙人。

2. 国际税法是否应采用“识别冲突”概念

“识别冲突”是国际私法上的重要概念，是指由于法院地国法与有关外国法律对同一事实构成作出不同的分类，或对冲突规范的范围中同一法律概念赋予不同的内涵，采用不同国家的法律概念规定进行识别就会导致适用不同的冲突规范和不同的准据法的结果。其产生的原因如下：第一，不同国家对同一事实赋予不同的法律性质，因而可能援引不同的冲突规范；第二，不同国家往往把具有相同内容的法律问题分配到不同的法律部门中去；第三，不同国家对同一问题规定的冲突规范具有不同的含义；第四，不同国家有时有不同的法律概念或独特的法律概念。①

国际私法上的“识别冲突”是和冲突规则紧密联系在一起的，是两个国家私法规则的冲突，这种冲突是为了实现一国或另一国的利益而产生的，先要确定是否应适用一国或另一国的法律。它包括以下3个要素：第一，涉及一个概念的解释；第二，该要解释的概念是一个实体法上的概念；第三，这种实体法上的概念是冲突规则事实的

---

① 参见韩德培主编：《国际私法新论》，武汉大学出版社2002年版，第174～176页。

一部分。①

国际税法上的“识别冲突”则是指对协定规定下的特定事实进行归类时产生的冲突，仅涉及双边税收协定而并不涉及国内法律的解释。它首先应解决定性问题，再确定应适用哪一国的法律。在国际税法中并不存在上述国际私法中“识别冲突”的3个相同的要素，它包括的并非只是单独的概念，而是复杂的课税事实。另外，并不存在冲突规则。②

将国际私法中几百年来已经确定了的概念——“识别冲突”，原封不动地转用于国际税法中，遭到了一些学者的反对。国际私法中的冲突规则是为了确定应适用哪种法律，即一国根据某个事实来适用外国法或者本国法。但协定并非冲突规则，一国仅依据它自己的税收规则来征税，虽然协定可以优先于国内税法得以适用，但它并不取代国内税法，协定也并非国内税法的上位法（lex superior）或者特别法（lex specialis）；协定自身与国内税法之间可能存在冲突。此外，两个国家之间也可因明确的安排使协定被后来的国内税法所取代。与冲突法相比，协定不仅具有不同的价值，而且也具有不同的适用领域。

因此，有学者认为，使用“分类冲突”或“定性冲突”用语更为合适。因为所谓的“识别冲突”毕竟会涉及税收协定的解释，也会涉及税收协定规则下确定事实的归类。税收中的实际情形应该按照确定的税收协定规则来进行分类或定性。如果两个国家根据协定对

---

① Gundisch Stephan, Personengesellschaften im DBA-Recht—Eine Analyse des OECD-Partnership-Reports, C. H. Beck, 2003, S. 57.

② Vogel Klaus & Lehner Moris, Doppelbesteuerungsabkommen der Bundersrepublik Deutschland auf dem Gebiet der Steuern vom Einkommen and Verögen Kommentar. Müchen, 2003. Einl., Rz. 151.

同一个事实进行了不同的分类或定性，就产生分类或定性冲突。[①]

本书认为，虽然国际税法已经从国际私法中将“识别冲突”这个概念引用过来，但因其在国际私法中所固有的含义与国际税法中所要表述的含义还是有所不同，故笔者认为还是采用“分类冲突”或者“定性冲突”这些表述比较好，以减少歧义的产生。

（二）定性冲突产生的原因

定性冲突较多地产生于与合伙企业有关的课税之中。例如，有的国家将合伙企业视为纳税实体，认为合伙企业应对其所得承担所得税纳税义务，而有的国家将其视为纳税虚体，认为合伙企业所得应由合伙人直接承担纳税义务。对合伙人向合伙企业提供贷款所得到的利息的性质，不同国家也有不同的看法。有的国家将这种贷款纳入合伙人私人财产，在合伙人层面对利息课税；有的国家将这种利息视为有偿独立活动所得。[②] 因此，当合伙人不是合伙企业设立国（P 国）的居民时，该利息就在两个国家负有纳税义务，即在合伙人居住国（R 国）作为投资所得课税，在 P 国——合伙企业构成合伙人的常设机构——被视为有偿独立活动所得，即营业利润课税。尽管 R 国和 P 国缔结了协定，双重征税还是不能完全避免。根据《范本》第 7 条第（1）款的规定，P 国可以认为其课税权并没有受到限制；而根据《范本》第 11 条第（1）款的规定，R 国可以对全部利息课税。在这种情况下，R 国认为，P 国对该所得只有有限的课税权，可能不会同意给予 P 国所征的全部税款税收抵免，该利息就被部分

① Weggenmann Hans, *Einordnungskonflikte bei Personengesellschaften im Recht der deutschen Doppelbesteuerungsabkommen unter besonderer Berücksichtigung des OECD-Partnership-Reports* 1999. Nürnberger, 2002, S. 32.

② Weggenmann Hans, *Einordnungskonflikte bei Personengesellschaften im Recht der deutschen Doppelbesteuerungsabkommen unter besonderer Berücksichtigung des OECD-Partnership-Reports* 1999. Nürnberger, 2002, S. 34.

地双重征税。

反之,如果合伙人居住国(R国)将该所得视为营业利润所得,P国将其视为投资所得,则在计算合伙企业在P国境内常设机构的所得时,P国会扣除这种利息所得。但根据P国国内法,P国作为来源国可以对合伙人的该利息所得课税,不过仅限于《范本》第11条第(2)款所规定的额度内。根据R国国内法对该所得的定性,按照《范本》第7条第(1)款规定,如果R国采用免税法,如瑞士、德国,将认为这种所得应由P国独占征税。这种定性上的冲突就会导致对该利息的部分不征税,额度相当于免税总额超过P国所课征来源所得税的剩余部分。[①] 这也导致许多跨国公司利用不同国家对同一实体的不同规定,对企业进行不同的股权架构,以规避税收。

总的来说,对合伙企业进行课税时,如果涉及跨国因素,则导致定性冲突的产生主要有以下3个方面的原因:

1. 缔约国对协定作不同的解释

对协定项下的事实作出不同定性的原因之一是,两个缔约国对协定作不同的解释,其中一缔约国错误地适用了协定或是对协定作出了错误的解释。例如,将债权人的所得视为《范本》第11条下的利息所得还是第10条下的股息所得?两个缔约国对此可能产生争议。如果缔约国一方从债权权利角度来理解,就会将该所得视为利息,适用《范本》第11条,而另一方从企业股份角度来理解,则会将该所得视为股息,适用《范本》第10条,这样就产生了对企业所得的定性冲突。因为这两个规则的适用是彼此对立的,仅其中一项规则对特定事实的适用才是正确的。又如,一个地产公司的租金所孳生的利息所得,是视为协定第6条项下的不动产所得,还是视为第11

---

① See Hugues Salome & Robert J. Danon,"The OECD Partnership Report-A Swiss on Conflicts of Qualification",*Intertax*,2003,31(3).

条项下的利息所得？如果出现解释上的冲突，就会产生双重征税或不征税。

2. 缔约国对同一事实作不同性质的认定

对协定项下的事实作不同定性的另一个原因是，适用协定的缔约国（以下简称适用国）从不同的角度出发，对事实作出不同的认定。另外，具有纳税义务的事实在适用国可能体现得不够充分，或者难以确定。两个国家从不同观点出发，适用不同的协定规则。例如，在确定一个合伙企业所得是营业利润还是非独立劳务所得时，必须确定企业的经营活动是由所雇的企业负责人从事还是由企业主自己从事。如果缔约国认定经营活动是由所雇用的企业负责人从事，那么就会将应税所得归入《范本》第 15 条项下的非独立劳务所得；如果认定是由企业主从事，那么就会将所得归入第 7 条项下的营业利润。在这种情况下，委员会根据《范本》第 23A 条第（1）款的规定认为，居住国一般要受到来源国定性的约束。

3. 对事实和协定作一致认定和解释的缔约国国内所得税法上对同一事实有不同规定

缔约国国内所得税法给予合伙企业的纳税地位的不同——有的将其视为纳税实体，有的将其视为纳税虚体，有的采用混合体制，是导致协定国之间对协定不同适用的主要原因。尽管缔约国对事实的认定相同，对协定的解释也都正确，但因为不同的国内税法对合伙企业规定了不同的待遇，他们还是会适用不同的协定规定。如果只有前两个原因，则缔约国还是有可能协商一致的。因为对应税事实达成一致应该没有特别的困难，同样，缔约国对不同的协定解释进行判断，哪一个是正确的哪一个错误的，也是有望达成共识的。但各国国内税法上的不同规定，则难以通过协商解决。

（三）定性冲突的不同情形

由于以上原因，各国在对合伙企业适用税收协定时就会产生各种各样的冲突问题。同时,跨国所得课税通常会涉及两个国家,本书将这种情况称为“基本情况”,当缔约国将合伙企业视为纳税实体或纳税虚体时,涉及合伙企业协定资格或合伙人与合伙企业所得定性冲突时通常会有下列4种基本组合:

第一种:两个缔约国都将合伙企业视为纳税实体。

第二种:两个缔约国都将合伙企业视为纳税虚体。①

第三种:合伙企业所在地国将合伙企业视为纳税虚体,而缔约国另一方将其视为纳税实体。②

第四种:合伙企业所在地国将其视为纳税实体,而缔约国另一方将视其为纳税虚体。③

在基本情况下,本书用P表示合伙企业,A、B表示合伙人,S国表示所得来源国,P国表示合伙企业所在地国,R国表示合伙人居住国。

但有时,一个税收事实往往涉及3个国家,本书将这种情况称为“特殊情况”。在涉及三国的特殊情况下,可能每两个国家之间都缔结了协定。一方面,要确定如何界定国家之间的课税权;另一方面,要确定谁有权享受协定优惠。为了区别协定中的缔约国,使用了概念“所得来源地国”和“合伙人居住国”。当合伙企业获得协定管辖范围外的所得时,所得的获得与分配可能涉及不同的国家。另外,合伙人可能是合伙企业所在地国以外的居民,涉及缔约国以外的其他国家,因而引入“第三国”这个概念。④ 因此,在涉及三国的特殊情况下,主要有合伙企业的所在地国、合伙人的居住国、所得来源地国

① OECD-Report, example 1, 11, 12, 13, 15.

② OECD-Report, example 4, 6, 14.

③ OECD-Report, example 5, 16, 17, 18.

④ Gundisch Stephan, Personengesellschaften im DBA-Recht—Eine Analyse des OECD-Partnership-Reports. C. H. Beck, 2003, S. 113.

等概念，这里的所得来源地国与双边关系中的来源国是有一定区别的。本书用 S 国表示所得的来源国，R 国表示合伙人的居住国，P 国表示合伙企业的所在地国。

总的来说，在 3 个国家 S、R、P 参与的情况下，当缔约国将合伙企业视为纳税虚体或纳税实体时，将有 8 种可能的情况：

第一种：三国都将合伙企业视为纳税实体；①

第二种：三国都将合伙企业视为纳税虚体；②

第三种：S 国和 P 国将合伙企业视为纳税虚体，而 R 国将其视为纳税实体；③

第四种：S 国和 R 国将合伙企业视为纳税实体，而 P 国将其视为纳税虚体；④

第五种：S 国和 P 国将合伙企业视为纳税实体，而 R 国将其视为纳税虚体；⑤

第六种：S 国将合伙企业视为纳税实体，而 P 国和 R 国将其视为纳税虚体；

第七种：S 国和 R 国将合伙企业视为纳税虚体，而 P 国将其视为纳税实体；

第八种：S 国将合伙企业视为纳税虚体，而 P 国和 R 国将其视为纳税实体。

因此，在涉及对合伙企业的跨国课税时，因各国国内所得税法给予其税收待遇可能存在差异，加之协定各缔约方在适用和解释协定时对同一事实或条款、概念的理解也可能存在不同的看法，从而导

① OECD-Report, example 8.

② OECD-Report, example 2.

③ OECD-Report, example 3.

④ OECD-Report, example 7.

⑤ OECD-Report, example 9, 10.

致在对合伙企业适用协定时产生不同程度的冲突,最终导致双重征税或不征税,正因如此,也诱使许多跨国企业往往利用合伙企业的这种混合实体的特性,进行不同的公司股权架构的安排,转移利润,以避免纳税,侵蚀各缔约国的税基。

第二章 合伙企业的协定资格

《范本》和《UN 范本》第 1 条规定了协定对“人”的适用范围，即原则上限于对具有缔约国一方居民身份的纳税人适用，只有那些在缔约国一方负有居民纳税义务的人，才具有要求享受协定所规定的优惠待遇的主体资格。“协定资格是一种权利，它可以利用协定的壁垒作用来对抗国内的课税权”，[①]涉及协定对人的适用范围。在许多国家，协定成为国内法的一部分，其居民直接拥有协定的权利并承担义务。可以说，协定资格是指拥有援引协定保护并享受协定优惠的资格或者权利。《范本》第 1 条规定了谁可以享有这种资格。根据协定规定，如果是协定资格人，他在居住国就来源于缔约国对方的所得可以享

---

① Schuamburg Harald, *Die Personengesellschaften im internationalen Steuerrecht*, Stbg, 1999(2).

有抵免或免税的权利，在来源国则可要求按协定规定课税。为了保证该权利，《范本》第25条第(1)款赋予协定资格人提起相互协商程序的权利。当具有协定资格的人认为一个或两个缔约国的措施致使，或将致使其遭受与协定不相符的税收时，他就可以适用该相互协商程序。

因不同的国家给予合伙企业不同的税收待遇，当合伙企业有跨国所得时，就会产生一些合伙企业协定资格上的冲突，导致对协定的不同适用和双重征税或不征税。如何来确定合伙企业是否具有援引协定保护的权利，并能享受协定的优惠待遇呢？OECD在《关于税收协定范本对合伙企业的适用报告》(以下简称《报告》)中明确指出，合伙企业本身是否具有享受协定待遇的资格，取决于其是否具有此类协定意义上的缔约国一方居民的纳税主体地位。[①] 根据《范本》相关条款，属于"缔约国一方居民"或"缔约国另一方居民"的"人"可以享受这种协定保护。"缔约国一方居民"，首先，必须是一个协定意义上的"人"；其次，缔约国一方居民必须是在该国负有纳税义务的"人"，即具有纳税主体资格；最后，这种纳税义务必须是基于住所、居所、管理机构场所这类居住性质的法律事实标志而引起的。[②] 合伙企业是否具有协定资格，同样取决于其是否同时符合上述3个条件。

一、《范本》意义上的"人"和"居民"

《范本》第1条规定："本协定适用于缔约国一方或缔约国双方居民的人。"若某人属于这些缔约国的居民，那么就符合《范本》第1条的要求，可以适用协定。一个人如果被称为协定上的"人"，则是指《范本》第3条第(1)款第(a)项所定义的对象。而"居民"则按照

---

① OECD-Report, para. 28.

② 参见廖益新主编：《国际税法学》，高等教育出版社2008年版，第68～69页。

《范本》第 4 条所规定的含义来理解。“人”的身份和“居民”这两个前提条件必须同时得到满足，纳税主体才能要求协定的保护。因此，对合伙企业的协定资格要从两个层面来探讨：一是从“人”的身份来分析；二是从“居民”身份来考量。

（一）《范本》第 3 条第（1）款意义上的“人”

《范本》第 3 条第（1）款第（a）项将“人”定义为“除有关条款另有规定外，在本协定中，‘人’一语包括个人、公司和任何其他团体”。

协定上的“人”和“居民”是两个不同的概念。《范本》在第 19 条第（1）款第（a）项以及第 25 条第（1）款使用“人”这个概念时没有添加定语“居民”。由此可以确定，一个人并非仅通过“居民”身份来确定其属于“人”的资格。“人”和“居民”这两个概念要分开予以解释。此外，“人”有权援引《范本》第 24 条第（1）款中对国民提供的无差别待遇以及在第 25 条第（1）款中规定的相互协商程序。因此可以确定，“人”在协定法上并非仅指“居民”这种含义。

OECD《范本》第 3 条的注释规定：“第（a）项对‘人’用语的定义并不详尽，用语‘人’具有广泛的定义（特别是第 1 条和第 4 条）。定义明确提到‘人’一语包括个人、公司和其他团体，且通过第（b）项关于‘公司’用语的定义，来说明‘人’一语还包括本身不是法人，但在税收上视为法人的任何实体。所以，基金会（fondation，stiftung）也可属于‘人’一语的定义范畴。”[①]足以见得“人”的含义并不仅限于第 3 条第（1）款第（a）项所列举的实体，“人”这个概念应从尽可能广的意义上来理解。合伙企业属于范本意义上的“人”，因为它们或者属于“公司”的定义范围，或者如果不属于公司，则构成其他团体。[②] 如果合伙企业本身是纳税主体，即在税收上被视为法人的实体，那么

---

① 2005 OECD-MC，art. 3 para. 2.

② 2005 OECD-MC，art. 3 para. 2.

它们就属于《范本》第3条第(1)款第(b)项意义上的"公司",因为"公司"这一用语首先是指所有法人,而且该用语还包括根据组织成立地所在缔约国税法视为法人的任何其他纳税单位,①因而属于《范本》第3条第(1)款第(a)项意义上的人。当合伙企业本身不是纳税主体时,显然不属于"公司",但可以归入"其他团体"这个用语中,因为"团体"可解释为统一体(unified group)或个人和/或其他法人团体组成的联合(association),②因而合伙企业也属于协定意义上的"人"的范畴。在Padmore v. Inland Revenue案中,英国高等法院也认为"其他团体"包括了合伙企业在内。③ 而且绝大多数国家在其协定中规定合伙企业属于协定意义上的"人"。显然,合伙企业通常构成协定意义上的"人",除非协定中明确将合伙企业排除在人的范围之外。

事实上,有些国家如美国、加拿大、芬兰、瑞士、英国以及德国等认为协定的条款应尽量清楚、明确,他们所缔结的一些协定有的明确规定"合伙企业"属于"人"的范畴,如美国与中国、芬兰、法国、英国缔结的协定,加拿大与墨西哥、卢森堡、意大利、波兰等国缔结的协定;而有的则明确规定"合伙企业"不属于"人"的范畴,如英国与芬兰、意大利、墨西哥、印度尼西亚所签订的协定。

(二)《范本》第4条意义上的"居民"

"居民"在协定中具有特定的含义,是协定资格的一个决定性标志。国内税法和各国之间所订协定建构了两个相互独立的法域,他们有各自的概念解释规则,不能将协定上的居民与根据国内所得税

---

① 2005 OECD-MC, art. 3 para. 3.

② See Daniels A. H. M., *Issues in International Partnership Taxation*, Deventer (NL): Kluwer Law and Taxation Publishers, 1991, p. 21.

③ See Auery Jones, "1987 Simon's Tax Cases", *The British Tax Rev.*, 1987(36).

法上规定的对其居住国具有全球所得纳税义务(以下简称无限纳税义务,而与之相对的是有限纳税义务,即一个人仅对来源于一国境内的所得在该国具有纳税义务)的居民这两个概念等同起来。因为各国国内法上所规定的确定无限纳税义务的标准各异,并非完全与协定所规定的判断居民的标准相同。

例如,德国《所得税法》第1条第(1)款规定的所得税法上的无限纳税义务要求,该义务承担人根据德国《税收规则》(Abgabenordnung, AO)第8条具有一个住所或者根据AO第9条具有一个习惯居所,相应地,《企业所得税法》上的无限纳税义务则要求在国内有企业行为管理地或者注册地。我国《个人所得税法》第1条规定,在中国境内有住所或者无住所而在境内居住满1年的个人,对中国具有无限纳税义务;我国《企业所得税法》第2条规定,依法在中国境内成立,或者依照外国(地区)法律成立但实际管理机构在中国境内的企业在中国具有无限纳税义务。美国则将所得税无限纳税义务和国籍联系在一起。而《范本》第4条第(1)款则规定:本协定中"缔约国一方居民"一语是指按照该国法律,由于住所、居所、管理场所或其他类似性质的标准而负有纳税义务的人。以下将对协定中的"居民"概念作比较详细的探讨。

1."居民"身份的意义

居民是协定法上一个很重要的概念,一方面,它确定《范本》第1条关于"人"的效力范围,即确定谁有权要求协定保护,享受协定优惠;另一方面,通过它可界定税收管辖权。判断一个人在何种情况下属于"居民",这对每个缔约国具有同等重要的意义。针对特定纳税人而言,通过对某个纳税人居民身份的确定,就能确定哪个缔约国是居住国,则另一个缔约国就是来源国。这导致两个法律结果:一是在协定有关所得征税权分配规则上,将对来源国的课税权予以限制；二是赋予居住国从属课税的权利，居住国必须对缔约国对方有关税收事实给予税收减免救济。

如果一个人属于两个国家的居民，那么应将其归属于哪一国的居民？两个缔约国必须对此达成一致，才能保证协定的一致适用。假如一个人在两个缔约国都有住所，则它们都是他的居住国，这就导致可能的双重征税无法通过协定来避免，因为两个国家作为居住国都会要求行使属人管辖权，从而行使征税权，因此协定就无法适用，仅当居住国和来源国是两个不同的国家时，协定才起作用并能达到预期的效果。对这种一个人具有两个居民身份的情形，《范本》第4条第(2)款、第(3)款规定了独特的冲突规则，对此不进行更详细的论述，因为本章所探讨的合伙企业本身在一般情况下只能满足一个缔约国的居所标准，但原则上所有落入协定下的人都可能遇到这种情况。

但在合伙企业的情形下，一个税收事实可能涉及两个协定意义上的居民，因为缔约国对合伙企业的纳税主体地位的认定不一。一个缔约国将合伙人视为居民，而另一国将合伙企业视为居民，这就导致新的定性冲突，而这种冲突是无法通过《范本》第4条第(2)款、第(3)款的冲突规则来解决的。那么，就会产生这样一个问题，即应根据何种标准来判断一个人是否具有协定意义上的居民身份？

2. 判断协定意义上"居民"的基本标准

《范本》第4条第(1)款规定："本协定中'缔约国一方居民'一语是指按照该国法律，由于住所、居所、管理场所或其他类似性质的标准而负有纳税义务的人，也包括该国或地方当局。但这用语不包括仅由于来源于该国的所得或位于该国的财产在该国有纳税义务的人。"

《范本》把有关场所的标志与住所、居所、管理场所联系起来。

“其他类似性质的标准”是场所标志的可替代形式。第4条第(1)款第二句明确指出,仅有来源于一国的所得并不足以作为认定居民的标准,国籍也不足以构成居民的判断标准,因为这将有关场所的标准降低了。第一句所规定的第一类场所标准即“住所、居所、管理场所”的人必须同时满足“根据该国法律负有纳税义务”这个条件,才是《范本》意义上的居民。

“根据该国法律”这一表述明确指示,一国在解释“纳税义务”这个概念时应参照该国国内法。因此,一方面,要确定一个缔约国国内法是否对该人赋予了纳税义务;另一方面,要确定该纳税义务是否与场所标志有联系。《范本》第4条第(1)款规定,居民以人的纳税义务为前提,但并非要求实际上的征税,只要该人具有纳税义务就足够了,例如,获得有虚拟纳税义务的所得或者财产。因此,协定中的分配规则要发挥其限制作用并不依赖于,该国是否实际上课税了,实际课税充其量可以作为判定居民的一个间接证据。①

该款第一句没有明确规定“人”应具有无限还是有限纳税义务,但第二句则规定无论如何仅在缔约国有来源所得而产生的人的纳税义务是不足以确定居民身份的。为了确定协定意义上的居民,仅有与该国国内税法上的来源所得相联系的有限纳税义务是不够的。② 因为缺乏有关场所标志如住所、居所、管理场所或其他类似性质的联系。协定通过第一句所要求的人的空间上的联系来规定,有关的人为了获得协定保护,就必须证明他与某个缔约国有特别的人

① Weggenmann Hans, *Einordnungskonflikte bei Personengesellschaften im Recht der deutschen Doppelbesteuerungsabkommen unter besonderer Berücksichtigung des OECD-Partnership-Reports* 1999, Nürnberger, 2002, S. 32.

② Vogel Klaus, *Doppelbesteuerungsabkommen Kommentar.* München, 1996, art. 4 Rz. 24.

的联系。[1] 这意味着居民与征税客体没有实际联系。

也不能把居民和无限纳税义务相提并论。《范本》第 4 条第(1)款第一句仅是对某个国内税收意义上的人的纳税义务所作出的特征描述。协定并没有规定,在缔约国各自的国内税法上应如何对居民进行课税。无限纳税义务的一个主要标志是对国内及国外的全部所得具有纳税义务。从《范本》第 4 条第(1)款第二句也不能推出居民具有对全球所得纳税的义务。因为第二句仅阐明,对于居民而言,仅具有物的联系标志是不够的。

尽管如此,一个在缔约国具有无限纳税义务的人通常能满足《范本》第 4 条第(1)款所规定的居民条件,因为国内税法对无限纳税义务的规定是从人与国内的联系标志中推出的。但这并非能无限制地适用,例如,美国《国内税收法典》规定,凡是美国公民都具有无限纳税义务。假如一个美国公民作为范本意义上的人在美国既无住所也无居所,那么他虽然在美国具有无限纳税义务,但不是《范本》第 4 条第(1)款意义上的居民,因为他在美国不是根据场所上的联系来引出其纳税义务的。德国《所得税法》第 1 条第(3)款规定,在德国既没有住所也没有习惯居所的人可以通过申请而具有所得税无限纳税义务,这种人也不是协定意义上的"居民"。

3. 国内税法上的纳税主体身份

由上可知,协定法上缔约国人的居民身份依赖于人与该国空间上的联系,此外,该人必须根据该国法律在该国负有纳税义务。在该国仅具有来源所得不足以视为具备了协定意义上的纳税义务,不能根据与缔约国没有人身关系的纳税义务来确定协定法上的居民。那么,在何种条件下,一个人在一缔约国负有《范本》第 4 条第(1)款

① Schaumburg Harald, *Internatinales Steuerrecht*, Köln, 1998, S. 161.

意义上的纳税义务？是否具有纳税主体身份的人才具有纳税义务？

有学者认为，人的纳税主体身份对于纳税义务而言是多余的。根据国内税法的规定，一个协定意义上的人并非同时就是纳税主体。《范本》第 4 条仅确定了一个空间关系，指示人们参考这类标志对概念“居民”予以确定。因此，“当这种标志证明了他和缔约国的空间关系，使所赋予的纳税义务成为无限之时”，该人就是居民。[①] 如果居民可以是免税的人，则那些并不被视为纳税主体的人也可以是居民。为了能够免除其实际纳税义务，一个人是否首先要被视为纳税主体，或者是否一开始就不包括在纳税主体之内，仅是一个立法技术问题。

另有学者认为，人的纳税主体身份对于纳税义务而言是必需的，上述学者的观点与《范本》第 4 条第（1）款的文义是不相符的，该款以该人“有纳税义务”为前提。从逻辑上来看，只有具有纳税义务的人才有可能是一个税收权利主体。[②] 根据国内税法的规定，对税收权利主体的放弃应是在《范本》第 4 条第（1）款的文义之外的。因为该款的措辞同时也确定了解释的界限，所有那些可能和文义不相符的，所有不适合协定内容的解释都是可拒绝的。[③] 在居住国仅有虚拟的纳税义务是不够的，因为这可能导致法律的不安全、不稳定。[④]

OECD 也主张“人”的纳税主体身份。[⑤] 2000 年《范本》第 1 条

---

① Vogel Klaus, *Doppelbesteuerungsabkommen Kommentar*, München, 1996, art. 1 Rz. 25a.

② Riemenschenides Sven, *Abkommensberechtigung von Personengesellschaften und abkommensrechtliche Behandlung der Einkünfte aus Beteiligungen inländischer Gesellschafter an ausländischen Personengesellschaften*, Frankfurt a. M, 1995, p. 72.

③ Larenz Karl, *Methodenlehre der Rechtswissenschaft*. Berlin u. a., 1991, p. 343.

④ Debatin Helmut, *Subjektiver Schutz unter Doppelbesteuerungsabkommen*, BB, 1989 (1).

⑤ 2005 OECD-MC, art. 1 para. 5 and art. 4 para. 8, 4.

注释第3段针对合伙企业是否是缔约国居民作了特别规定。该注释说道："首先，问题是究竟这类合伙企业是否可以适用协定规定，如果把合伙企业视为公司或按公司课税，那么，根据协定第4条第(1)款的规定，它有理由被视为对其征税的缔约国一方的居民，因而属于协定范围内并有资格享受协定的优惠。"①为了使该注释的含义表述更加清楚，在2005年《范本注释》中修改为："然而，当合伙企业在一国被视为纳税虚体时，按照第4条第(1)款的含义，则它在该国没有'纳税义务'，因此，它不成为协定意义上该条所指的'缔约国一方的居民'。"②也就是说，如果某一国将在该国设立的合伙企业视为"纳税虚体"而非"纳税实体"，那么合伙企业在第4条所指的该国没有"纳税义务"，不是协定意义上该国的居民。

根据《维也纳条约法公约》有关条约解释的规定，《范本注释》不仅是对协定范本进行解释的参考资料，而且可以被视为一种实质上的解释工具。《维也纳条约法公约》第31条第(4)款规定，如果经确定，当事国有此原意，条约用语应使其有特殊意义。因为接受协定范本措辞的当事国自然也知道相应的注释以及相关术语的含义。两个国家如果对某个术语的理解有分歧，则应采用《范本注释》中的解释。可以确定，《范本》第4条第(1)款的文义不允许做这样的解释，即一个人在居住国的纳税主体身份是多余的。

《维也纳条约法公约》第31条第(1)款规定，条约应依其用语按其上下文并参照条约之目的及宗旨所具有之通常意义，善意解释之；第32条第(2)款规定，所获结果显属荒谬或不合理时，为确定其意义起见，得使用解释之补充资料，包括条约之准备工作及缔约之情况在内。如果对协定的解释符合协定的目的和宗旨，即使偏离协

---

① 2005 OECD-MC, art. 1 para. 3.

② 2005 OECD-MC, art. 1 para. 5.

定的原文,也不会导致荒谬或不合理的结果。《范本》第 4 条第(1)款明确指出,要参照国内法来确定人的纳税义务,因而在协定法和国内法之间就建立了联系。为了能使协定和国内法相互作用,原则上它们提及的必须是同一个协定资格人和同一纳税主体,否则,法律结果从一开始就不一致。如果两个缔约国赋予同一个人纳税义务,但协定本身并没有这种规定,因而导致双重征税;如果协定本身规定了纳税主体,而国内法上缺乏相对应的主体时,协定保护仍会落空。为了使相关的人基本上能得到协定保护,根据国内法来确定由哪一个纳税主体承担该纳税义务具有重要意义。当协定意义上的居民与纳税主体相联系在一起时,也符合协定的目的和宗旨。这种偏离《范本》第 4 条第(1)款的解释被证明是正确的,就不会产生荒谬和不合理的结果。

因而,为了判断一个人是否属于居民,不仅要注意《范本》第 4 条第(1)款的措辞,还要从缔约国国内法与协定之间的关系来看待人的纳税主体身份。这种观点也适用于合伙企业,一个美国的合伙企业不具有协定资格,因为它在美国不是纳税主体,不是美国所缔结协定第 4 条第(1)款意义上的"居民"。

4. 如何确定合伙企业的纳税义务

合伙企业是否具有或者说何时具有纳税主体身份呢?当合伙企业本身具有纳税义务时,其毫无疑问具有纳税主体身份。当各国采用不同的税收制度对合伙企业进行课税时,判断一个合伙企业在一个既定的国家是否具有"纳税义务"可能会有困难。如何理解"纳税义务"这个概念就显得十分关键。

委员会详细地讨论了不同国内所得税法中的"纳税义务"这个概念对于合伙企业所得的课税应如何来理解。如果所得仅是在合伙企业层面上加以确定,接着就在合伙人层面按份额加以分配并在合伙人层面予以课税，那么合伙企业是没有纳税义务的。如果该合伙企业是利润确定主体，以它的名义确定所得但仍然由合伙人分配所得且接着对合伙人课税，那么合伙企业要承担纳税义务的理由并不成立。当合伙人要缴纳的税收仍是从合伙企业层面来确定，只要“人”的关系在税务的核算中也予以考虑，如合伙人的其他所得或者每个具有纳税义务的合伙人的人的税率，且其合伙人分摊的税收总额由合伙企业来扣下并缴纳的话，这仅表明了一种特殊的征收形式，该合伙企业也没有纳税义务。由此可见，决定性的因素在于对合伙企业所得课税时是否考虑合伙人的人的关系。因此，“委员会认为，为了确定一个合伙企业是否具有纳税义务，其实质问题是，应纳税总额在合伙企业所得层面来确定时是否与合伙人的人的特征有关（合伙人应纳税与否、还有哪些其他所得、有权得到什么样的宽免额、应适用何种税率）。如果该问题的回答是肯定的，那么该合伙企业不具有纳税义务。事实上所得是在分配给合伙人之前在合伙企业层面计算，该税收由合伙企业缴纳，仅是一种技术上的安排，或者如在前一段中所描述的，即使在合伙企业层面来计算，也不会改变这一结论”。①

《范本》第4条第(1)款意义上的“纳税义务”有一个明确的划分标志，即缔约国实际上对谁予以课税。要确定根据《范本》第4条第(1)款谁具有“纳税义务”，就必须适用OECD的标准。

笔者也认为，根据上述观点，被视为纳税虚体的合伙企业尽管属于“人”的范畴，但没有纳税义务，并不是缔约国的“居民”，没有权利享受协定待遇。② 但是，也有国家对这种判断方法持不同意见，例

① OECD-Report, para. 40.

② Gundisch Stephan, Personengesellschaften im DBA-Recht—Eine Analyse des OECD-Partnership-Reports, C. H. Beck, 2003, S. 74.

如,法国认为仅参考一个单一标准来判断合伙企业是否有“纳税义务”是不妥的。如遇到这种情况,必须通过相互协商来解决。[①]

(三)“缔约国一方企业”或“缔约国另一方企业”

协定中的居民与“缔约国一方企业”以及“缔约国另一方企业”是紧密联系在一起的。确定了谁是居民,就能确定企业的归属。

1.《范本》第3条第(1)款第(d)项:“缔约国一方企业”或“缔约国另一方企业”

根据《范本》第3条第(1)款第(d)项中“缔约国一方企业”和“缔约国另一方企业”的规定,一个企业是由缔约国一方的居民来经营还是由缔约国另一方的居民来经营,这要视情况而定。如果一个企业不是由协定意义上的居民来经营,则不能取得协定资格。协定层面上将企业归入某一个缔约国并非根据企业来定,而是根据企业的经营者来确定。对企业的活动,根据《范本》第7条第(1)款第一句的规定来确定课税权,缔约国一方企业的利润仅在该国课税,但该企业通过设立在缔约国另一方的常设机构进行营业的除外。没有《范本》第3条第(1)款第(d)项中的这两个概念,哪一国应称为居住国,哪一国应称为来源国就不清楚了。

一个企业必须被归属于《范本》第3条第(1)款第(d)项所描述的居民。协定认为,原则上一个企业应由其居住国课税。根据《范本》第3条第(1)款第(d)项的规定,起决定作用的是,谁经营该企业而不是该企业在哪被经营。要确定一个企业在哪被经营,则根据《范本》第7条第(1)款第一句规定的常设机构原则来判断。

对一个“企业”应作何种理解,则规定在《范本》第3条第(1)款第(c)项中。用语“企业”适用于任何一个营业活动。对合伙企业协

---

① 参见黄素梅:《浅析合伙企业的“居民”资格》,载《税务与经济》2007年第1期。

定资格的判断应该从以下情况出发,合伙企业所进行的活动是该项所指的营业活动,因而它是协定意义上的企业。所以,合伙企业必须从事营业活动。《范本》第3条第(1)款第(h)项用语"营业活动"包括自由职业以及其他独立活动,执行企业活动和自由职业活动的合伙企业同样属于协定意义上的企业,企业利润应属于《范本》第7条第(1)款意义上的利润。《范本》第5条第(1)款规定了一个条件,即合伙企业在其设立地国拥有一个固定的营业场所,通过该机构来进行全部或部分企业活动。所以,合伙企业是否属于缔约国一方或另一方的企业,应该以合伙企业也是《范本》第3条第(1)款第(d)项意义上的"经营者"为前提。①

2. 被视为纳税虚体的合伙企业

澳大利亚、德国、美国、芬兰、加拿大、卢森堡、荷兰、挪威、奥地利、波兰、瑞士、瑞典、土耳其、英国、冰岛等国将合伙企业视为纳税虚体。按照委员会的观点,被视为纳税虚体的合伙企业也是《范本》第3条第(1)款意义上的人,但却不是缔约国一方的"居民"。被视为纳税虚体的合伙企业缺乏居民身份,因而它不是企业的经营者。根据《范本》第3条第(1)款第(d)项的规定,合伙企业属于经营该企业的居民,即按份归入每个合伙人。因此,在协定资格和作为"缔约国一方企业"的身份之间就产生直接的联系。如果合伙企业的所在地国和合伙人的居住国是两个不同的国家,根据《范本》第3条第(1)款第(d)项的规定,从所在地国的角度来看,存在一个"缔约国另一方的企业";从合伙人居住国的角度来看,合伙人是"缔约国一方的企业主",且是居住国的企业主。

---

① Weggenmann Hans, *Einordnungskonflikte bei Personengesellschaften im Recht der deutschen Doppelbesteuerungsabkommen unter besonderer Berücksichtigung des OECD-Partnership-Reports* 1999, Nürnberger, 2002, S. 32.

如果合伙人是不同国家的居民，就把合伙企业分给不同的居住国。例如，一个居住在美国的合伙人和一个居住在法国的合伙人经营一个德国的合伙企业，那么，该企业就并非一个德国企业，根据《范本》第3条第(1)款第(d)项的规定，它是一个成比例的美国企业和法国企业。

在上例中，合伙企业拥有固定的经营机构，通过该机构进行全部或部分的企业活动，根据《范本》第5条第(1)款规定，合伙企业仅作为一个非独立的常设机构出现。在德国设立的合伙企业由美国和法国的合伙人共同经营，这意味着在协定法上的每个法国和美国企业都拥有一个德国的常设机构。该德国的合伙企业在德国不具有纳税义务，根据《范本》第4条第(1)款的规定，它也不是居民。只要它在德国拥有固定的经营机构，就涉及一个德国的常设机构。因此，不能把经营一个被视为纳税虚体的合伙企业和一个常设机构等同起来。

3. 被视为纳税实体的合伙企业

比利时、罗马尼亚、西班牙、匈牙利、葡萄牙、捷克、巴西、斯洛伐克将合伙企业视为纳税实体。如果这些国家作为缔约国一方，合伙企业被按照纳税实体课税，其本身被视为缔约国一方的居民，那么它经营的企业就是“缔约国一方的企业”，所进行的企业活动归属于该合伙企业，因为该合伙企业在其设立国拥有固定的经营机构。此时合伙企业本身具有协定资格，可以享受协定的优惠待遇。合伙企业的所在地国同时也是协定意义上的居住国。例如，如果合伙企业P在比利时设立，则P就是比利时的企业。如果合伙企业获得跨国所得，如从西班牙获得所得，则比利时就是协定意义上的居住国。

(四)各国对合伙企业居民身份确定的现行规则

1. 作为纳税实体的合伙企业居民身份确定规则

当合伙企业被视为纳税实体时，其居民身份的认定与公司制企业相类似，主要遵循登记注册地标准、实际管理控制中心所在地标准以及总机构所在地标准。按照上述标准确定为本国居民合伙企业的，对全球所得负有无限纳税义务；按上述标准确定为非居民合伙企业的，负有有限纳税义务，可按常设机构处理。

2. 被视为纳税虚体的合伙企业的居民身份确定规则

一是一国的合伙企业。如所有的合伙人在任何有关的时间都居住在某国，则该合伙企业被称为该国的合伙企业，该合伙企业的合伙人应该就该合伙企业来源于全球的所得向该国纳税。二是一个或数个合伙人为非居民。如果一个或数个非居民为合伙人，则他或他们从该合伙企业的本国经营活动中所分得的利润被认为来源于该国的经营活动，应就这部分所得缴纳税款，由该合伙企业作为扣缴义务人，代扣代缴一定比例的预提税。此时，合伙企业本身被认为构成了非居民合伙人的常设机构。三是在国外合伙企业中的居民合伙人。居住在 A 国的居民从一家在 B 国开展经营活动的合伙企业取得所得，尽管该合伙企业不在 A 国开展经营活动，无源自 A 国的收入，但由于居民合伙人在 A 国具有无限纳税义务，所以该居民从 B 国合伙企业取得的所得应在 A 国纳税。但该合伙人有权对其在 B 国已经缴纳的税款向 A 国税收机关申请税收抵免。四是所有的合伙人都为非居民。在这种情况下，这个合伙企业被称为“外国”合伙企业，仅当其通过一个位于 A 国的常设机构（固定基地）在 A 国境内开展经营活动，且仅在经营所得归属于常设机构时，该常设机构应就该笔所得替合伙人代扣代缴所得税。另一种可能是，“外国”合伙企业为 A 国的一个客户提供服务，但在 A 国并不构成一个常设机构或固定基地时，仍应就该笔所得在 A 国缴纳所得税。[①]

---

① 参见武肇英：《浅谈合伙企业居民身份的确认》，载《税务研究》2001 年第 12 期。

(五)美国税收示范协定下的合伙企业的主体资格

美国1996年的税收示范协定试图为美国的税收协定政策提供一个"基础的解释",美国的税收示范协定认为,原则上税收协定仅适用于缔约国一方或双方的居民。所以,美国税收示范协定对特殊企业的适用上要求该企业不仅是协定意义上的"人",而且还是"居民"。美国税收示范协定认为"缔约国一方居民"是指按照该国法律规定,由于住所、居所、公民或相似标准而负有纳税义务的人。所以,依美国标准(美国视合伙企业为税收透明体),合伙企业不能被认为是一缔约国的居民,因为其在美国不负纳税义务,所以不能享受协定利益。然而,在确定具体的合伙人是否能够享受协定利益时,美国税收示范协定认为:来源于一缔约国法律下的税收透明体的所得、利润及收益应该被认作来源于一国的居民,而该项收益应该在该缔约国税法下被认作是居民的所得、利润及收益。

基于上述规定,可以看出现今美国税收示范协定认为合伙企业只是"导管",进而居民合伙人有权享受协定优惠。协定规定来源于合伙企业的该项所得被看作是合伙人居住国的居民所得。

在美国与那些认为合伙企业纯粹是导管的国家所缔结的税收协定中已经出现了一个新的替代解决方法。例如,在美国和荷兰的税收协定中,规定"人"的定义并不包括合伙企业,"居民"的定义也没有明确包括合伙企业。显然,两国在都把合伙企业看作在纯粹导管的情形下,税收协定不言自明地将适用于合伙人。美国与荷兰关于税收协定的解释认为:在税收协定下,合伙企业不被认为是缔约国的居民,仅合伙人能享受税收协定的利益。[①]

---

① 参见丑世栋:《国际税收协定对跨国合伙企业的适用研究》,华东政法学院国际法专业2005年硕士学位论文,第26页。

二、缔约国对合伙企业给予相同定性时的协定资格

当缔约国都将合伙企业视为纳税实体或纳税虚体时，如何确定它的协定资格？以下将分别从涉及两个国家和3个国家的情况来进行分析。

（一）涉及两国的情况

1. 两个缔约国都将合伙企业视为纳税实体

当合伙企业被视为独立的纳税主体时，在税收上就获得纳税实体的待遇，合伙企业所得在企业层面纳税，合伙人没有纳税义务。像公司一样，合伙企业在其居住国具有无限纳税义务。

当两个缔约国都将合伙企业视为纳税实体时，如何确定合伙企业的协定资格？《报告》对这样的情况并没有加以研究。但根据前述委员会对被视为纳税实体的合伙企业"在绝大多数国家，合伙企业（和合伙人个人）被认为属于第3条所指的'人'，其理由或者是合伙企业可归属于公司，或者是由于合伙企业是由人组成的团体"以及"如果把合伙企业视为公司或按公司课税，那么，它有理由被视为按协定第4条第（1）款的规定向其课税的缔约国一方的居民，因而属于协定的适用范畴并有权享受协定的优惠"的观点来看，[①]在那些将合伙企业视为纳税实体的国家，如果合伙企业能证明它和居住国之间具有场所上的联系，那么其本身是纳税主体，也是协定意义上的居民。两个缔约国都承认合伙企业为协定主体，因而也允许其要求协定保护。

根据《范本》第7条第（1）款的规定，合伙企业所得在其居住国被视为企业所得来课税。对合伙人的分红则属于《范本》第10条意义上的股息。假如该合伙企业从缔约国另一方获得股息所得，且在

---

① OECD-Report, art. 1 para. 30 a. 33.

该国没有常设机构，那么它就有权要求来源国适用协定税率。每个合伙人的居住国可以根据《范本》第 10 条第(2)款第(b)项对合伙人课税。[①] 如果从合伙企业所在地国获得所得，合伙人是合伙企业所在地国以外的居民，则他可以援引其居住国和合伙企业所在地国之间的协定。根据《范本》第 10 条第(2)款第(b)项规定，合伙企业所在地国有义务将所得来源税率限制在股息总额的 15%。合伙人居住国对其股息具有无限课税权。根据协定，合伙人居住国有义务根据第 23A 条第(2)款的规定对在来源国已经课税的所得给予免税，或者根据第 23B 条第(1)款的规定对合伙企业所在地国所扣征的来源所得税予以抵免。根据《范本》第 12 条第(1)款的规定来源国对特许权所得没有课税权，合伙人的居住国也没有征税权，而是由合伙企业所在地国对其独占征税。当合伙人同时也是来源国的居民时，结果也一样。在合伙企业被视为纳税主体的情况下，协定法上对公司和合伙企业的规定没有不同，因此无须详述。

2. 两个缔约国都将合伙企业视为纳税虚体

当两个缔约国都将合伙企业视为纳税虚体时，情况就变得复杂了。如何确定合伙企业的协定资格以及如何确定分配规则项下有关所得的课税权，必须予以分析。本部分将先介绍《报告》有关例子及其所持的观点，并将其观点加以论证和运用，然后对《报告》在该例中没有涉及的如常设机构所得、不动产所得等情况加以进一步探讨。

(1)《报告》的观点

《报告》在其例 1 中，分析了两个缔约国都将合伙企业视为纳税虚体的情况。合伙企业 P 在 P 国设立，其合伙人 A 和 B 都是 P 国的居民。P 从另一国 S 国获得利息，且该利息不属于 S 国的常设机构

---

① Gundisch Stephan, Personengesellschaften im DBA-Recht—Eine Analyse des OECD-Partnership-Reports, C. H. Beck, 2003, S. 72.

所得。P 国和 S 国都将合伙企业视为纳税虚体。[①]

《报告》认为,对来源国 S 来说,根据 S 国国内税法可以推定合伙人 A 和 B 是相关的纳税人,接着就要考虑适用 S 国—P 国协定,尤其是第 11 条。根据《范本》第 11 条第(1)款,该条适用于被支付给"缔约国另一方的居民"的利息。该例中的情况与该款相符,因为在 P 国的税收目的上,所得被分配给这些合伙人而不是合伙企业 P,利息被视为"支付"给了合伙人 A 和 B。《范本》第 11 条第(1)款的条件得到了满足。来源国应该将该所得视为从纳税虚体的合伙企业"流经"到了在居住国对该所得负有纳税义务的合伙人。[②]

(2)与常设机构无实际联系的股息、利息、特许权使用费所得

《报告》中涉及的是与常设机构无实际联系的利息所得,股息、特许权使用费与它一样,协定对其规定了特殊的课税原则。如果缔约国另一方居民受益所有人从缔约国一方获得股息、利息、特许权使用费,原则上缔约国一方对该所得的课税受到协定的限制。受益所有人可以援引协定,要求对这些所得如股息、利息适用较低的来源税率,而对特许权使用费则可以主张不征税。[③]

在前述例子中关键的是要确定谁能得到协定保护。如果合伙企业从缔约国另一方(来源国)获得利息,那么就涉及《范本》第 11 条第(2)款的来源所得税限制。前述规则中的利息条款将来源国对利息总额的课税限制在 10%。[④] 谁有权对来源国主张协定税率,就要看谁有协定资格,即谁是居民。

如果一个国家如中国、德国将合伙企业视为纳税虚体,那么就是

---

① OECD-Report, example 1.

② OECD-Report, para. 48.

③ Gundisch Stephan, Personengesellschaften im DBA-Recht—Eine Analyse des OECD-Partnership-Reports, C. H. Beck, 2003, S. 122.

④ 2005 OECD-MTC, art. 11 para. 2.

合伙人而非合伙企业具有纳税义务，只要他能证明与所属缔约国有场所上的关系，那么他就被视为《范本》第4条第(1)款意义上的居民，有权得到协定保护。如果合伙企业在两个缔约国都被视为纳税虚体，则两国都认为，仅合伙人能得到协定保护。虽然合伙企业是协定意义上的人，但它没有权利得到协定保护，因为它在两个缔约国都不是居民，不是协定资格人，不能申请适用协定税率。

《报告》认为，就《范本》第11条第(1)款的适用而言，起决定作用的是，该利息"是被支付给缔约国另一方的居民"。因为能从国内税法中得知，谁在居住国对该利息具有纳税义务。《范本》第11条第(2)款要求仅当利息接受者在缔约国另一方也是"受益所有人"时，所得来源国才适用协定税率。代表其他团体接受该项所得的代表机构或者信托人是不能得到协定保护的。

"受益所有人"这个概念在决定一个人是否具有资格享受协定优惠以及两个缔约国之间关于特许权、股息、利息课税权的分配中起着重要作用。[1] 在双边税收协定中，受益所有人条款最早出现在1945年美国与英国之间的《关于个人遗产税收减免协定》的第3条，随后在英美法系国家所缔结的双边税收协定中常被采用。1977年经合组织于修订《范本》时，在《范本》有关投资所得项目的课税条款，即第10条关于利息、第11条关于股息及第12条关于特许权使用费的规定中正式采用了"受益所有人"这一概念，以避免缔约国一方居民由于代理人身份或指定委托人取得收入，因不当利用税收协定以获益。也就是说，该规定是为了防止在一个国家嵌入一个实体以便从协定网络中受益，达到享受该国所缔结协定规定的预提税减

① See J. David B. Oliver & Jerome B. Libin & Stef van, Weeghel & Charl Du Toit, "Beneficial Ownership", *IBFD*, 2000, 54(7).

免的目的。[1] 据此，代表其他团体接受该项所得的代表机构或者信托人是不能得到协定保护的。

OECD《范本》的做法后来被联合国范本所借鉴，“受益所有人”概念也在有关股息、利息、特许权使用费的示范条款中加以运用。但两个《范本》对受益所有人的内涵和范围都没有做出清楚的界定，必须依靠缔约国国内有关税法概念来解释。因各国国内税法对“受益所有人”概念的界定存在差异，导致在“受益所有人”的确定上产生分歧，从而为第三国居民“套用税约”(treaty shopping)的行为提供了可能。[2] 所谓“套用税约”，亦称“滥用协定”，是指本来无资格享受某个协定优惠待遇的第三国居民，通过在缔约国一方境内设置某种具有居民身份的中介公司或代理人来收取其来源于缔约国另一方的所得，从而使其有关所得享受到缔约国双方签订的税收协定规定的限制税率等优惠待遇。[3]

为了尽可能避免第三国居民利用税收协定套取相关优惠待遇，《范本》采用注释的方法对第三国居民滥用税收协定的行为进行规制。《范本注释》认为对“受益所有人”用语，不能仅从狭义的技术层面来理解，而是应当联系上下文及协定的目的和宗旨来解释，包括避免重复征税及防止逃税与避税。[4] “受益所有人”是指能够自主地决定有关资产或技术应当如何或者是否提供他人使用，或者有权决定资产的投资收益应如何利用的实际投资人，即对投资的资产和由此资产而产生的所得拥有实质支配权力的人。1987 年 OECD 委员

---

① See Jean Schaffner, “The OECD Report on the Application of Tax Treaties to Partnerships”, *IBFD*, 2000, 54(5).

② See Philip Barker, *Double Taxation Conventions and International Tax Law*, London: Sweet & Maxwell, 1994, p. 229.

③ 参见廖益新主编：《国际税法学》，高等教育出版社 2008 年版，第 174 页。

④ See 2010 OECD-MC, art. 10 para. 12.

会出具《双重征税协定与“导管”公司的运用》的报告中指出，“导管公司一般不能构成收益所有人，尽管它形式上是特定资产的所有人，但它对资产的权力非常有限，使得实际上仅仅是一个为利害关系人的利益行事的受托人或执行人”。该解释判定导管公司“有限的资产权力”的初步特征，而如何来判定导管公司，OECD 范本解释并不清晰。各国税收实践当中单纯依靠该条款仍然难以进行判定，还需要借助国内法作出进一步的细化判定才便于操作执行，所以，该定义从另一个角度可以理解为定义的真正意义在于，它为世界各国税务当局在防范滥用协定、维护本国税收主权方面起到引领和指导作用。①

在合伙企业的跨国所得中，因各国国内税法对合伙企业税收待遇的规定不同，致使在其跨国所得课税时，正确适用协定的难度增大。② 因此，在合伙企业跨国所得课税时，确定“受益所有人”对避免重复征税或滥用协定尤为重要。

什么样的人可以成为“受益所有人”？荷兰在其最高法院（Hoge Raad）关于 Royal Dutch Oil Divedends 案中对此作出了决定。③ 该决定可以被视为正确反映了该用语在国际税法中的含义。在该案例中，纳税人是一个居住在英国的股票经纪人，从 Royal Dutch Oil 买到股票获得股息。该股票经纪人并没有拥有或者说得到隐名股份，这

---

① 参见杜秋娟：《论“受益所有人”在税收协定与我国税收管理实践中的运用》，载《税收经济研究》2012 年第 3 期。

② 参见黄素梅：《合伙企业跨国所得课税中的“受益所有人”》，载《税务与经济》2015 年第 6 期；《双边税收协定对合伙企业的适用》，载《求索》2013 年第 6 期；《如何在现有税收法制下对合伙企业适用中外双边税收协定》，载《政治与法律》2012 年第 7 期；《缔约国给予合伙企业不同税收待遇时之所得课税问题研究》，载《国际经济法学刊》2011 年第 2 卷；《论双边税收协定中合伙人来自合伙企业所得的定性与课税》，载《税务与经济》2011 年第 4 期等。

③ No. 28 638，BNB 1994/217，1994，4 – 6.

些隐名股份属于居住在卢森堡的股东,但他无权享受卢森堡—荷兰协定的优惠。在他购买的时候,红利已经宣布但没有支付。该支付给股票经纪人的红利要缴纳25%的预提税。结果,该股票经纪人要求根据1980年荷兰—英国协定退还总红利的10%。根据该协定的第10条第2款规定,仅股息的受益所有人能退还股息的预提税。那么就要确定该股票经纪人是否属于"受益所有人"。

荷兰最高法院认为该股票经纪人是受益所有人:"该纳税人因购买而成为该股票股息的所有人,能自由使用这些股票,因而可以自由兑现其红利。在兑现这些股票红利时,该纳税人不是代理人或者资本账户。在这种情况下,该纳税人是该股息的受益所有人。"

这一判决对受益所有人的界定,与普通法国家国内法中用语"受益所有人"的含义非常接近,对受益所有人身份证明的调查涉及不同人的所有权。除了该股票经纪人能自由使用该股息款项外,他也承担通货和债务风险。[①] 由此可知,协定意义上的受益所有人这一概念的内涵要件,在于对投资的资产和由此而产生的对所得的实质的支配权力。能够自主地决定有关资产或技术应当如何使用或者是否提供他人使用,或者有权决定资产的投资收益应如何利用,才是实际的投资人,即税收协定上所指的受益所有人。[②]

在例1中,谁应该是P国的受益所有人,《报告》没有作详细解释。根据以上论述以及注释中"如果一个国家认为,由于合伙企业不承担纳税义务而是合伙人在其居住国就它们各自在合伙企业的所得份额负担纳税义务,因而合伙企业不具备缔约国一方居民的资格,可以预见,该国将会按照是合伙人直接地取得所得的方式来适

---

① See J. David B. Oliver & Jerome B. Libin & Stef van, Weeghel & Charl Du Toit, "Beneficial Ownership", *IBFD*, 2000, 54(7).

② 参见廖益新主编:《国际税法学》,高等教育出版社2008年版,第176页。

用协定，从而协定第6～21条征税权分配规则意义上的有关所得的分类，并不因所得经由合伙企业流经给合伙人这一事实而有所改变”的规定，①可以认为，合伙人A和B是受益所有人。

《范本》第11条第(1)款要求利息被支付给缔约国另一方的居民。该缔约国另一方在此指的是居住国。根据第11条第(5)款第一句话，来源于S国的利息将由S国的债务人支付给在P国的合伙企业P。根据该条第2款规定，必须仅当所得的接受者同时是缔约国另一方的受益所有人和居民时，S国才限制来源税。该合伙企业P位于P国，但它既不是S国也不是P国的居民。缔约国另一方的居民仅是合伙人A和B，因而仅当合伙人A和B同时也是该所得的受益所有人时，才有权根据《范本》第11条第(2)款的规定享受来源所得税的减免。这种限制的目的在于避免非居民通过中间人来主张协定优惠，即“滥用协定”。这里受益所有人可以是合伙企业，而它不是居民。因此，S国认为，受益所有人不是缔约国另一方的居民，可以不予保证协定优惠。然而，这种结论与“受益所有人”的应用目的不符。被视为纳税虚体的合伙企业作为通常的受益所有人的插入根本就不会导致协定滥用，因为本来就没有缔约国给予它协定保护。

根据《范本》第11条第(2)款规定，受益所有人必须是一个缔约国的居民，对于来源国而言，该条件已得到满足，因为受益所有人及居民都位于缔约国另一方。国内法上被视为纳税虚体的合伙企业在协定层面上也是虚体，可以透过其身后的合伙人来适用协定。尽管合伙企业是利息的实际接受者，但该合伙企业不是居民，因此，该分配规则对它并不重要。这种解释也可适用于来源国支付的不是

① 2005 OECD-MC, art. 1 para. 6.6.

利息而是股息或者特许权使用费的情况，因为，《范本》第 10 条第(1)款和第 12 条第(1)款的有关规则是相似的。如果所得的受益所有人是缔约国另一方的居民，来源国必须保证减免股息的来源所得税或者对特许权使用费进行免税。

因此，根据《UN 范本》《范本》以及以它们为基础缔结的双边税收协定的有关规定(以下简称协定法)，合伙人 A 和 B 可以申请对在 S 国支付给合伙企业的利息所得适用协定税率。这也适用于《范本》第 10 条第(3)款意义上被支付的股息或者第 12 条第(2)款意义上被支付的特许权使用费。

(3)来源国的不动产所得

协定对《范本》第 6 条第(2)款意义上的不动产作了特别规定。根据《范本》第 6 条第(4)款的规定，缔约国一方企业从位于缔约国另一方的不动产取得的所得(包括农业或林业所得)，可以在另一国征税。在法律结果上，不动产所在地国，即来源国根据《范本》第 6 条第(1)款具有无限课税权，即作为不动产所在地的缔约国另一方对所得具有优先课税权，它可以依据其国内税法规定的税率和方式进行征税。《范本》第 6 条第(2)款规定，不动产应具有财产所在地缔约国法律所规定的含义。在任何情况下，该用语都包括附属于不动产的财产，如建筑物，农业和林业所使用的牲畜和设备，地产权以及对不动产的使用权。假如合伙企业在其所在地国出租《范本》第 6 条第(2)款意义上的不动产，则其结果就和《范本》第 7 条的法律结果一样，因为两个规则都允许来源国行使无限课税权。

如果合伙企业在缔约国另一方出租其在该国所拥有的《范本》第 6 条第(2)款意义上的不动产，无论该不动产是否属于该国的常设机构，根据《范本》第 6 条第(4)款的规定，其法律结果不受常设机构原则的影响，来源国作为不动产所在地国具有无限课税权。也就是说,第 6 条确定了一个“财产所在地国课税原则”,即不动产所在地国对不动产所得具有无限课税权,并且该原则优先于常设机构原则。合伙人的居住国,在这种情况下也是合伙企业的所在地国,就必须根据《范本》第 23A 条的规定对所得予以免税,或者第 23B 条所规定的抵免来避免双重征税。[①]

(4)常设机构保留

常设机构课税的优先适用称之为“常设机构保留”。这种保留是否对纳税义务人适用要视每种具体情况而定。[②] 如果据以产生利息、股息、特许权使用费的源权利实际上属于常设机构,那么,根据《范本》第 10 条第(4)款、第 11 条第(4)款以及第 12 条第(3)款的规定,这些所得就属于常设机构。

前述《报告》的例子是以 S 国的所得不属于设立在那里的常设机构为前提的,那么,当在来源国设有常设机构时,该如何处理?

根据《范本》第 7 条第(1)款第二句“如果该企业通过在缔约国另一方的常设机构进行营业,其利润可以在另一国征税,但其利润应仅以属于该常设机构的为限”的规定可知,常设机构的课税应和常设机构国有空间上的联系。空间上的联系可以通过交易设施即物或者通过代理即人来建立。《范本》第 5 条对“常设机构”的构成作了非常详细的规定。对归属于常设机构的所得,《范本》采用“经济归属原则”,即常设机构所在地国对由常设机构的活动所引起的,

---

① Weggenmann Hans, *Einordnungskonflikte bei Personengesellschaften im Recht der deutschen Doppelbesteuerungsabkommen unter besonderer Berücksichtigung des OECD-Partnership-Reports* 1999, Nürnberger, 2002, S. 86.

② Vogel Klaus & Lehner Moris, Doppelbesteuerungsabkommen der Bundersrepublik Deutschland auf dem Gebiet der Steuern vom Einkommen and Verögen Kommentar. Müchen, 2003, Einl., Vor art. 10 – 12, Rz. 30.

经济上可归属于常设机构的利润有课税权。[①] 该经济上的归属原则对常设机构所在地国的课税权进行了限制，仅当所得属于常设机构时，它才能课税。如果一个企业还获得除常设机构以外的所得，那么该所得并不属于常设机构纳税范围之内。

同时，《范本》第 7 条第(7)款规定，如果所得属于营业利润，且该所得在其他协定条款中有单独规定，那么第 7 条规定就不应影响其他各条的规定。[②] 这可以视为一条特别规定。据此，其他对所得给予单独规定的各条如第 6 条、第 10 ~ 12 条等应优先于第 7 条普通规定。如果合伙企业获得如前述例子中所述的股息、利息或特许权使用费所得，那么就应归入《范本》第 10 条、第 11 条以及第 12 条。第 10 条第(4)款，第 11 条第(4)款以及第 12 条第(3)款对常设机构保留作了具体规定。如果受益人居住在缔约国一方，有股息支付的合伙企业居住在缔约国另一方，或者来源于经营活动的利息或特许权使用费是通过设在那里的常设机构获得的，以及投资、债权、权利或财产价值实际上属于该常设机构，那么所得并不属于单独对这些所得进行规定的各条，如第 10 条、第 11 条、第 12 条，而是属于第 7 条。

要特别注意的是，各单独规定中的常设机构保留能否起作用并达到预期的效果？因为必须能够证明存在实际上属于来源国常设机构的据以产生所得的财产或者权利。据此，《范本》第 5 条意义上的常设机构必须在 S 国从事合伙企业的企业活动。如果投资、债权或特许权利与常设机构有实际联系，就可以将其归入常设机构的财产。在《报告》的例 1 中，贷款属于合伙企业的企业活动，所得就应

---

① Gundisch Stephan, Personengesellschaften im DBA-Recht—Eine Analyse des OECD-Partnership-Reports, C. H. Beck, 2003, S. 121.

② 2005 OECD-MTC, art. 7 para. 7.

归入该合伙企业居住国的常设机构。这同样也适用于投资和特许权使用费。但对协定适用而言，这并没有意义，因为特别分配规则中的常设机构保留仅针对这些财产是否应归属于设在来源国的常设机构，而在例 1 中常设机构与合伙企业都是在居住国设立的。

但如果合伙企业在来源国 S 运营一个常设机构，投资、贷款债权或特许权使用费因与来源国常设机构活动有实际上的联系而归属于该常设机构，则单独规定中关于常设机构保留适用的其他条件得以满足。那么，根据《范本》第 7 条第（1）款的规定，股息、利息以及特许权所得作为企业利润归属来源国，则来源国对此具有优先课税权。如果常设机构保留不能适用的话，则来源国对股息和利息要适用协定税率，具有有限的课税权（缔约国对所得的课税要受到协定规定条件的限制），而对特许权使用费则没有课税权。

如果对股息和利息出现"第（1）款和第（3）款不能适用"或者对特许权出现"第（1）款不能适用"的情况，则《范本》第 10 条第（4）款、第 11 条第（4）款或者第 12 条第（3）款中的常设机构保留就排除了股息、利息或者特许权条款的适用。因此，《范本》第 10 条、第 11 条第（1）款和第（2）款或者第 12 条第（1）款的前提必须得以满足，即股息、利息或者特许权所得来源于来源国，并支付给居住国的受益所有人。如果这个前提条件没有出现，那么每个单独规定中的常设机构保留原则就完全不能适用。

如果从来源国获得既不是《范本》第 11 条第（3）款意义上的利息，第 10 条第（3）款上的股息或第 12 条第（2）款上的特许权使用费，也不是《范本》其他分配规则中第 6 条以及第 8 条、第 13 ~ 20 条中的所得，那么这些所得就属于《范本》第 21 条第（1）款的适用范围，可以不用考虑其来源而仅在合伙人的居住国纳税。但第 21 条第（2）款对该条第（1）款加以了限制，它规定，如果据以支付的权利或者财产与设立在那的常设机构有实际联系，则来源国对这些所得具有无限课税权。因此，在上述前提下，若在所得来源国存在一个常设机构，就可以导致这些所得课税权的改变。

(5)所得来源于合伙人居住国

当合伙企业所得来源于一个合伙人的居住国时，对协定的适用会产生何种影响？合伙企业仍然如《报告》例1中一样在P国设立，所得从S国获得，但仅合伙人B居住在S国。

①与常设机构无实际联系的股息、利息、特许权使用费所得

根据《范本》第10～12条的规定，有关所得必须是从来源国支付给缔约国另一方的居民，或者受益人是缔约国另一方的居民。《范本注释》认为，用语"支付"在此具有非常广泛的含义，尤其包含一种义务的履行。[①] 所得从来源国S支付给缔约国另一方即合伙企业所在地国，债务人的义务得以履行。如果对支付做广义解释，则所得就被视为"已支付"。但该相应所得必须是支付给缔约国另一方的居民，或者受益人居住在缔约国另一方。这里仅合伙人A居住在合伙企业的所在国，合伙人B刚好没有居住在缔约国另一方P，而是居住在来源国S，他所分配到的该所得份额并不被视为是支付给了缔约国另一方，不符合《范本》第10条第(1)款以及第12条第(1)款的要求。仅合伙人A满足这些条件，对他的所得份额可以给予相应的协定保护，而合伙人B的所得份额则不能纳入《范本》第11～12条的适用范围。这种理解在《范本注释》中得到一致认可："本条只涉及缔约国一方居民公司支付给缔约国另一方居民的股息。因此，本条不适用于第三国居民公司支付的股息或者缔约国一方居民公司所支付的归属于其在缔约国另一方所设的常设机构的股息(这类

① 2005 OECD-MC, art. 10 para. 7; art. 11 para. 5; art. 12 para. 4.

情况对照第21条注释第4～6段）。”[1]此外，在《范本注释》第11条第6段以及第12条第5段有类似规定。

《范本》第10～12条中所包含的常设机构保留与合伙人B的所得份额没有关系，仅与来源国的常设机构有关，而在该例中所假设的来源国S国，并不存在常设机构。

根据《范本》第21条第（1）款规定的“缔约国一方居民的各项所得，不论在什么地方发生，凡本协定上述各条未作规定的，应仅在该国征税”，可知本协定上述各条未作规定的“其他所得”就由居住国独占征税。《范本》第21条第（1）款的适用范围因第（2）款为了保护常设机构所在地国的利益而受到限制，如果在缔约国一方居住的所得接受者在缔约国另一方通过其设立在那里的常设机构进行企业活动，并且据以支付“其他所得”的权利或财产与该常设机构有实际联系，就应适用《范本》第7条。在我们研究的情况中是指合伙企业的投资、贷款债权或者特许权使用费属于P国的常设机构，因为它们与合伙企业的企业活动有实质上的联系。根据《范本》第3条第（1）款第（d）项以及第7条第（1）款的规定可知，P国的常设机构应部分地归属于合伙人B。如果将合伙人B视为协定法上有权要求从合伙企业获得所得的接受者，那么《范本》第21条第（2）款总的前提条件就得以满足。这样，根据《范本》第7条规定对这些所得的课税权就转移到合伙企业所在地国P国。S国作为合伙人B的居住国就失去对B的这部分所得的源泉课税权。对合伙人B从合伙企业所获得的所得部分，即这些从S国内流出的份额、利息或者特许权使用费，S国可以根据《范本》第23条规定的免税法或抵免法给予税收减免救济。

---

① 2005 OECD-MC, art. 10 para. 8.

Vogel 教授认为,从一开始就应适用《范本》第 7 条第(1)款的规定,因为《范本》第 10 ~ 12 条对来源于居住国的所得并不适用。来源于居住国的股息、利息和特许权使用费不是第 7 条第(7)款意义上"本协定中其他各条单独规定的所得"。因此,第 7 条的常设机构原则可适用于这些所得,第 21 条第(2)款仅是一种澄清罢了。[①] 对协定的这种解释后来得到了一致认可。正如第 21 条第(2)款的适用所指出的,财产和权利——这里所称的是合伙企业的企业份额、贷款债权和特许权——实际上归属于常设机构。从来源国 S 的角度来看,在其国内居住的合伙人 B 是一个外国常设机构的企业主。分摊给合伙人的源泉所得部分可归入到该常设机构,以致常设机构原则可以适用,S 国没有源泉课税权。如果所有的合伙人都是合伙企业所在地国居民,那么来源国就可以对利息和股息适用其源泉课税权。如果其中的一个合伙人同时也是它的居民,那么它就部分地失去该课税权,因为应该适用常设机构原则。假如合伙人居住国 S 国拒绝适用《范本》第 7 条,那么合伙人 B 就有可能适用《范本》第 21 条,该条第(2)款也是有利于 P 国的常设机构保留的规定,指示参照《范本》第 7 条的规定。因为合伙人 B 同时是 S 国的居民,来源国 S 就失去关于合伙人 B 的源泉课税权,否则,根据《范本》第 10 条第(2)款以及第 11 条第(2)款的规定,其是可以拥有课税权的。而 S 国可以对合伙人 A 根据第 10 条第(2)款以及第 11 条第(2)款行使其课税权。

这种认为来源国对其居民合伙人的所得部分地失去课税权的结论,不仅学术界认为不令人满意,而且《范本注释》也认为棘手:"作

---

① Vogel Klaus & Lehner Moris, Doppelbesteuerungsabkommen der Bundersrepublik Deutschland auf dem Gebiet der Steuern vom Einkommen and Verögen Kommentar, Müchen, art. 21 Rz. 32.

为来源国的居住国对股息和利息征税则会产生问题：第7条和第23A条的规定都限制该国对这种所得征税。”因此，《范本注释》建议，对那些认为“这是不能接受的”缔约国，可以商定特别规定，即允许作为来源国的居住国在这些情况下根据《范本》第10条和第11条的规定对所得征收源泉税。通常认为，如果协定中没有规定这种特别条款，则应适用上述结论，即作为来源国的居住国对其居民合伙人的所得部分失去课税权。

这种情况在《报告》中没有提及，但《报告》中有一个类似例子，即例16。《报告》对该例的研究不是对《范本注释》的改变，而仅是对《范本》第1条注释的补充，它说：“如果合伙企业被视为缔约国一方的居民，限制缔约国另一方对合伙企业所得课税的协定规定，并不适用于缔约国另一方对其居民合伙人从合伙企业取得的按份所得的课税。有些国家可能希望在其协定中明确包含这样一个条款，规定缔约国一方有权对其居民合伙人从被视为缔约国另一方居民的合伙企业取得的按份所得课税。”①这仅涉及合伙企业在其设立地国被视为纳税实体课税的情况，②因此，其观点不能转用到合伙企业被一致视为纳税虚体的情况。

② 不动产所得

如果P国的合伙企业仅从S国获得不动产所得，则首先要考虑适用《范本》第6条，该条第(1)款的条件是，缔约国一方的居民获得不动产所得，并且该不动产位于该缔约国另一方。该例中不动产所在地国是S国，同样也是合伙人B的居住国，因此没有满足前述条件，居民合伙人B并不是从缔约国另一方获得所得，而是从其居住国即缔约国一方获得所得。合伙企业对此也不产生影响，因为它不

---

① OECD-Report, para. 128.

② 2005 OECD-MC, art. 1 para. 6.1.

是居民。原则上,《范本》第 6 条第(4)款所述的财产所在地国课税原则优先于常设机构原则。但因第 6 条第(1)款不能适用,则第 6 条第(4)款也不起作用,因为第(1)款显然是第(4)款的前提。所以其可适用《范本》第 7 条,该财产可以归属位于 P 国的常设机构(合伙企业)。这种适用与第 7 条第(7)款也不矛盾,因为该所得并非本协定其他条款所规定。但《范本》第 21 条第(2)款清楚地表明,不仅在第 6 条第(4)款而且还在第 21 条第(2)款显示,财产所在地国课税原则优先于第 7 条。第 21 条第(2)款不能适用于第 6 条第(2)款意义上的不动产所得。协定的内在联系禁止根据第 7 条来代替常设机构原则的适用。因此,也不取决于有关财产是否实际上属于合伙企业,还是属于位于 P 国的常设机构。这里还存在《范本》第 21 条第(1)款意义上的另一种所得,它仅允许合伙人 B 的居住国即 S 国课税,该条第(2)款就不适用。因而 S 国根据财产所在地国课税原则的优先,不仅可以根据《范本》第 6 条第(1)款对合伙人 A,而且可以根据第 21 条第(1)款的规定对合伙人 B 从合伙企业获得的来自不动产的所得具有无限课税权。

③ 常设机构所得

当合伙企业在 S 国拥有一个常设机构且从来源国 S 获得所得时,前述问题就不会产生。但条件是,据以产生所得的财产或者权利实际上可归属位于 S 国的常设机构,且不属于不动产。因为合伙企业在该两个缔约国都不是居民,就不可能是《范本》第 3 条第(1)款第(d)项意义上的企业主。这里的居民仅是合伙人 A 和 B,所以合伙企业以及 S 国的常设机构都归属于他们。合伙企业以及设立在国外的位于 S 国常设机构的所得源于企业活动,因而属于《范本》第 7 条第(1)款意义上的企业所得。因此,协定法上的常设机构原则就要适用,单个的常设机构归属于第 3 条第(1)款第(d)项意义上的企业,这里即属于合伙人 A 和 B。S 国对企业利润以及可归于 S 国常设机构的所得都可以进行无限课税,也包括常设机构内部从动产获得的所得。《范本》第 21 条第(2)款对合伙人 B 没有太大的意义,仅当常设机构位于缔约国另一方也就是 P 国时它才适用。

(二)涉及三国的情况

当一个应税事实涉及 3 个国家的情况下,当缔约国给予合伙企业相同待遇,如都将其视为纳税虚体或者都将其视为纳税实体时,如何确定合伙企业的协定资格?谁可以对跨国所得主张协定优惠?

1. 三个国家都将合伙企业视为纳税实体

在《报告》的例 8 中,3 个国家都将合伙企业视为独立的纳税主体。合伙人 A 和 B 居住在 R 国,他们经营在 P 国成立的合伙企业 P。该 P 又投资一个位于 S 国的公司 X。该 X 向 P 分配股息。①

(1)《报告》的观点及简评

《报告》认为,P 是 P 国的居民,因为它在 P 国具有纳税义务。所以根据 R 国—S 国协定,合伙人 A 和 B 对该 P 的所得就不能享有协定保护,因为合伙人对该 P 的所得不具有纳税义务。S 国根据 P 国—S 国协定将合伙企业 P 视为该股息所得的协定资格人,因为合伙企业 P 本身对该股息所得承担纳税义务,是该股息的接受者和受益所有人。根据 P 国—S 国协定,S 国对股息的课税权受到限制,即使根据 S 国国内税法规则,由合伙人 A 和 B 对该合伙企业的股息纳税也是如此。然而,要注意的是,因为 P 是合伙企业,所以根据《范本》第 10 条第(2)款第(a)项的规定,它不能享受税收减免优惠,因为该项明确将合伙企业排除在外,除非缔约国协商一致改变该规定,同意将这种减免也适用于被视为公司的合伙企业。②

---

① OECD-Report, cxample 8.

② OECD-Report, para. 71.

《报告》认为，在该例中，S 国国内法赋予合伙企业的税收待遇对享受协定优惠的资格没有影响。因此，如果 S 国将合伙企业视为纳税虚体而非纳税实体，也仅适用 S 国—P 国协定。[①] 这种观点值得商榷，因为该例中 3 个国家都将合伙企业视为纳税实体，具有一致的看法。委员会对协定资格的确定，主要是根据国内法谁对有关所得具有纳税义务，就将该所得归属于谁，这过分强调了根据国内法来对协定进行解释。其实，协定法本身对该例的情况作了清楚明确的回答。根据《范本》第 4 条第(1)款的规定，P 是 P 国的居民，因而对 S 国也可以主张协定资格。此外，3 个国家都一致承认 P 的协定资格，股息从 S 国的 X 公司流入 P 国的合伙企业 P，该 P 有投资 X 的事实，是《范本》第 10 条第 2 款意义上的居民受益所有人。所以第 10 条的前提得以完全满足，所有参与国都可以看到这两个十分重要的居民 X 和 P。

《报告》对该所得是否分配给合伙人 A 和 B，或者这两个合伙人是否可以申请减少来源所得税进行了探讨。被视为纳税实体的合伙企业 P 具有协定资格，那么它本身可以援引来源国和所在地国之间的来源所得税限制，[②]即合伙企业 P 而非合伙人 A 和 B 是 S 国—P 协定上的协定资格人，根据《范本》第 10 条可以在 S 国要求降低来源税。因而，来源国就可能要限制其课税权或者完全放弃其课税权。就该从 X 公司分配给合伙企业 P 的股息而言，如果不考虑合伙企业 P 向合伙人 A 和 B 的分红，则合伙人的居民身份在这里并无意义，对于 A 和 B 来说就没有外国的来源所得税要处理。相应地，协定也对合伙企业所在地国的课税权作出了界定：如果所得来源国放

---

① OECD-Report, para. 72.

② Gundisch Stephan, Personengesellschaften im DBA-Recht—Eine Analyse des OECD-Partnership-Reports, C. H. Beck, 2003, S. 115.

弃了其课税权，那么所在地国就保留其课税权。如果来源国保留了其课税权或者只是受到限制，那么合伙企业所在地国就要限制其课税权或者对该所得完全放弃其课税权。①

（2）关联企业优惠对合伙企业的适用

《范本》第10条第（2）款第（a）项规定："如果受益所有人是直接持有支付股息公司至少25%资本的公司（不是合伙企业），不应超过股息总额的5%。"《范本注释》说："如果一个合伙企业根据其所适用的国内法被视为法人团体，缔约国双方可合意修改第（2）款第（a）项，使对母公司实行的低税率也同样适用于该合伙企业。"②也就是说，除非在协定中制订特别规则，规定关联企业优惠可以适用于合伙企业，否则不适用。

Lang 教授认为，在该例中，《报告》拒绝对合伙企业间的股息适用协定来源税率，是没有理由的。括号中用语"合伙企业"应如何理解？显然，OECD 是按照民法来解释的，但应该根据哪一个国家的民法来取得"合伙企业"资格，这个问题尚未解决。

《范本》第10条第（2）款第（a）项中括号里的"合伙企业"这个概念究竟具有何种意义，其实并不不清楚。该规定的目的和宗旨是避免在传统的公司所得税体系下对康采恩企业之间利润分红上可能出现的多重税负。③ 缔约国另一方的股息居民受益所有人必须是一个企业（但不是合伙企业），才能适用关联企业优惠。对此处的合伙企业有两种可能的解释：一是可以认为合伙企业属于公司用语中包括的"任何法人团体或者任何在税收上视同法人团体的实体"；

---

① Gundisch Stephan, Personengesellschaften im DBA-Recht—Eine Analyse des OECD-Partnership-Reports, C. H. Beck, 2003, S. 115.

② 2005 OECD-MC, art. 10 para. 11.

③ 2005 OECD-MC, art. 10 para. 4.

二是也可以认为,该款中的“合伙企业”用语是为了与公司进行区别,是公司的对立物,①可以理解为其成立国将其视为纳税虚体的实体,并非一个具有新内涵的概念。②

按照第一种理解,合伙企业,或者被视为法人团体,或者被视为《范本》第3条第(1)款第(b)项意义上的视同“法人团体”的纳税主体。一个纯粹根据民法所设立的非纳税主体的法人,也可以是这种意义上的“法人团体”;而该规则的目的并不是要对这种法人团体提供关联企业优待,因为这种法人团体不是纳税主体,不会遭受多重税负。第10条第(2)款第(a)项中的“合伙企业”指的就是这种企业形式。但不能说,仅合伙企业才具有这种特征,公司同样也可以,如美国的LLC,它虽然被视为公司,但其本身并不是公司所得税纳税主体。另外,合伙企业常常被视为《范本》第3条第(1)款第(b)项所规定的公司下的第二个含义即“被视为法人团体的实体”。如果按照第10条第(2)款第(a)项规定将这样的合伙企业排除在外,就与关联企业优惠的目的相矛盾,因为该合伙企业是公司所得税的纳税主体,会遭遇双重征税,所以就有理由将这类合伙企业纳入第10条第(2)款第(a)项的适用范围之内。

按照第二种理解,作为公司的对立物,被视为《范本》第3条第(1)款第(a)项下的其他社会团体的合伙企业,是没有权利归属到关联企业优惠范围之内的,因为它通常不具有企业所得税纳税义务。该合伙企业本来就不是《范本》第10条第(2)款第(a)项中所包括的,因为它根本就不是协定法所规定意义上的公司,则第10条第

---

① Aigner Hans-Jögen, *Die Bedeutung des Begriffes“Personengesellschaft” in Art.* 10 *Abs.* 2 *lit. A OECD-MA*, SWI, 2001(2).

② Lang Michael, *The Application of the OECD Model Tax Convention to Partnerships-A Critical Analysis of the Report Prepared by the OECD Committee on Fiscal Affairs*, Wien, 2000, p. 67.

(2)款第(a)项括号中的合伙企业就是多余的。括号中的合伙企业是指什么,从这种解释也不能得出明确的结论。[①] 所以,有学者指出,总的来看,应该将《范本》第10条第(2)款第(a)项括号里的内容删去,因为它不仅多余而且令人困惑。[②]

本案例中的合伙企业在3个国家都被视为纳税主体,那么它作为母公司可以适用《范本》第10条第(2)款第(a)项。

2. 三个国家都将合伙企业视为纳税虚体

在《报告》例2中,合伙企业P在P国设立,其合伙人A和B是R国的居民,P从S国获得利息所得,并且该利息所得不属位于S国的常设机构所得。这些国家都将合伙企业视为纳税虚体。[③]

(1)《报告》的观点

《报告》指出,对于S国而言重要的是,R国将所得归属于合伙人A和B,并认为他们具有纳税义务。此例要适用S国—R国协定,因为A和B是合伙企业来源于S国的所得的协定资格人;S国—P国协定则不可适用,因为P在P国不是居民,不具有协定资格。[④]

当合伙企业在一国设立而合伙人不是该国居民时,《报告》指出,来源国税务当局要证明合伙人的居民身份具有实际困难。如果无法确定一个人是否具有真正的协定资格时,来源国税务当局可以不予保证协定优惠。因此,S国—R国协定的适用有赖于,S国是否获得必要的信息。[⑤]

---

① See Lang Michael, *The Application of the OECD Model Tax Convention to Partnerships-A Critical Analysis of the Report Prepared by the OECD Committee on Fiscal Affairs*, Wien, 2000, p. 126.

② See Daniels A. H. M., *Issues in International Partnership Taxation*, Deventer (NL): Kluwer Law and Taxation Publishers, 1991, p. 169.

③ OECD-Report, example 2.

④ OECD-Report, para. 49.

⑤ OECD-Report, para. 50.

(2)与常设机构无实际联系的股息、利息、特许权使用费所得

假设合伙企业P从来源国S获得《范本》第10条第(3)款规定下的股息所得,第11条第(3)款规定下的利息所得或者第12条第(2)款规定下的特许权所得,且这些所得不属于来源国的常设机构。上述《报告》针对利息所得的观点是否可以完全适用于股息、特许权使用费所得?具体该如何适用?

① 国家间课税权限的分配

在该案例中,P国、R国、S国之间对所得的课税权如何划分?要考虑到这些所得能否或应该适用哪些协定。因为该例中没有属于是S国和P国两国的居民,S国—P国协定就不能适用。仅考虑S国—R国以及P国—R国协定,合伙人是R国的居民,根据范本第1条也是协定资格人,可以援引这些协定,但因合伙企业在3个国家中都被视为纳税虚体,没有协定资格,不能得到协定保护。

在P国—R国协定范围内,对这些所得,合伙人居住国和合伙企业所在地国首先必须考虑《范本》第10~12条。第10条第(1)款规定的前提是,缔约国一方的居民公司支付给缔约国另一方居民股息。但此处股息支付公司不是P国的居民,而是第三国S国的居民,第10条第(1)款不能起作用。[①] 第11条第(1)款以及第12条第(1)款也处于类似状况。它们要求,来源于缔约国一方的利息和特许权所得支付给缔约国另一方的居民;但该利息或特许权所得不是来源于P国,而是第三国S国,因为根据第11条第(5)款第一句的规定,该所得的来源地要根据债务人的居住地而定。第11条第(1)款以及第12条第(1)款不能适用。[②] 从而就可能适用《范本》第21条第(1)款。该款规定,凡《范本》第6~20条没有规定的,居住国即

① 2005 OECD-MC, art. 10 para. 8.

② 2005 OECD-MC, art. 11 para. 6 a. art. 12 para. 5.

R 国具有唯一的课税权。但如果所得的收款人是缔约国一方的居民,通过在缔约国另一方的常设机构进行营业,据以支付所得的权利或财产与该常设机构有实际的联系,第 21 条第(2)款就排除第(1)款的适用。在这种情况下,应适用《范本》第 7 条的规定。合伙企业从第三国获得所得,其股权、贷款债权或者特许权权利与企业活动有关联,这种财产和权利实际上可以归属于常设机构即 P 国的合伙企业。根据 P 国—R 国协定,合伙企业所在地国根据第 21 条第(2)款的规定对来源于第三国 S 国的所得具有无限课税权。因为《范本注释》明确规定:"本款规定了第(1)款规定的例外情况,即该所得与缔约国一方居民设在缔约国另一方的常设机构的活动有联系。本款也包括来源于第三国的所得。在这种情况下,征税权赋予该常设机构所在的缔约国。"①

对于这里涉及的三国情况而言,第 21 条第(2)款的规定仅具有一个澄清的作用,因为股息、利息和特许权所得已根据第 7 条第(1)款第二句的规定归入常设机构原则之下。② 根据 P 国—R 国协定,该来源于第三国所得的无限课税权按照第 21 条第(2)款的规定应归属于合伙企业的所在地国。当居住国按照第 23A 条的规则来避免双重征税时,R 国必须对该所得给予免税;否则,必须根据第 23B 条的规定对在 P 国缴纳的税收给予抵免。

R 国的合伙人可以援引 S 国—R 国协定对来源于第三国的所得在其投资份额额度上进行协定保护。③ 所得来源国 S 根据《范本》第

---

① 2005 OECD-MC, art. 21 para. 4.

② Vogel Klaus & Lehner Moris, Doppelbesteuerungsabkommen der Bundersrepublik Deutschland auf dem Gebiet der Steuern vom Einkommen and Verögen Kommentar. Müchen, art. 21 Rz. 32.

③ Mittermater J., *Besteuerung von Personengesellschaften im Verhältnis USA-Deutschland*. Heidelberg, 1998, 225.

10 条第(2)款的规定对股息以及根据《范本》第 11 条第(2)款的规定对利息仅具有有限的课税权;根据第 12 条第(1)款的规定对特许权则没有课税权。对于来源国而言,对协定的适用要考虑向居住国的受益所有人所支付的所得,是否实际上满足“缔约国一方居民公司支付给缔约国另一方居民”这个前提条件。因为在该例中,一方面,该所得并非支付到合伙人居住国,而是合伙企业的所在地国;另一方面,该合伙人是否是受益所有人? 首先,《范本注释》对“支付”概念作了广泛的解释,它也包括义务的履行,而并非仅指支付过程。① 其次,根据协定规定,受益所有人仅是一个居民,在此仅考虑合伙人。财产权利的所有人虽然是合伙企业,然而该合伙企业对受益所有人的判定并非具有决定意义,因为协定没有要求受益人也必须是源权利所有人。② 最后,根据《范本》第 3 条第(1)款第(d)项的规定,协定将常设机构或者说合伙企业归属于合伙人。因而,每个合伙人都是在该合伙企业持有财产权利的按份受益所有人,第 10 ~ 12 条的前提条件就被视为已经得到满足。根据 S 国—R 国协定,来源国对股息、利息以及特许权所得仅允许在协定规定的限度内课税。

根据 P 国—R 国协定第 23A 条或第 23B 条规定,合伙人的居住国 R 不能对该所得课税或者要对在 P 国所课征的税收给予抵免。这对 S 国—R 国协定的适用并无影响,因为两个协定可以平行适用而不是相互排斥。③ 该所得在缔约国另一方是否实际课税也并不重要,因为协定也要避免虚拟的双重征税。虽然两个协定的作用有重

---

① See 2005 OECD-MC, art. 10 para. 7; art. 11 para. 5.

② Vogel Klaus & Lehner Moris, Doppelbesteuerungsabkommen der Bundersrepublik Deutschland auf dem Gebiet der Steuern vom Einkommen and Verögen Kommentar. Müchen, Vor Art. 10 - 12 Rz. 9.

③ Selent Alexander, *Ausländische Personengesellschaften im Ertrag-und Vermögensteuerrecht*, Gelsenkirchen, 1982, S. 238.

叠，因为一方面，合伙人根据P国—R国之间的协定可以要求对该所得免税或者对所课征的税收给予抵免；另一方面，根据S国—R国协定，合伙人又可以要求减少来源税；但是，在大多数情况下，来源于S国的所得尽管在那里已经负担了来源税（除特许权使用费外），但还要受到常设机构原则的影响，因此被部分地双重课税了。此时，如果无法确定哪一个协定应优先适用，那么这两个协定就应平行适用。因为R国不但与P国签订了国际法上的条约，与S国也订有条约，它必须遵循该两个协定的规定，这两个条约既不是相互依赖的，也不是互为条件或者相互排除的。

② 行政管理上的证明义务

《报告》指出，当合伙人必须向所得来源国证明其居民身份时，就会产生行政管理上的困难。在本案例中仅涉及两个合伙人，但现实中一个合伙企业如果有更多合伙人，就使合伙人居民身份的证明变得复杂，尤其是当合伙人居住在不同的国家时，行政管理上的证明问题就更加棘手。此外，当有来自更多不同国家的合伙人，则要适用的协定也可能更多；要确定居民合伙人的投资份额，也相对于仅有两个合伙人的情况要复杂得多。假如前述例子中的合伙人B不是居住在R国，而是在B国，那么对合伙人B的份额就适用S国—B国协定，而对A的份额则适用S国—R国协定。

此时协定资格的有无取决于合伙人的居民身份，而不取决于该所得在国内由谁纳税。当S国—R国协定中对该所得形式的源泉税率并不比S国—P国所订协定中的高时，合伙企业缺乏协定资格就并非缺点。当合伙人属于其他国家的居民并从该国获得所得时，可以参照前面的论述适用协定。

③ 合伙企业所在地国抵免来源所得税的义务

在该例中，《报告》仅建议所得来源地国应该决定要对谁提供协定保护，而没有从居住国的角度分析。① 对于合伙人而言，重要的是哪一个国家可以对他在第三国课征的税款给予抵免。在该例子中，或者是P国，即合伙企业的所在地国；或者是R国，即合伙人的居住国。R国可采用免税法或抵免法避免双重征税。

假如R国采用免税方法，那么合伙人A和B在S国对利息和股息所纳来源税款在R国就不再抵免。根据《范本》第7条第(1)款的规定并结合第23A条，来源于外国的所得被视为合伙企业，即常设机构的利润部分，可以从税基中予以扣除。《范本》第21条第(2)款规定的常设机构保留使股息、利息和特许权所得属于合伙企业的营业利润，这些所得也可以免税，根据第23A条第(2)款对这种所得的抵免被排除在外。那么合伙企业所在地国就必须考虑，它是否有义务抵免第三国的来源所得税。根据第21条第(2)款的规定，P国具有无限课税权。这意味着在常设机构所得范围内，对来源于S国的所得可以征税，这样一来，在与S国来源所得税相当的额度上就会产生部分双重征税。因此，P国就必须对S国已征收的来源所得税给予抵免，从而避免双重征税。

如果R国采用抵免法，那么S国的来源所得税就没有必要既由P国在常设机构所得税收范围内给予抵免，又由R国在对合伙人A和B的居民税收上给予抵免，也就是说，对于源自S国的来源所得税不用给予双重抵免。如果P国对源自S国的来源所得税从常设机构所得税收中给予抵免，那么该P国抵免的税收就应低于R国抵免的部分，因为在P国，实际上的税负已经减去了S国的来源所得

---

① See Lang Michael, *The Application of the OECD Model Tax Convention to Partnerships-A Critical Analysis of the Report Prepared by the OECD Committee on Fiscal Affairs*, Wien, 2000, p. 46.

税部分。[1] 由于这个原因，OECD 在 1992 年的《范本注释》修订中，放弃了不合理的双重抵免的考虑。[2]

④ 根据《范本》第 24 条第(3)款禁止常设机构歧视所产生的义务

《范本》第 24 条第(3)款规定："缔约国一方企业在缔约国另一方的常设机构税收负担，不应高于进行同样活动的另一方企业。"也就是说，外国企业主经营的常设机构必须和国内企业主经营的常设机构的税负相当。合伙企业即《范本》第 5 条意义上的常设机构所从事的企业活动，根据第 3 条第(1)款第(d)项规定将归属于视为该常设机构企业主的合伙人。在该例中意味着要将在外国的(此处是 R 国的居民合伙人)与内国的(此处指 P 国的居民合伙人之间)税收情形作比较。该在 R 国的两个居民合伙人 A 和 B 都被视为在 P 国的常设机构或合伙企业的企业主。如果 P 国要保证给承担无限纳税义务的居民合伙人抵免 S 国的来源税，那么对于常设机构税收的抵免，P 国必须保证给予国内和国外居民企业主、缔约国另一方的居民合伙人和负有有限纳税义务的合伙人以同样待遇。P 国—R 国协定第 24 条第(3)款的规定对 P 国具有强制性。[3]

《范本注释》也持同样观点："在有关说明中，当常设机构收取来自国外的所得，并且该所得已包括在其应税利润中时，如果按照国内法规定，居民企业可以抵免在国外已缴纳的税收。根据这一原则，常设机构也可以对其上述所得在国外已缴纳的税收获得抵

① Raad Van Kees, "1992 Additions to Articles 3(2)(Interpretation) and 24(Non-Discrimination) of the 1992 OECD Model and Commentary", *Intertax*, 1992, 20(9).

② See 2000 OECD-MC, art. 24 History para. 53.

③ See Kostense H. E., "The Saint-Gobain Case and the Application of Tax Treaties. Evolution or Revolution?", *EC Tax Rev.*, 2000(4).

免。”[①]虽然《范本注释》认为,“关于第一句的规定,经验表明很难清楚而又完整地明确平等待遇原则的实质,并且由此已经引起关于该项原则含义的众多分歧意见”,[②]但又明确说,“同等待遇条款的含义,可以从以下几个征税方面加以考察”。[③] 因此,一个从外国获得所得且该所得被纳入其具有纳税义务的利润之中的常设机构要求保证对该外国所得分摊的外国税收予以抵免时,如果根据国内法一个居民企业主有权享受同样的抵免,那么该常设机构就能证明它的要求是正确的。[④]

在涉及 3 国的情况中也应消除对常设机构所得的双重征税,根据国内税法或者根据《范本》第 24 条第(3)款第一句的规定来给予来源所得税抵免。对于那些不赞同该观点的国家,OECD 建议它们对第 24 条第(3)款第一句作出明确的解释。[⑤] 这些建议于 1992 年 7 月 23 日写入《范本注释》之中,但仅具有再次澄清的意义,因为常设机构所在国的抵免义务已经在《范本》第 24 条第(3)款的措辞中体现出来了。

《范本》第 24 条第(3)款的规定仅使合伙企业所在地国负有义务,在所在地国居民可比税负范围之内给予合伙企业抵免。这可能涉及两种情况:P 国—S 国协定中的来源税率比 R 国—P 国协定中的低或者刚好相反。在第一种情况下,P 国仅有义务根据 P 国—S 国协定中规定的较低的来源税率进行抵免,尽管合伙人 A 和 B 在 S 国实际上根据 R 国—P 国协定缴纳了较高的来源税;但如果 P 国以 P 国—S 国协定为标准,那么它就会认为合伙企业并不处于比在缔

---

① 2005 OECD-MC, art. 24 para. 49.
② 2005 OECD-MC, art. 24 para. 23.
③ 2005 OECD-MC, art. 24 paras. 24 – 54.
④ 2005 OECD-MC, art. 24 para. 49.
⑤ 2005 OECD-MC, art. 24 para. 52.

约国自己的企业更糟的境地。这种因《范本》第24条第(3)款的规定而产生的做法是正确的,也与OECD的观点相符。① 第二种情况下,P国—S国协定的来源税率比R国—S国协定规定得更高,这样所在地国P国就能对S国的来源所得税予以完全抵免。根据协定法,原则上也仅对“被支付”的税收负有抵免义务,没有必要提供因差额而导致的虚拟抵免。②

⑤ 税收最惠国待遇

a. 协定法上无税收最惠国待遇

假如在P国设立的合伙企业P从S国获得所得,合伙人A和B分别是A国和B国的居民。所有国家都将合伙企业P视为纳税虚体,则它没有权利要求协定优惠。S国的来源所得税减免就必须按照S国—A国协定分配给合伙人A,根据S国—B国之间的协定分配给合伙人B。假如P从S国获得利息,根据S国—A国协定,S国没有课税权,但根据S国—B国协定,S国可以征收10%的来源税,这样就产生一个问题,即S国是否负有条约义务,适用有利于合伙人B的S国—A国协定,即给予合伙人B税收最惠国待遇。

根据《范本》所缔结的协定是没有规定这样的义务的。个别国家在协定中明确规定了最惠国待遇,如美国与加拿大协定第25条,但这仅是例外。最惠国待遇并非国际税法中的基本原则,也就是说,在协定法上,不能推导出缔约国负有给予纳税人最惠国待遇的义务。S国—A国协定和S国—B国协定分别适用于合伙人A和合伙人B,S国没有义务对合伙人B适用最有利的S国—A国协定。

---

① 2005 OECD-MC, art. 24 para. 52.

② See Kostense H. E., “The Saint-Gobain Case and the Application of Tax Treaties. Evolution or Revolution?”, *EC Tax Rev.*, 2000(4).

b. 欧盟法上的税收最惠国待遇

欧盟是国际社会一个较为有影响力的政府间国际组织，制定了许多适用于欧盟成员国的法律制度。如果这3个国家都属于欧盟成员国，S国是否就有义务对合伙人B适用较有利的S国—A国协定？

欧盟成员国都要受到欧盟法的约束。欧盟法不但具有直接效力(direct effect)，即欧盟法在全体成员国国内可直接适用，而且具有优先效力，即欧盟法在成员国国内适用时，尤其是在欧盟法与成员国国内法相冲突时，优先于成员国国内法。虽然欧盟法并未对其效力是否优先于各成员国国内法作出明确规定，但是，由于欧盟法在各成员国的一致适用和一致效力是欧洲联盟得以存在和顺利运作的前提，因此，欧洲法院通过一系列的判例逐渐确认了欧盟法的优先效力。虽然协定是两个国家之间所缔结的，但在欧盟范围内，它从属于欧盟法，当它与欧盟法发生冲突时，欧盟法优先。

《欧洲联盟条约》第12条明确规定，禁止“每个由于国籍而引起的歧视”。那些仅对在特定成员国居住的外国人提供的特殊优惠，会导致一些国家将获得比其他国家更有利的条件，以致仅仅促进了这些国家之间经济上的合作，而其他国家则落在后面。这与欧盟法的宗旨，即形成统一的经济圈是相矛盾的。就同一所得而言，如果协定法上成员国一方居民的有限纳税义务高于成员国另一方居民，就违反了《欧洲联盟条约》第12条的禁止歧视的一般规定。而且一个国家对不同国家的外国人在协定中对股息、利息规定的不同来源税率会导致歧视的存在，这也违反了《欧洲联盟条约》第56条资本流通自由的特别规定。因对股息、利息给予较高的来源所得税从而受到歧视的外国人可以向所得来源国主张同等待遇。

因此，在成员国另一方的居民合伙人在股息和利息的来源所得税范围内，作为欧盟成员国的来源国有义务适用有利的协定。合伙人B根据S国—B国之间的协定的规定，原则上在S国承担10%的利息所得的来源税，而现在他有权要求适用有利的S国—A国协定，即S国要给予合伙人B税收最惠国待遇。

(3)来源国的不动产所得

假如合伙企业P在第三国，此时即来源国S国的企业活动范围内具有《范本》第6条第(2)款意义上的不动产并因此获得所得，合伙人A和B居住在R国，3国都将合伙企业P视为纳税虚体，应如何适用协定？

首先，我们来分析合伙企业所在地国P国与合伙人居住国R国之间的P国—R国协定的适用。P国—R国协定第6条第(1)款适用的要求是，合伙人作为居民因不动产获得所得，该不动产位于缔约国另一方即所在地国P国，而现在不动产位于第三国，不属于这种情况，则该款条件没有得到满足。因此，该不动产所得就应适用《范本》第21条，该条第(1)款规定，缔约国一方居民的各项所得，不论在什么地方发生，凡本协定上述各条未作规定的，应仅在该国征税。据此，要保留居住国R国对所得的课税权。

虽然财产所在地国课税原则要优先于常设机构原则，但这并不能从《范本》第6条第(4)款推出。第6条第(4)款规定，第(1)款和第(3)款的规定也应适用于企业的不动产所得，即第6条第(1)款优先于第7条适用，不动产所在地国S国具有优先课税权，但第6条第(1)款的前提没有得以满足，该条第(4)款就不能发生作用。因此，第7条的常设机构原则就得以适用，合伙企业的不动产所得就可以归属于P国的常设机构。同样，此时第7条第(7)款的特别原则也不起作用，因为该所得是协定其他条款中没有规定的。结果，根据《范本》第7条第(1)款，P国根据R国—P国协定对从第三国不动产获得的所得享有独占课税权。

从协定法的层面，我们已经推出，一方面根据《范本》第21条第(1)款要保留R国的课税权；另一方面根据第7条第(1)款之规定，P国又享有独占课税权，那么，就需考量应优先适用第21条还是第7条。第21条第(2)款解释了第(1)款不予适用的情况，即如果据以支付所得的权利和财产与常设机构有实际联系，就要采用特殊分配规则中的常设机构保留原则。从协定的上下文可知，在其他分配规则中规定的所得，原则上不是《范本》第7条第(1)款意义上的营业利润。[①] 第21条第(2)款明确规定其不适用于来源于第6条第(2)款意义上的不动产所得，也就是说，常设机构保留对因不动产产生的其他所得不发生效力。《范本注释》认为，第21条规定，第6条第(4)款的单个规则中所确定的财产所在地国课税原则优先于常设机构原则。[②] 因此，应优先适用第21条第(1)款，来源于第三国的不动产所得应归属于P国—R国协定中的其他所得，居住国R国享有无限课税权。

其次，R国还要考虑与第三国即来源国S协定的适用，因为不动产位于该国。根据《范本》第6条第(1)款规定财产所在地国S国享有课税权，根据S国—R国协定，居住国R没有课税权。这也就是说，如果出现上述情况，根据S国—R国协定，R国必须按照《范本》第23条的规定，采用免税法或者抵免法给予税收减免救济。[③]

(4)所得来源国的常设机构

如果合伙企业在来源国S国的企业活动范围内的所得是通过常设机构获得，产生所得的权利或者财产实际上属于该常设机构，那

---

① Schaumburg Harald, *Internatinales Steuerrecht*, Köln, 1998, Rz. 16. 227.

② 2005 OECD-MC, art. 21 para. 4.

③ Mittermater J., *Besteuerung von Personengesellschaften im Verhältnis USA-Deutschland*. Heidelberg, 1998, 225, S. 261.

么就不能适用S国—P国之间的协定,因为其在该两个国家都没有居民。首先,要确定该常设机构是归属于哪一国。《范本》第3条第(1)款(d)项的规定是根据居民对企业进行归类,此处合伙企业不满足居民标准,居民是合伙人A和B,他们是合伙企业的企业经营者。因而,位于来源国S国的常设机构也按份属于合伙人A和B,他们在其居住国是企业主,在第三国经营常设机构。合伙企业在哪一个国家设立并不具有决定作用,在协定法上,此时可适用的仅是R国—S国协定。根据《范本》第7条第(1)款的规定,S国对常设机构所得具有无限课税权;根据第23条的规定,相应地,R国可以采用免税法或抵免法来避免双重征税。

三、缔约国对合伙企业给予不同定性时的协定资格

当缔约国一方将合伙企业视为纳税实体,而另一方将其视为纳税虚体时,对合伙企业协定资格的定性就必然会产生冲突。这种冲突是否可以通过下列原则,即缔约国一方在协定法上对合伙企业的待遇要受缔约国另一方对合伙企业定性的约束来消除?

(一)对合伙企业协定资格的不同看法

在缔约国对合伙企业给予不同税收待遇时,关于合伙企业的协定资格,学术界的意见分歧很大。一种观点认为,如果合伙企业所在地国认为合伙企业具有居民资格,则另一国要受到其定性的限制,合伙企业所在地国对协定资格的定性起决定作用。另一种观点认为,协定适用国不受所在地国定性的限制,任何缔约国都可以对协定进行独立自主的解释,对协定下合伙企业的定性有自己的看法。还有一种观点认为,如果来源国根据国内法将合伙企业视为纳税实体,那么它要给合伙企业提供协定资格,此时只是来源国对合伙企业协定资格的定性才是具有决定性的。

1. 合伙企业在来源国被视为纳税主体，在所在地国被视为纳税虚体

在此情况下，对合伙企业的协定资格有不同的看法。一种看法是，合伙企业因在其所在地国缺乏纳税主体地位，故不是《范本》第4条第(1)款意义上的居民，不能得到协定保护。但在来源国被视为纳税主体，满足了协定中的居民标准，所以应对其提供协定保护。来源国应该承认合伙企业具有协定资格，否则，不但与其国内法相矛盾，而且违背国际法上的条约信守原则。[①] Debatin 将这称为"国内纳税义务的保护反射"。[②] Lechner 也同意该观点，他认为，来源国根据其国内法必须承认合伙企业为纳税实体，应提供协定保护。[③]

Vogel 教授则认为，通过来源国提供协定保护，可以推出合伙企业在所在地国有"虚拟的居民"身份，"因为合伙企业与所在地国空间上的联系证明存在同样一个赋予无限纳税义务的标志"。[④] 即合伙企业在所在地国有居所或住所，该居所或住所是《范本》第4条第(1)款规定的能赋予人纳税义务的标志，来源国对其又提供协定保护，所以合伙企业在所在地国具有虚拟的居民身份。因此，合伙企业在所在地国是否是纳税主体并不起决定作用。所在地国对国内法上的非纳税主体拒绝给予协定法上的人的协定资格，以及对《范

---

① Debatin Helmut, *Subjektiver Schutz unter Doppelbesteuerungsabkommen*, BB, 1989 (1).

② Debatin Helmut & Wassermeyer Franz, *Doppelbesteuerung*, *Kommentar*, München, 1999, Systematik III Rz. 19.

③ Lechner E., *Die Abkommensberechtigung von Personengesellschaften*. in Gassner W./Lang M./Lechner E., Personengesellschaften im Recht der Doppelbesteuerungsabkommen, München, 2000.

④ Vogel Klaus & Lehner Moris, Doppelbesteuerungsabkommen der Bundersrepublik Deutschland auf dem Gebiet der Steuern vom Einkommen and Verögen Kommentar. Müchen, art. 1 Rz. 25a.

本》第 4 条第(1)款的居民拒绝给予协定保护,都是不正确的。因为当位于所在地国的同样的人在那里没有所得,或者对其所得如普通公益所得(Gemeinnützigkeit)免予课税时,也没有纳税义务,尽管如此,它在那里仍然是"居民"。[①] 这种解释对协定保护或者来源国税收减免也同样适用,根据来源国国内税法,税收由同一个主体承担。来源国仅遵循其自己的国内法律对有关的人的协定资格进行判断,而无须仔细研究外国的课税情况,这在行政管理上也有优点。[②]

虽然在这种情况下采用"虚拟的居民"这个概念具有一定的合理性,但协定并没有关于适用"虚拟的居民"之规定,在其他情况下,"虚拟的居民"将导致额外的定性困难,在适用协定时,这些困难又必须首先予以解决。因此,仅考虑由合伙人享受来源所得税抵免才是比较恰当的,所在地国必须将合伙企业的税收抵免资格赋予合伙人,但问题是合伙人在所得来源国没有纳税义务,如果所得来源国与合伙企业所在地国就同一所得对合伙企业与合伙人分别征税,那么其导致的并非法律上的而是经济上的双重征税。[③]

笔者认为,合伙企业在其所在地国不是纳税主体,并不满足《范本》第 4 条第(1)款的居民标准。虽然在其所在地国是《范本》第 3 条第(1)款第(a)项规定意义上的人,并且也能通过其场所来证明具有空间上的联系,但作为纳税虚体,它缺乏第 4 条第(1)款协定资格的前提即纳税义务。该纳税义务必须是根据第 4 条第(1)款规定在居住国所赋予的,仅在来源国有纳税义务是不够的。合伙企业在来源国对从该国获得的所得具有有限纳税义务,并不满足第 4 条第

---

① Vogel Klaus & Lehner Moris, Doppelbesteuerungsabkommen der Bundersrepublik Deutschland auf dem Gebiet der Steuern vom Einkommen and Verögen Kommentar. Müchen, art. 1 Rz. 25a.

② Lang Michael, *Personengesellschaften im DBA-Recht*, SWI, 2000(1)

③ Toifl G., *Personengesellschaften*, München, 2000. SS. 121 - 143.

(1)款第二句规定的纳税义务的条件,不能得到协定保护。[①] 在这种情况下,来源国应给予合伙企业所在地国的居民合伙人协定保护,因为他们在合伙企业所在地国即居住国负有纳税义务,是协定意义上的居民,来源国必须考虑协定资格人与所得分配之间的一致。[②] 也就是说,来源国要考虑所在地国对合伙企业的税收待遇。Schaumburg 认为,这种衡平措施(Billigkeitsmaßnahme)从量能课税原则来看也是合理的,而且根据 AO 第 163 条以及第 227 条的规定这也是可实施的。[③]

2. 合伙企业在所在地国被视为纳税主体,在来源国被视为纳税虚体

在这种情况下,合伙企业所在地国认为合伙企业具有协定资格,是《范本》第 3 条第(1)款第(a)项和第(b)项意义上的人,根据第 4 条第(1)款的规定,它也是那里的居民。那么合伙企业所在地国对合伙企业的定性要不要被其他国家所遵从呢?对此也有不同看法。大部分学者认为,所得来源国应受到合伙企业所在地国所给予的协定资格的限制。理由是,这能从第 3 条第(1)款第(b)项的解释得出,《范本注释》说"公司"这个用语还包括"根据组织成立地所在缔约国税法视为法人的任何其他纳税单位",它虽然没有明确指出所在地国的定性具有决定性,但这与协定目的和宗旨相符。另外,第 4 条第(1)款明确指示居民定义参照所在地国国内法,来源国要受到

---

① Kaulen G., *Ertragsteuerliche Behandlung der Niederlassungen ausländischer Unternehmen nach spanischem Recht unter Berücksichtigung des Deutsch-Spanischen Doppelbesteuengsabkommens*, Erlangen-Nürnberg, 1973, S. 54.

② See Daniels, A. H. M., *Issues in International Partnership Taxation*, Deventer (NL): Kluwer Law and Taxation Publishers, 1991, p. 161.

③ Schaumburg Harald, *Internatinales Steuerrecht*, Köln, 1998, S. 174.

约束。[1]

这种认为所得来源国要受到合伙企业所在地国定性的约束的观点又细分为两种：一种认为，所得来源国应该让合伙企业得到协定优惠；另一种则认为，合伙企业在所得来源国的协定资格应该流经、穿透过合伙企业，落到合伙人身上，由合伙人享有，并对其提供协定保护。所得来源国国内法并不将合伙企业视为纳税主体，而是将合伙人视为纳税主体，根据规定仅给予合伙人来源所得税减免的待遇。来源国国内法中没有规定要对合伙企业给予来源所得税减免的待遇。这导致的结果就是，由于在所得来源国缺乏纳税主体身份，合伙企业的协定资格就不能起作用并达到预期的效果。因为这种结论不太令人满意，有些学者就认为，所得来源国仅将给予合伙企业协定资格当作自己的义务是不够的。他们认为所得来源国也有义务，将合伙企业的协定资格“流经”至其合伙人，[2]所有合伙人都不依赖于其在哪一国居住而能要求协定保护。

Kluge 和 Wassermeyer 等学者不赞同上述所得来源国要受所在地国定性约束的观点。Kluge 认为，必须从“公司所设立的缔约国”来考虑《范本》第 3 条第（1）款第（b）项的用词“税收”。[3] 根据这种理由，协定资格人必须和国内税法所规定的纳税主体相一致，因而就不能接受外国的定性。《范本注释》明确指出，因各缔约国给予合伙企业不同的税收待遇，建议缔约国进行特别协商，以对合伙企业的定性达成一致意见。《范本》没有规定缔约国一方必须要受其他

---

① Schaumburg Harald, *Internatinales Steuerrecht*, Köln, 1998, S. 159.

② Vogel Klaus & Lehner, Moris, Doppelbesteuerungsabkommen der Bundersrepublik Deutschland auf dem Gebiet der Steuern vom Einkommen and Verögen Kommentar. Müchen, art. 1 Rz. 24b.

③ Kluge Volker, *Die Anerkennung ausländischer Gesellschaften im deutschen Steuerrecht*, IStR, 1976(5).

国家对合伙企业定性的约束，每个缔约国可以自己确定，承认何种法律实体为《范本》第3条第(1)款第(b)项下的公司。[①] 因此，除非协定对此制定特别规定，否则，应仅根据每个国家的国内法对合伙企业的定性进行解释。各缔约国根据其国内法对第3条第(1)款第(b)项进行解释，并不与协定的目的和宗旨不符，因为缔约国并没有义务达到避免双重征税各方面的目标。在此情况下，第3条第(2)款的规定也表明，可以按照各个国家的国内法规对概念进行解释。[②]

Wassermeyer 则从德国《基本法》第3条来论证。他说，根据合伙企业的国内合伙人是投资一个外国合伙企业还是投资一个内国合伙企业而给予不同的课税，这是宪法所保护的相同待遇原则所不允许的。从德国《基本法》第3条可知，必须给予投资外国合伙企业与国内合伙企业的国内合伙人相同的税收待遇。因合伙企业在外国的不同定性而给予不同的课税是没有理由的。[③] Raad 也在1988年 IFA 的总报告中指出，缔约国成员应根据《范本》第24条第(1)款和第(2)款的规定保证给予相关的人相同待遇。[④]

Kluge 的解释方法可能会受到质疑。因为某个词语含义的本身就对解释的范围进行了限制，[⑤]通过对文义进行补充，如 Kluge 所采用的方法，使词语本来的含义被其他含义所取代，从而使其在内容

---

① Kluge Volker, *Ertragsteuerliche Zurechnungsprobleme bei internationaler Unternehmenstätigkeit und ihre Beeinflussung durch Doppelbesteuerungsabkommen*, Bochum, 1975, S. 29.

② Beckerath H.-J. Von, *Der Durchgriff im deutschen Außensteuerrecht*, Berlin, 1978, S. 110.

③ Wassermeyer Franz, *Die Beurteilung der Abkommensbrechtigung ausländischer Personengesellschaften durch Deutschland als dem Nichtansässigkeitsstaat der Personengesellschaft*, IStR, 1998(7).

④ Raad Van Kees, *Recognition of Foreign Enterprises as Taxable Entities-General Report*, In IFA, CDFLa, Rotterdam, 1988, pp. 113－159.

⑤ Larenz Karl, *Methodenlehre der Rechtswissenschaft*. Berlin u. a., 1991, S. 343.

上也发生了改变。《维也纳条约法公约》对国际条约的解释强调，条约原文处于非常突出和重要的地位。[①] 这也意味着不允许通过补充语义来改变原文的含义，对《范本》第3条第(1)款第(b)项中的“税收”嵌入一个定语“公司所设立的缔约国的”来进行解释，是不可取的。由于缔约国常常没有试图先从税收协定的目的和宗旨来进行解释，而是立刻想适用法院地法(lex fori)，[②]因此，《范本》第3条第(2)款规定，在适用国内法之前要先看看协定上下文是否有其他规定。

Vogel对Wassermeyer的观点予以了反驳，他认为，当合伙企业在某一外国被视为纳税虚体，而在另一外国被视为纳税实体时，给予德国合伙人不同待遇是合理的。在合伙企业被视为纳税实体课税的情况下，其本身负有无限的公司所得税纳税义务，所在地国应对其国内及国外的全部所得课税。因此，外国可以对合伙企业来源于第三国的所得课税；而在纳税虚体的情况下，则刚好相反，合伙人在第三国仅具有有限纳税义务，合伙企业本身不具有纳税义务，因而外国对在其境内获得的利润可以课税，合伙企业所在地国必须将第三国所得排除在税基之外。在德国《基本法》第3条的规定下，因不同税收制度对外国所得课税的约束，对国内合伙人给予不同课税是合理的。[③]

德国的司法判例中没有明确承认具有法律行为能力的外国合伙

---

① Vogel Klaus & Lehner Moris, Doppelbesteuerungsabkommen der Bundersrepublik Deutschland auf dem Gebiet der Steuern vom Einkommen and Verögen Kommentar. Müchen, Rz. Einl. 69.

② Piltz Detlev Jürgen, *Die Personengesellschaften im internationalen Steuerrecht der Bundesrepublik Deutschland*. Heidelbeg, 1981, S. 133.

③ Vogel Klaus, *Zur Abkommensberechtigung ausländischer Personengesellschaften*, IStR, 1999(1).

企业的协定资格。1988年2月3日的一个判决认为，协定资格取决于该外国的合伙企业根据德国税法制度是否具有纳税义务。在对一个泰国的KG进行判断时，尽管该KG在泰国被视为民法上的法人，德国仍然否认了其具有企业所得税纳税义务。BFH即德国联邦财政法院指出，虽然根据国际私法的基本原则，该外国法人要得到承认，但仍然应按照德国的《所得税法》以及《企业税法》来确定其收入税的待遇。BFH反驳了前一审法院将该泰国KG视为企业所得税纳税主体的观点。①

从以上不同观点可以看出，并不能从缔约国国内的不同税收概念对合伙企业的协定资格作出清楚的解释与决定。因而，有些国家如德国往往通过在其所缔结的双边税收协定中制定特别规则来解决合伙企业的协定资格问题。

（二）德国解决因合伙企业定性冲突而引起的协定资格问题的办法

1. 针对合伙企业在协定中制定特别规则

因德国并不将合伙企业视为法人，在德国所得税法上，它们就不被视为公司或居民公司，只有合伙人，如果他是德国居民，他就有权在缔约国另一方享受协定优惠。但是，德国协定法上的做法是尽可能将合伙企业视为协定意义上的居民，在实践中，往往与其缔约国制定特别条款以解决合伙企业的协定资格问题。② 这些特别条款规定，对合伙企业协定资格的认可并不依赖于其在国内所得税法上的待遇，而是赋予合伙企业完全协定资格或部分协定资格。③

---

① BFH v. 03. 02. 1988, BStBI Ⅱ 1988, 588 – 589.

② Helmut Krabbe, "Germany's Tax Treaty Policy", *IBFD*, 2000(8/9).

③ Schonhaus Mathias, *Die Behandlung der stillen Gesellschaft im Recht der Doppelbesteuerungsabkommen unter besonderer Berücksichtigung des OECD-Partnership-Reports*. Frankfurt a. M, 2005, S. 115.

如果合伙企业在两个国家都被视为纳税实体,就不需要制定独特的协定规则。两个国家都承认合伙企业具有协定主体资格,原则上和股份公司没有区别。从德国的角度来看,仅当另一国的居民合伙企业在其居住国具有选择按公司来课税的权利,该外国的合伙企业在德国通过类型比较被看作公司时,才会产生单独制订特别规则来进行规定的需要。例如,在美国设立的 LLC 就有这种可能,因而这对德国而言是一个例外。当合伙企业在两个国家都被视为纳税虚体时,也不会因对合伙企业的不同定性而产生协定资格上的冲突,他们通常不具有协定资格,但德国在与其缔约伙伴所缔结的协定中,往往也制定特别条款规定这些合伙企业具有完全或者部分的协定资格。

(1)通过协定中的特别规则赋予合伙企业完全协定资格

当一国将合伙企业视为纳税虚体,如德国将隐名合伙视为纳税虚体;而另一国将其视为纳税实体,如法国将隐名合伙视为协定法上的居民时,①往往会通过在双边税收协定中制定特别条款,规定这种隐名合伙本身可以主张协定资格并享受完全的协定保护。从德国角度来看,当一个德国的合伙企业在另一国获得所得且合伙企业在该国被视为纳税主体课税时会产生这样的情况:德国赋予另一国的合伙企业协定资格,但德国的合伙企业在另一国却不能获得协定资格。在德国所缔结的一些协定中(但还不是所有的国家)通过将合伙企业视为纳税主体的特别规则来消除这种不平衡。例如,德国—比利时协定(以下简称德—比协定)第 3 条第(1)款第(4)项规定:"用语'公司'包括任何法人和在其居住国应就其所得或者财产纳税的任何其他团体,也包括德国法上的 OHG 和 KG。"这些合伙企

① OECD-Report,91.

业是该协定第3条第(1)款意义上的人，第4条第(1)款规定："'缔约国一方居民'是指……也包括按照德国法设立的其主要企业活动在该国从事的OHG和KG，以及按照比利时法律设立的公司——但不包括股份公司和股份两合公司——他们可以自主决定其利润按自然人所得课税。"因此，条款中所指的这些合伙企业是协定意义上的居民，因而也具有协定资格。① 但不包括德国的GbR或者隐名合伙。② 虽然比利时国内法律规定，合伙企业原则上是纳税主体，但某些合伙企业形式仍然可以选择按纳税虚体来课税。

在德国—冰岛协定(以下简称德—冰协定)中也包含有类似的规定，与德—比协定相比，协定资格的赋予不仅包括德国的OHG和KG，而且扩大到两个国家的所有合伙企业。德—冰协定第3条第(1)款第(d)项规定："用语'人'包括任何自然人、法人以及其他在税收上视为法人的团体，也包括合伙企业。"第4条第(4)款规定："合伙企业被视为其经营管理所在国的居民。但仅当合伙企业的所得或者财产在其被视为居民的缔约国课税时，第5～22条的分配规则才适用。"

因此，在纳税虚体原则范围内，纳税义务由合伙人承担时，缔约国一方没有对全部所得课税，当合伙企业是事务管理国以外的居民时，该有限的纳税义务仅由合伙人承担。例如，如果一个德国的合伙企业从冰岛获得所得，但其合伙人不是德国的居民，该所得也不属于合伙企业在德国的常设机构，那么合伙人在德国对该所得就没有纳税义务。根据德—冰协定第4条第(4)款第二句的规定，对该

---

① Riemenschenides Sven, *Abkommensberechtigung von Personengesellschaften und abkommensrechtliche Behandlung der Einkünfte aus Beteiligungen inländischer Gesellschafter an ausländischen Personengesellschaften*, Frankfurt a. M, 1995, S. 92.

② Debatin Helmut, *Subjektiver Schutz unter Doppelbesteuerungsabkommen*. BB, art. 1 belgien Rz. 16.

所得就不会考虑协定保护。[1]

(2)通过协定中的特别规则赋予合伙企业部分协定资格

前述规则所规定的合伙企业的完全协定资格,在通常情况下可以解决合伙企业的协定资格问题。但当要向合伙企业提供协定资格而导致对第三国的居民合伙人提供协定保护时,往往就会出现问题。如果对第三国的居民合伙人也提供这种保护,这并不合理,因为会减少对第三国居民合伙人的课税。[2] 此外,通过对在缔约国一方被视为纳税虚体的合伙企业给予完整的协定保护,在协定适用上会产生解释上的困难:协定法将所得纳入合伙企业,而事实上却由合伙人纳税。如果在协定中仅对合伙企业提供部分的协定资格,那么这个问题相对就可以避免。

部分的协定资格在此是指协定资格仅部分有效,或者针对确定的人,如属于合伙企业所在地国的居民合伙人,或者针对确定的纳税客体,如利息、股息和特许权使用费。因而它有两种类型:一种涉及特定的人,即仅与特定的主体有关;另一种涉及特定的所得,即仅与特定的纳税客体有关。具有部分协定资格的合伙企业的权利限于对分摊到其所在地国居民合伙人身上的所得适用协定保护。通过这种居民身份的虚构,使《范本》第 4 条第(1)款对合伙企业权利主体身份的要求完全或者部分取消,以便有关所得可以对来源国主张协定保护。[3]

---

① Debatin Helmut, *Subjektiver Schutz unter Doppelbesteuerungsabkommen*. BB, art. 4 Island Rz. 5.

② Manke Klaus, *Personengesellschaften und DBA-Abkommensberechtigung und Abkommensschutz*. in vogel klaus. Grundfragen des Internationalen Steuerrchts, DStJG, Köln, 1985, SS. 195 – 211.

③ Schonhaus Mathias, *Die Behandlung der stillen Gesellschaft im Recht der Doppelbesteuerungsabkommen unter besonderer Berücksichtigung des OECD-Partnership-Reports*. Frankfurt a. M, 2005, S. 115.

西班牙和葡萄牙都将合伙企业视为纳税实体，在德国与这两个国家所缔结协定中的第4条第(4)款规定了特别条款，内容基本相同。现以德国—西班牙协定(以下简称德—西协定)为例。德—西协定第4条第(4)款规定："在第5～22条意义上，如果合伙人要对与合伙企业有关或者因合伙企业的财产产生的所得承担纳税义务，那么他就属于合伙企业有实际企业管理场所的缔约国的居民。如果该所得或者财产在该国没有课税，那么缔约国另一方将予以课税。"该规则并没有为合伙企业设置虚拟的居民身份，而是规定德国或者西班牙合伙企业的合伙人应被视为合伙企业设有实际经营管理场所的缔约国的居民。因此，如果一个德国合伙企业的合伙人是德国居民，那么其也能对来源于西班牙的所得根据德—西协定要求来源所得税减免。所有合伙人都被包括在协定保护之中，而并不依赖于其是哪一国的居民，也包括第三国的合伙人。根据德—西协定第4条第(4)款，协定资格仅限于第5～22条所涉及的所得。也就是说，在客体方面，部分的协定资格仅限于分配规则范围内的所得类型。[①] 该规则也适用于西班牙的从德国获得所得的合伙企业。但这种情况仅当西班牙的合伙企业在德国不是企业所得税的纳税主体，而仅是民法上的企业时才有意义。否则，根据德—西协定第1条以及第3条第(1)款和第4条第(1)款的规定，西班牙的合伙企业本来就被视为法人，要承担无限的企业所得税纳税义务，具有完整的协定资格。实际上，德—西协定第4条第(4)款的规定将德国的合伙企业与西班牙的合伙企业在缔约国另一方获得的所得同等对

① Hock Bernhard, *Personengesellschaften mit internationalem Gesellschafterkreis*, Wiesbaden, 1994, S. 99.

待。[①] 德—西协定第 4 条第 4 款第二句对部分协定资格作了限定，仅当所得在合伙企业所在地国也要纳税时，来源国对所得的课税权才受到限制。如果不属于这种情况，来源国可以不考虑协定而进行课税。这尤其针对第三国的居民合伙人，否则，他们在虚拟的居住国，也就是合伙企业的所在地国从合伙企业获得的所得不纳税或者免税。通过这种规定就能较好地防止"协定的滥用"。[②] 德国—葡萄牙协定也如此，但部分的协定资格也针对股息适用。

德国—利比里亚协定议定书第 5 条包括了对德国合伙企业适用的部分协定资格，它规定："根据德国法成立的合伙企业作为联邦德国的居民被认为符合协定第 6 ~ 22 条的目的。"合伙企业的协定保护也局限于分配规则。同样，对来源所得税而言，德国合伙企业和利比里亚的被视为纳税主体的本来就具有协定资格的合伙企业同样对待。有关客体的部分协定资格的例子也可以在德国—日本协定第 7 条第(7)款中找到，但协定资格仅涉及合伙企业的企业利润，因而实际上只有较小的适用范围。[③]

德国—美国协定(以下简称德—美协定)第 4 条第(1)款第(b)项明确授予(部分)透明实体以协定意义上的居民身份，但 2006 年修订的德—美协定删除了双边协定第 4 条第(1)款第(b)项，取而代之是新协定的第 1 条第(7)款。该条规定：如果一项所得、利润或收益是由一个根据任一缔约国法律属于财政透明的人获得或通过该人获得的，那么这样一项所得、利润或收益应基于该国税法目的被

---

① Debatin Helmut, *Subjektiver Schutz unter Doppelbesteuerungsabkommen*. BB, art. 4 Spanien Rz. 15.

② Debatin Helmut, *Subjektiver Schutz unter Doppelbesteuerungsabkommen*. BB, art. 4 Spanien. Rz. 19.

③ Pyszka Tillmann, *Lizenz und Zinszahlungen einer Personengesellschaft an ihren ausländischen Mitunternehmer*, IStR, 1998(9).

视为一个居民的所得、利润或收益。2006 年的该议定书生效后，议定书中的上述变化被引入两国税收协定中。

原告美国 S 公司是一家住所地位于美国的公司，持有德国居民公司 50% 的股份。如本书第一章所述，美国 1997 年实行的打钩规则允许纳税人选择或以一个法人的身份纳税，或者作为一个透明的实体，把所得分配给成员并由成员纳税。该公司选择了后一种方式，本身无须缴纳美国企业所得税，它的所得是否交税取决于股东是否交税，因此成为《美国国内收入法典》第 S 节所规定的 S 公司。2008 年其持有股份的德国居民公司向美国 S 公司分配了 1,028,031 欧元的股息，根据德国国内法，德国税务局征收了 21.1% 的资本预提税（包括附加税），即 216,914.54 欧元。

该美国 S 公司根据德—美协定的规定，向德国联邦税务局申请把预提税减到 5%，同时申请退款，因为德—美协定第 10 条第（2）款第（a）项明确规定，如果受益所有人是一个其他缔约国的公司，并且直接拥有支付股息公司至少 10% 的有投票权的股票，则该公司获得的或受益拥有的股息预提税减为 5%。但是，德国联邦税务局拒绝对美国 S 公司适用该协定第 10 条第（2）款第（a）项，而对其仅适用第 10 条第（2）款第（b）项，把预提税减到 15%，但协定第 10 条第（2）款第（b）项的规定适用于其他缔约国居民获得的或受益拥有的股息的其他情况。美国 S 公司对德国联邦税务局的做法不满，于是向德国科隆财政法院提起诉讼。科隆财政法院在 2012 年 4 月 24 日作出的判决中支持了德国税务局的做法。科隆财政法院认为，如果本案适用该协定第 10 条第（2）款第（a）项的规定，则美国 S 公司有权适用 5% 的利息预提税，如果本案适用该协定第 10 条第（2）款第（b）项，则美国 S 公司无权适用 5% 的利息预提税。法院分析了种种因素后，认为第 10 条第（2）款第（a）项不适用于本案，因此驳回了美国 S 公司的诉讼请求。法院认为，第 10 条第(2)款第(a)项的适用有两个条件：一是股息必须是其他缔约国居民获得的或受益拥有的；二是受益所有人是公司。如果美国 S 公司是协定规定的合格居民，则该条可以适用。但是法院认为，在 2008 年这并不属实，因为根据《美国国内收入法典》规定的 S 公司地位，该美国 S 公司的股东是美国独立的纳税主体，而公司本身不是。由于公司本身不在美国承担纳税义务，只有股东才承担纳税义务，因此，美国 S 公司并不具有美德避免双重征税协定所规定的税收居民身份。

美国 S 公司就该案向联邦财政法院提起了上诉。美国联邦财政法院 2013 年 6 月 26 日作出判决，推翻了科隆财政法院的判决，美国认为，美国 S 公司是德国公司分配的股息的合格受益所有人，本案中，协定第 10 条第(2)款第(a)项规定的所有适用条件都满足，遂判决利息预提税减到 5%，并给予相应的退款。[①]

本案诉讼过程中，针对美国 S 公司能否享有德—美协定规定的优惠待遇，科隆财政法院和联邦财政法院关于以下事项有不同观点：

一是透明实体是否具有德—美协定所规定的税收居民身份。德—美协定第 10 条(股息课税条款)规定：①缔约国一方居民公司支付给缔约国另一方居民的股息，可以在该缔约国另一方征税。②然而，这些股息也可以在支付股息的公司为其居民的缔约国，按照该国法律征税。但是，如果股息受益所有人是缔约国另一方的居民，则所征税款：(a)如果受益所有人是直接持有支付股息公司至少 10% 有投票权股份的公司，不应超过股息总额的 5%；(b)在其他情

① See Xenophon R. R.，"Case Closed：Tax Treatment of US S-Corporations under the Germany-United States Income and Capital Tax Treaty-Treaty Benefits for Hybrid Entities"，*IBFD*，European Taxation，2014(5).

形下,不应超过股息总额15%。本款不应影响对该公司支付股息前的利润所征收的公司利润税。美国S公司拥有德国公司至少10%有投票权的股份是没有争议的,至于其是否属于美国税收居民,两审法院有不同的看法。科隆法院认为,2008年美国S公司并非美国的税收居民,因为根据《美国国内收入法典》关于S公司地位的规定,S公司本身并不对美国承担纳税义务,承担纳税义务的是S公司的股东。一个实体如果不对缔约国承担纳税义务,就不可能成为该缔约国的税收居民。另外,2006年前的德—美协定有明确规定透明实体为税收居民的条款,但2006年的议定书出台后,根据议定书修改的新协定中就不包含这样的条款了。新协定的第1条第(7)款虽然规定在一般情况下,如果一项收入应被认定为居民所得,则其因此属于公约的适用范围,但并未明确规定视该透明实体为(部分)居民。法院对条约进行了解释,大意是第10条第(2)款第(a)项的适用条件(特别是获得所得的公司居民身份)要满足第1条第(7)款的规定,因为第1条第(7)款只是把通过透明实体的所得包括在条约一般范围之内,至于获得所得的实体居民身份问题则仍需要在第4条的基础上建立。

联邦财政法院对德—美协定第1条第(7)款用语有着与科隆财政法院完全不同的解释。联邦财政法院认为,S公司确实没有资格作为2006年修订后的新德—美协定第4条项下的居民,因为它没有满足该条对美国“承担纳税义务”这个条件。但是,是否满足第4条所规定的居民条件并不重要,因为德—美协定第1条第(7)款用语不仅把纳税实体包括在税收居民范围内,而且通过“应视作居民获得”这样的用语把纳税虚体也包括在税收居民范围内。S公司符合德—美协定第1条第(7)款关于居民虚体规定的条件,即股息是通过S公司获得的,S公司对股东分配股息后,又通过美国居民股东基于税收居民身份在美国纳税了。就股息根据美国法律实际分配给美国居民(股东)的程度上,这些股息可以虚拟看作协定目的的居民获得的。法院进一步澄清,第1条第(7)款规定了从来源国获得所得的其他缔约国的人获得了在其他缔约国看作居民所得的收入,即使缔约方对所得有不同的认定,来源国仍然会给予条约优惠待遇,这是该条的目的和宗旨。这样的解释也与第1条的新规定一致,因为第1条规定了协定的范围、一般适用、给予协定优惠待遇的缔约国一方或双方的居民。

二是德—美协定中合格受益所有人的认定和解释。科隆财政法院认为,美国S公司并非德—美协定中的合格受益所有人。因为1989年《美德议定书》的第10段明确规定,受益所有人是《美德避免双重征税条约》第10条、第11条、第12条下根据来源国法律可以分配税收目的所得的人。但是2006年的议定书删除了该段,并且没有规定替代条款。

美国联邦财政法院则详细解释了谁是第10条第(2)款规定的合格受益所有人的问题。关于解释的方法,联邦财政法院认为,应按照1969年《维也纳条约法公约》有关条约解释的一般规则,即根据条约上下文,考虑条约的目的和宗旨,按照术语的通常意义来解释。但德—美协定并没有对术语"受益所有人"在协定中的定义作出规定,而且协定上下文也没有其他要求,假如德—美协定第1条第(7)款的用语措辞是纯粹客观的用语,那就确实需要进一步考虑该条的目标和宗旨。为此,联邦财政法院查找了对该解释的补充方法,即2006年的《执行议定书草案备忘录》。关于第1条第(7)款,该备忘录规定:这段规定了来源国对视为财政透明但不对其中一个缔约国纳税的人给予税收条约优惠待遇的情况。当这样一个人从缔约国获得所得时,如果(只有如果)该人就其所得在其他缔约国

(住所国)承担纳税义务,来源国必须给予该人协定优惠待遇——不管其国内法有关收入归属的其他规定。本段解释了这样一个问题,即如果某些条件满足,第1条第(7)款要求来源国授予混合实体本身税收条约优惠待遇。因此,就一家德国公司对一家美国S公司分配的股息来说,对该股息承担有限税收责任的美国S公司是该分配的股息的合格受益人。美国联邦财政法院对第1条第(7)款的解释有利于条约条款在实践中应用的一致。[①]

(3)对赋予合伙企业协定资格的特别规则的评价

《报告》对采用特别条款赋予合伙企业协定资格的可能性进行了研究,认为被视为纳税虚体的合伙企业在特定条件下可以享受协定保护。[②] 这种特别规则具有以下优点:

首先,避免了行政管理上的麻烦。因为每个合伙人要向所得来源国证明,在该国具有协定资格或者居民身份,当多个合伙人居住在不同国家时,就显得特别困难。

其次,当两个缔约国给予合伙企业的税收待遇不同时,能避免缔约国对协定的相反适用。

再次,将合伙企业作为协定中独立的企业单位,这样对股份公司和合伙企业就能一视同仁。[③]

最后,在有些情况下,缔约国一方将合伙企业视为纳税实体,而另一方尽管将其视为纳税虚体,但坚持互惠待遇。当所得将有必要在合伙企业所在地国纳税而没有课税时,提供协定优惠不会导致双

① 参见王丽华:《混合实体的税收协定优惠待遇分析》,载《税务研究》2015年第6期。

② OECD-Report, para. 43.

③ Hock Bernhard, *Personengesellschaften mit internationalem Gesellschafterkreis*. Wiesbaden, 1994, p. 110.

重不征税或减少来源国的税收。[①]

但这种特别规则也有以下缺点：

首先，当来源国必须确定一种所得是否实际上属于合伙企业所在地国的常设机构时，会产生困难。如果该所得属于第三国的常设机构，如避税国，那么来源国的税负就没有必要与所在地国相符。

其次，如果来源国对来源所得税进行减免，而只有部分合伙人能享受协定资格时，就不清楚应如何来计算所得，这尤其出现在部分协定资格的情况中，这种部分的协定资格是基于合伙企业仅在来源所得税减免的范围内享有协定资格，如合伙企业所在地国的居民合伙人，而第三国的居民合伙人则通常被排除在协定保护之外。[②]

最后，可能导致协定的滥用。第三国的居民合伙人也可以通过设立一个合伙企业享受协定保护，尽管根据协定规定，如果没有特别规则，则其不能主张来源所得税减免。但在特别规则中也会出现一个具有完全协定资格的合伙企业并不依赖于其合伙人的居民身份，因而第三国的居民合伙人也能享受合伙企业的协定资格。[③]

另外，单个合伙人的协定保护并非总是能得以实现，尤其是在这种主张是从合伙企业转移过来的情况下。这种规定对隐名合伙的适用仅可以通过解释来决定。首先，要区别缔约国另一方对合伙企业是给予合伙还是公司的税收待遇。如果是后一种情况，那么这种特别规则主要解决因对合伙企业不同税收待遇所致的定性冲突。[④]此时一方面要存在一个可比法律实体形式；另一方面要注意缔约国

---

① OECD-Report, para. 44.

② Weggenmann Hans, *Einordnungskonflikte bei Personengesellschaften im Recht der deutschen Doppelbesteuerungsabkommen unter besonderer Berücksichtigung des OECD-Partnership-Reports* 1999, Nürnberger, 2002, S. 149.

③ OECD-Report, para. 45.

④ Jacobs Otto H., *Internationale Unternehmensbesteurung*, München, 2002, 564.

另一方的税收待遇。如果缔约国另一方虽然承认隐名合伙或者存在可比法律实体形式，但并不同其他合伙形式一样视为独立的纳税主体，而是视为财政上的虚体，那么这种特别规则的适用并无益处。①

基于这些利弊，OECD 委员会并没有期望发展这种特别规则，②并认为在《范本》中对合伙企业规定新的特别规则是没有必要的，但仍然建议那些不同意这种观点的国家，可以通过制定特别规则来避免对合伙企业双重征税或双重不征税。③ 毫无疑问，这种特别规则还是允许的。德国对《报告》放弃特别规则的决定进行了明确的保留。④

有了对合伙企业的特别规则，对所在地国或第三国常设机构的所得或者财产的定性问题就不会产生。如果协定中没有特别规定，这些问题在常设机构保留范围内也同样要予以解决。仅具有部分协定资格主体的来源所得税抵免的计算虽然并非总是清楚明白，但也并非经常如此，因为合伙企业的总所得在所在地国本来就要纳税。而当没有协商一致的特别规则时，恰恰会出现这种计算上的问题，来源所得税的抵免就必须根据每个合伙人的投资额来确定，特别是当多个合伙人属于不同国家的居民，所得利润难以明确归属于哪个税务当局时，就会产生困难。因此，Lethaus 建议，对受来源所得税影响最少的合伙企业所得，应给予协定资格，并在《范本》第 4 条第(1)款第一句补充规定："以及鉴于第 5 ~ 22 条，一个在该国可以

---

① Schönhaus Mathias, *Die Behandlung der stillen Gesellschaft im Recht der Doppelbesteuerungsabkommen unter besonderer Berücksichtigung des OECD-Partnership-Reports*, Frankfurt a. M, 2005, S. 72.

② OECD-Report, para. 46.

③ OECD-Report, para. 128.

④ OECD-Report, Annex Ⅱ, para. 18.

找到经营管理场所的团体的所得应归属于常设机构。”[①]这个建议不仅限于被视为纳税虚体的合伙企业，而且也适用于在协定中采用纳税虚体和纳税实体相结合的混合体系。对于那些本来就将合伙企业视为纳税实体并承认合伙企业协定资格的国家而言，这只是竞合规则（Normenkonkurrenz），如果采用该规则，法律结果并不会不同。[②]这时所有的合伙人，即每个不是双方缔约国的居民都将获得部分协定资格的好处。

但特别规则是否真正符合协定法的目的？有学者认为，虽然特别规则比国内法律更加注意合伙企业的协定资格，但《范本》设计的协定法几乎是一个封闭的体系，这种特别规则将打破该体系的均衡。给予合伙企业完整的协定资格导致协定法中新的矛盾，而这些矛盾又只能通过其他的特别规则来消除。在居住国和来源国对合伙企业给予一致税收待遇的情况下，对合伙企业协定资格的规定，会导致协定法和国内法之间的摩擦。在对合伙企业给予不同待遇的情况下，通过对《范本》规则给予一致解释可以解决因定性冲突导致的大部分问题。仅当税收协定的目的不能完全达到时才有必要进行调整，所以应该以保护协定规则的均衡为佳。[③]

当两国都将合伙企业视为纳税虚体时，若将所得的归属和定性

---

① Lethaus Hans, *Wege zur Abkommensberechtigung der Personengesellschaft*, in Kley M. D. & Sünner E. & Willemsen A., Steuerrecht, Steuer-und Rechtspolitik, Wirtschaftsrecht und Unternehmensverfassung, Umweltrech. Festschrift für Wolfgang Ritter, Köln, 1997. SS. 427 – 438.

② Lethaus Hans, *Wege zur Abkommensberechtigung der Personengesellschaft*, in Kley M. D. & Sünner E. & Willemsen A., Steuerrecht, Steuer-und Rechtspolitik, Wirtschaftsrecht und Unternehmensverfassung, Umweltrech. Festschrift für Wolfgang Ritter. Köln, 1997, SS. 427 – 438.

③ Schonhaus Mathias, *Die Behandlung der stillen Gesellschaft im Recht der Doppelbesteuerungsabkommen unter besonderer Berücksichtigung des OECD-Partnership-Reports*. Frankfurt a. M, 2005, S. 117.

分别由协定法和国内税法来确定，就会导致协定“落空”。另外，这些国家国内税法上并没有规定合伙企业申请来源所得税减免的资格。这样，特别规则就会导致协定法和国内法之间新的冲突。谁能够主张协定保护就要根据谁能获得所得而定，但协定中并没有这种规定，它仅存在于各个国家的国内法中：视为纳税虚体的合伙企业，所得必须归属于合伙人，从合伙企业获得的股息也是如此。根据德国《所得税法》第1条第(1)款的规定，仅自然人具有纳税义务，但并没有包括合伙企业，外国合伙企业的退税申请就会遭到拒绝。此外，也会出现双重退税的危险。因为合伙人具有退税资格，他们的申请肯定能得到批准。特别规则充其量在相反的情况下显得必要，即一个德国的合伙企业在外国被视为纳税实体而申请退还来源税。如果所得来源国对德国合伙企业的协定资格进行检查，那么它可以根据《范本》第4条第(1)款的规定否定与其评价相反的观点，因为合伙企业在德国没有无限纳税义务。如果合伙人在外国申请退还来源税，那么也会遭到拒绝，因为在那里仅合伙企业具有纳税义务因而具有退税资格。如果《范本》第4条第(1)款的解释认为，外国将合伙企业视为具有协定资格，此时特别规则也是多余的。[①] 特别规则仅排除了来源国的困难，居住国必须进一步将所得进行划分。[②] 此外，也增加了协定解释的困难以及法律的碎片化。[③]

总之，协定中对合伙企业的特别规定虽然原则上有可能缓和来源所得税减免问题，并且通过相应的补充可以避免有关副作用，如

---

① Wassermeyer Franz, *Soll Deutschland die Abkommensberechtigung in seinen DBA verankern*? IStR, 1999(6).

② Krabbe Helmut, *OECD-Musterabkommen* 2000, IStR, 2000(3).

③ Manke Klaus, *Personengesellschaften im Internationalen Steuerrecht*, in Deutsches Anwaltsinstitut. Jahrbuch der Fachanwälte für Steuerrecht 1978/1979, Herne/Berlin, 1978, S. 333.

“滥用协定”。例如,Manke 就认为,所有被包括在部分协定资格中的合伙人将导致协定的滥用,较切实的方法是将第三国的合伙人排除在受益人之外。[①] 但不能忽视,被视为纳税虚体的合伙企业在协定保护中可能与国内税法制度的规定不一致。当合伙企业被赋予完全协定资格时,甚至会导致协定法上新的矛盾。因此,在制定特别规则时要慎重考虑,权衡利弊。

2. 常设机构的协定资格及其评价

被视为纳税虚体的合伙企业和常设机构在协定法上没有什么不同,如果仅认为被视为纳税虚体的合伙企业有权享有完全或部分的协定资格,那么就会导致对常设机构的差别待遇。如果特别规则仅与合伙企业的存在与否相联系,就偏离了常设机构税收的基本原则。合伙人在外国是否单独经营一个常设机构或者是否和多个合伙人一起经营一个外国的合伙企业,本质上并没有什么区别。[②] 尤其是根据欧盟法,开业自由规定可以自由选择在外国的活动形式,因而无论是通过合伙企业还是通过常设机构来参与经营活动,是不允许存在差别待遇的。

Piltz 认为所得定性冲突的主要原因是,协定严格将企业和经营企业的人区分开来。因为协定资格由合伙人承担,当合伙人和合伙企业并不位于同一国家时,势必就会使问题复杂化。如果协定资格不仅与人联系在一起,而且还与企业联系在一起,且合伙企业本身可以要求协定保护,它在其所在地国也可以援引协定,这样就完全

---

① Manke Klaus, *Personengesellschaften im Internationalen Steuerrecht*. in Deutsches Anwaltsinstitut. Jahrbuch der Fachanwälte für Steuerrecht 1978/1979`, Herne/Berlin, 1978, S. 333.

② Weggenmann Hans, *Einordnungskonflikte bei Personengesellschaften im Recht der deutschen Doppelbesteuerungsabkommen unter besonderer Berücksichtigung des OECD-Partnership-Reports* 1999, Nürnberger, 2002, S. 54.

一体化了。这样的解决方法不仅要考虑合伙企业,也要考虑常设机构,以避免进一步的矛盾。[①] 因此,在《范本》中也应规定常设机构的协定资格。[②]

如果不赋予常设机构协定资格,合伙企业常设机构与单独的常设机构的税负就有区别,这就会诱使合伙人通过在合伙企业中投资极少的份额来替代单独的常设机构。所以,应该给予常设机构一个与客体有关的部分协定资格,在《范本》第4条第(1)款第一句中补充规定常设机构的居民身份:本协定中"缔约国一方居民"一语是指按照该国法律,由于住所、居所、管理场所或者其他类似性质的标准,以及因第5~22条所得可归属于常设机构,在该国负有纳税义务的人。此外,在协定的一般定义规则中,必须在《范本》第3条第1款第(a)项"团体"一词后面添上"以及常设机构"。[③]

由于缺乏协定资格,常设机构就没有权利主张来源税减免,这个问题在1973年IFA代表大会上已经指出了。[④] 法国代表对这种状况进行了斥责,因为与国内合伙企业相比,常设机构受到了明显的歧视。该代表指出,如果不将常设机构视为协定意义上的"居民",就会产生这样的问题:能否证明常设机构缺乏法律人格这种扭曲是

---

① Piltz Detlev Jürgen, *Die Personengesellschaften im internationalen Steuerrecht der Bundesrepublik Deutschland*. Heidelbeg, 1981, S. 226.

② Helde Stephanie, *Dreiecksverhältnisse im Internationalen Steuer unter Beteiligung einer Betriebstätte*, Köln, 2000, S. 169.

③ Lethaus Hans, *Wege zur Abkommensberechtigung der Personengesellschaft*, in Kley M. D. & Sünner E. & Willemsen, A., Steuerrecht, Steuer-und Rechtspolitik, Wirtschaftsrecht und Unternehmensverfassung, Umweltrech. Festschrift für Wolfgang Ritter, Köln, 1997, SS. 427-438.

④ Ludiwig Max Beat, The Taxation of Enterprises with Permanent Establishments Abroad-General Report. in IFA, CDFI, Volume LVIIIa, Rotterdam, 1973, I/3.

合理的。[①] 通过协商,在法国—意大利协定中,双方就给予了常设机构部分协定资格。[②]

将常设机构视为居民来看待的可能性,OECD 在《报告》的"三边情况"中进行了考虑。这种解决方法具有以下优点:[③]

首先,税收的确定问题将得到解决。

其次,来源国也必须根据 P 国—S 国协定给予常设机构协定优惠,当与其他第三国之间没有缔结协定时也能得到优惠,协定的基本原则也得到遵守。[④]

若在 R 国和 S 国之间没有协定,R 国的合伙企业可以在 P 国设立一个常设机构来主张 P 国—S 国协定的优惠。如果与 R 国—S 国协定相比时,P 国—S 国协定对来源国 S 提供了较低的来源所得税率,这对 R 国的合伙企业也有好处。

委员会的大多数成员都拒绝给予常设机构协定资格,他们认为,如果 R 国采用免税法以避免双重征税,则 P 国—S 国协定会导致协定滥用。[⑤] 但"协定滥用"问题并非仅与常设机构有关,通过设立一个子公司同样可以在 P 国获得协定保护。[⑥] 这种协定滥用可以在协定中或者在国内法中通过"活动保留条款"来解决,如美国的受控外国公司(Controlled Foreign Company,CFC)规则或者德国的涉外税法

---

① Mouilan-Hogberg. N., The Taxation of Enterprises with Permanent Establishments Abroad-General Report. in IFA, CDFI, Volume LVⅢa, Rotterdam, 1973, Ⅱ/147.

② Helde Stephanie, *Dreiecksverhältnisse im Internationalen Steuer unter Beteiligung einer Betriebstätte*, Köln, 2000, S. 171.

③ OECD-Report, "Triangular Cases", 2000, para. 43.

④ Helde Stephanie, *Dreiecksverhältnisse im Internationalen Steuer unter Beteiligung einer Betriebstätte*, Köln, 2000, S. 167.

⑤ OECD-Report, "Triangular Cases", para. 46 a. 60.

⑥ Garcla Prats & Franciso Alfredo, "Triangular Cases and Residence as a Basis for Alleviating International Double Taxation-Rethinking the Subjective Scope of Double Tax Treaties", *Intertax*, 1994, 22(12).

(Außensteuergesetz)所规定的一般反滥用规则。

美国《国内税收法》F 分部规定,50% 以上的有选举权股票或总资产直接或间接被至少 1 名美国股东所拥有的外国公司,即 CFC,此处的“美国股东”是指任何美国公民或具有美国居民身份的个人、合伙组织或法人实体,握有该外国公司有选举权股票的 10% 或 10% 以上者。这样一个美国股东,在他的应税所得额中,必须把该 CFC 应分配给他的所得额包括在内,即使尚未分配也要计入。在 CFC 法律中,所得的性质即积极所得还是消极所得决定了所得是否被 F 分部约束。例如,设在避税天堂列支敦士登的美国附属公司向德国销售商品或提供劳务取得的所得,属于消极所得,就需要根据 F 分部履行美国当前税法的纳税义务。因为这部分所得实质上来源于与其相关联的美国母公司,且销售发生在附属公司注册国之外。相反,如果该公司实际生产产品并销往中国,其利润所得属于积极所得,就不受 F 分部约束。该法典规定了 9 类受 F 分部约束的所得,其中对美国母公司所属外国附属公司影响最大的是外国公司销售所得、外国公司服务所得以及外国私营公司所得。①

德国涉外税法规定,其纳税义务人分为两类:一类是无限纳税义务人,相当于居民纳税人,就其来源于全球范围内的所得纳税;另一类是有限纳税义务人,相当于非居民纳税人,仅就其来源于德国境内的所得纳税。移居到避税地国家和地区或不在任何国家取得居民身份的纳税人属于有限纳税义务人。为了防止利用转移居所的办法避税,法令将有限纳税义务扩大到那些虽然移居到了避税地国家或地区,但与德国仍然保持实质性经济联系的德国国民身上。所

① 参见《受控外国公司》,载 MBA 智库百科:http://wiki.mbalib.com/wiki/%E5%8F%97%E6%8E%A7%E5%A4%96%E5%9B%BD%E5%85%AC%E5%8F%B8,最后访问日期:2015 年 4 月 30 日。

谓实质性经济联系，是指以下两种情形：一是这些人在德国的企业中保持企业家或普通合伙人身份，或者在德国的一家有限合伙企业中可获得25%以上的合伙经营所得，或者在德国的一家有限合伙企业中可获得25%以上的股票；二是这些人来源于德国的全部净所得占其全部所得的30%以上，或者来源于德国的所得在一个纳税年度内超过12万马克。这些与德国具有实质性经济联系的德国国民，如果同时具备了两个条件：一是终止其在德国居住的前10年中至少有5年是作为缴纳所得税意义上的居民身份；二是移居后在国外不缴纳所得税，或者以不超过德国对等额所得适用税率2/3的税率缴纳所得税，那么他们的有限纳税义务将被扩大。这些被扩大纳税义务的纳税人应从其终止联邦德国居民身份的那年年底起的10年内，就其在德国境内取得的所得按照适用于纳税人全球所得的累进税率计征所得税，但课税额不超过他具有德国居民身份时所承担的税额。为防止纳税人利用避税地CFC进行避税，德国涉外税法规定，如果CFC只负担很轻的外国税收或者完全不负担外国税收，那么CFC实现的所得按控股比例应属于德国股东的所得，无论是否以股息形式分配给德国居民股东，都要在同一纳税年度内就这部分所得之德国缴纳所得税，但若CFC发生亏损，则不允许用其亏损冲减德国居民股东的其他应税所得。①

德国国内的反滥用规则是在课税阶段根据国内法来适用的，如果它们影响到一项所得的重新定性或者所得接受者的确定，那么只要是按照《范本》第3条第(2)款来适用国内法，就可以适用协定。②

---

① 参见《德国的反避税制度》，载中国税务教育网：http://www.chinataxedu.net/Article/ShowArticle.asp?ArticleID=8890，最后访问日期：2015年4月30日。

② Avery Jones, "The Relationship between Domestic Tax Systems and Tax Treaties", *IBFD*, 2002, 56(6).

例如，德国往往在协定中规定一般反滥用规则，或者简单地规定，它保留适用国内法中反滥用规则的权利，[①]这种反滥用规则也包括常设机构，因此，滥用协定的危险是可以消除的。此外，从来源国S国获得所得的权利和财产价值，必须在P国与常设机构有实际联系。常设机构的企业活动并非必然能在常设机构所在地国得到证明，滥用协定的危险将因税收协定规则的适用而得以消除，如《范本》第10条第(4)款、第11条第(4)款以及第12条第(3)款规定的常设机构保留。[②]

但问题是，是否协定资格并非从《范本》第24条第(3)款产生，禁止歧视常设机构规则是否仅涉及国内法还是也必须扩及协定?[③]在我们讨论的情况中，就有可能对常设机构，更确切地说是对合伙企业造成歧视，虽然《范本》第3条第(1)款第(b)项意义上的公司可以从来源国S获得协定保护，但在可比情况下，合伙企业或者常设机构却会遭到拒绝；而从《范本》第24条第(3)款的规定来看，这是不允许的。一方面，该款明确规定，“缔约国一方企业在缔约国另一方所设常设机构的税收负担，不应高于进行同样活动的另一方企业”。此处缔约国另一方是指常设机构所在地国或者合伙企业所在地国，这种税收比较不允许常设机构承担比来源国公司更重的税收，但常设机构在来源国S并没有受到非歧视原则的保护。《范本》第24条第(3)款对P国—S国协定并无影响。[④] 另一方面，协定上

---

① Helmut Krabbe，“Germany's Tax Treaty Policy”，*IBFD*，2000(8/9).

② Helde Stephanie，*Dreiecksverhältnisse im Internationalen Steuer unter Beteiligung einer Betriebstätte*，Köln，2000，S. 167.

③ See Kostense H. E.，“The Saint-Gobain Case and the Application of Tax Treaties. Evolution or Revolution?”，*EC Tax Rev.*，2000(4).

④ See Kostense H. E.，“The Saint-Gobain Case and the Application of Tax Treaties. Evolution or Revolution?”，*EC Tax Rev.*，2000(4).

下文也不允许对《范本》第24条第(3)款作广泛的解释。谁能够主张协定保护,是由《范本》第1条以及第3条第(1)款来决定的,必须有明确的规定,第24条第(3)款才能进一步扩大协定资格。因此,在《范本》中对常设机构提供部分的协定资格比仅对合伙企业提供协定保护更具有优越性。但由于目前有效的协定范本并没有明确规定常设机构的协定资格,如果各缔约国有这方面需要,也只能在单个协定中制定相关的特别规则。[①]

3. 合伙企业在国内法上选择按公司纳税及其评价

Hock对"合伙企业具有选择按公司纳税的可能"进行了研究。他从两方面进行了探讨:一是如果仅外国的合伙人有权选择按公司纳税,则非居民的合伙企业本身仍不能适用协定,具有公司所得税纳税义务的合伙人不能将税收协定资格转移给合伙企业,因为合伙企业本身不是纳税主体。[②] 二是如果合伙企业本身有权选择按公司纳税,那么也只有合伙企业所在地国可以将其视为协定主体。缔约国另一方是否遵循这种定性,取决于对《范本》第4条第(1)款以及第3条第(1)款第(a)项的解释,也就是说,将合伙企业视为纳税虚体的合伙人居住国,是否遵循合伙企业所在地国的定性,并从而适用协定。这样做的结果是,国内的合伙企业在国内选择按公司纳税并不能解决协定资格的问题,而仅将责任转移到了缔约国另一方。这种选择使定性冲突得以部分解决,如特别报酬的处理,但并不能解决协定法上的所有问题,总的来说还是应加以拒绝采用。

因此,Hock建议,对合伙企业税收进行新的规定,在国内法上对

---

① Schonhaus Mathias, *Die Behandlung der stillen Gesellschaft im Recht der Doppelbesteuerungsabkommen unter besonderer Berücksichtigung des OECD-Partnership-Reports*. Frankfurt a. M,2005,S. 115.

② Hock Bernhard, *Personengesellschaften mit internationalem Gesellschafterkreis*. Wiesbaden,1994,S. 139.

合伙企业推行企业所得税模式。[1] 德国立法者曾在2000年5月16日的《减税法草案》中对企业所得税方法加以采纳。在德国《企业税法》中欲采用新的条款4a，规定从土地和林业企业、工业企业或者独立劳务获得国内营业所得的自然人和合伙人，可以如同公司所得税无限纳税义务人一样对这些营业所得按公司纳税。[2] 但这种向公司所得税转换的体系调整遭到了反对，该项规定未能得以通过，而仅保留在法律草案之中。

Helmut认为，通过特别规定对合伙企业实行企业所得税，与税法制度并不兼容。而对国际税法造成的问题则是，外国人是否也可以对内国企业进行选择，或者该选择是否仅在内国的税法上保留，或者外国合伙是否对其内国的常设机构也可以进行选择？[3] 当该企业被视为整体企业时，如何划定内国人与外国企业的界限？此外，选择公司所得税致使协定上的待遇也不确定，[4]对关联企业优惠带来的结果必须重新进行审查。[5] 内国合伙企业可以按公司课税是否经得起欧盟法的检验，也是有疑问的。[6] 由此看来，在德国要对合伙企业实行企业所得税模式，就必须对税制进行全面改革，而这还有很长的路要走。

---

① Hock Bernhard, *Personengesellschaften mit internationalem Gesellschafterkreis*. Wiesbaden, 1994, p. 147.

② BT-Drs. 14/3366 v. 16. 05. 2000.

③ Helmut Krabbe, *Das Optionsmodell im internationalen Steuerrcht*, in Arbeitsunterlage zur Tagung. Reform der Unternehmensbesteuerung 30. und 31, März, 2000, S. 133.

④ Dötsch, Ewald & Pung A. *Die geplante Reform der Unternehmensbesteuerung*, DB, 2000 (4).

⑤ Dötsch, Ewald & Pung A. *Die geplante Reform der Unternehmensbesteuerung*, DB, 2000 (4).

⑥ O. V. Warum, *Art. 4 a KStG-E gar nicht funktionieren kann*, *Anmerkung wfr*, DB, 2000(10).

(三)《报告》对来源国的建议

《报告》首先从来源国的角度考虑了协定资格问题,前12个例子主要针对来源国进行研究。例1、例2以及例8考察了缔约国对合伙企业进行相同分类的情况。在例1和例3的有关论述中,委员会的基本观点得以体现,对其他例子的研究也是基于他们的这些观点。①

1. 所得来源国原则上要受到合伙企业所在地国定性的约束

《报告》对来源国提出的建议编入了《范本注释》中:"当一国在税收上不承认合伙企业具有纳税主体地位而将其视为纳税虚体,并对合伙人就其享有的合伙企业之按份所得课税,此时由于合伙企业本身并不负有纳税义务,因而也不可能被认定为该国的居民。在这种情况下,因为根据该国国内法规定,合伙企业的所得'流经'至了合伙人,则合伙人是对该所得负有纳税义务的人,因而是能够享受其居住国所缔结协定之优惠的合适的人。即使根据来源国国内法规定,该所得归属于被视为独立纳税实体的合伙企业,合伙人仍可享受其居住国所缔结协定的优惠。对那些可能不同意本条种解释的国家,可以在特别条款中对上述结论作出规定,以避免因两个国家对合伙企业所得的归属分配不同而可能导致的双重征税。"②

这段话包含两个观点:一是所得来源国要受到合伙企业所在地国对合伙企业定性的约束;二是当合伙企业本身没有协定资格时,要由合伙人来获得协定资格。这种观点体现在《报告》例4中。在该例中,有两个合伙人A和B,是P国的居民,经营一个在P国设立的合伙企业P。该合伙企业P从来源国S获得特许权使用费。P国将合伙企业视为纳税虚体,S国将其视为纳税实体。

根据S国国内法,纳税人应是合伙企业P。S国认为,因为P没

---

① OECD-Report, para. 57.

② 2005 OECD-MC, art. 4 para. 8.4.

有资格享受协定优惠,可以不考虑与P国所订协定的规定而对P的所得课税。但是,若不考虑协定,A和B的所得将遭遇双重课税,这就和协定的目的及宗旨产生直接的冲突。[①]

对此有两种解决方法:第一种方法是,S国根据其国内法对合伙企业的税收待遇来适用协定条款;第二种方法是,S国根据前述报告指出的原则考虑A和B这两个P国的居民享受协定优惠的资格。按照第二种方法,S国认为,协定条款的适用会阻止他对特许权使用费课税,所得应视为支付给了A和B这两个P国的居民,他们也是该所得的受益所有人,是在P国对该所得负有纳税义务的人。委员会认为第二种方法是可取的,它更有可能保证对该所得负有纳税义务的人享受协定优惠。[②] 这种方法与第3条第(2)款的规定也不矛盾。该款规定,对未经本协定明确定义的用语,除上下文另有规定的以外,应当具有适用本协定缔约国国内法所规定的含义。在该例中,合伙企业在P国的税收待遇是适用协定所要考虑的事实部分。因此,考虑到合伙企业P在P国的税收待遇,S国可以不采用P国对协定用语所作的解释,而仅考虑适用这些用语时所要求的事实环境。委员会得出结论认为,无论如何,如果基于国内法的解释会导致所得由一国居民持有而课税,却不能享受协定的优惠,而这与协定的目的和宗旨背道而驰,此时就可以联系协定上下文作出不同的解释。[③]

例5描绘了相反的情况,与例4不同的是,来源国S将合伙企业P视为纳税虚体而其所在地国P将其视为纳税实体。在这种情况下,S国根据其国内法对合伙企业所得予以分配,将A和B视为相

---

① OECD-Report, para. 60.

② OECD-Report, para. 61.

③ OECD-Report, para. 62.

关纳税人。但是,在适用协定时,S 国应考虑 P 国将所得分配给 P 的事实。因此,基于协定之目的,合伙企业 P 是有权享受协定优惠的纳税人,因为它对合伙企业所得在 P 国有纳税义务。在该例的特殊情况下,合伙人和合伙企业属于同一个国家的居民,无论 S 国是否考虑合伙人或合伙企业的协定资格,结果并没有什么区别,报告也要求,S 国应根据合伙企业 P 的居住国 P 国的定性而视其具有协定资格。①

2. 解决定性冲突的基本方法

《报告》对解决定性冲突的基本方法进行了探讨。它认为,一种方法是协定结构中所暗含的原则,即来源国在适用协定时,如果涉及合伙企业,应该考虑协定适用时的具体环境,即一项所得在能够主张协定优惠的纳税人居住国是被如何对待的。如果纳税人居住国将所得"流经"至合伙人,那么合伙人被视为负有纳税义务,并有权享受其居住国所订协定的优惠。需要注意的是,在这种情况下,如果因诸如在重大参股豁免情况下对股息免税,或者因避免双重征税对属于常设机构的所得采用免税法而对所得未予课税时,则仍认为合伙人对"流经"给其的所得在居住国负有纳税义务。另外,尽管按照来源国法律所得分配给合伙人,这种分配如果与主张享受协定优惠的纳税人居住国出于确定纳税义务之目的而对该所得的分配不同,那么来源国将不给予协定优惠。在后一种情况下,作为课税权分配的基础事实前提是不会存在的,即如果有关所得在缔约伙伴的居民层面具有可能的纳税义务,则来源国仅有义务限制其国内法上的税收主张。这种着眼于合伙企业所得在居住国是被如何课税的解释,避免了由于以下两种原因而拒绝给予合伙企业所得以协定

① OECD-Report, para. 63.

优惠：一是因为合伙企业不是居民；二是因为该所得不是直接支付给合伙人或者不是由他们取得而能针对该所得主张协定优惠。①

另一种方法是要考虑协定相关条款中分配规则所规定的条件。按照这种分析方法，当涉及股息、利息以及特许权使用费时，要考虑一项所得的接受者是否也是能够主张协定优惠的纳税人居住国税法意义上的该所得的受益所有人，从而确定他就是该所得的纳税人。当合伙企业在来源国被视为纳税虚体，而在居住国被视为纳税实体时，合伙企业本身而不是合伙人被视为受益所有人。由于所得在居住国的待遇，合伙人不是协定意义上的该所得的受益所有人。在这种情况下，合伙人不能享受协定优惠，合伙企业能否享受则取决于它是否具有居民资格。同样，涉及营业利润时，该利润是否可归属于能够主张协定优惠的纳税人居住国"的"企业，则由来源国根据居住国的待遇情况来决定。另外，如果居住国将合伙企业视为实体，则合伙企业本身而不是合伙人有权主张协定优惠。②

相对而言，《报告》更偏爱第一种方法，它将其作为《报告》中所有例子研究的基础，③并且该方法也被补充到《范本注释》之中："只要合伙企业未被实际认定为来源国的居民，即使在来源国国内法上合伙企业在税收上没有被视为虚体而是独立的纳税实体，所得被归属于合伙企业，第6.2段所述结果也会出现。本结论建立在这样的原则上，即作为协定适用之事实环境的一部分，来源国应考虑来源于其境内的一项所得在主张协定优惠待遇的人的居住国国内是如何进行课税的。对于那些可能不认同本条这样解释的国家，它们可以在一特别条款中规定这样的结果：当合伙企业的所得在两国之间

---

① OECD-Report, para. 53.

② OECD-Report, para. 54.

③ OECD-Report, para. 57.

被作出不同的分配时，起到避免导致潜在的双重征税的效果。”①

根据上述原则，即来源国应遵循合伙企业所在地国对合伙企业的定性，在适用分配规则时也应确定是否具备了所要求的前提，即由缔约国另一方居民获得或支付给其的所得或利润。《范本注释》认为：“如果所得已由一个虚体性的合伙企业‘流经’至就其所得在其居住国负有纳税义务的各合伙人，则该所得可被视为‘已支付’给了各合伙人，因为该所得是为了确定合伙人而非合伙企业在其居住国的纳税义务而分配至各合伙人名下。因此，在这些情况下，合伙人符合协定有关条款中规定的条件，即有关所得已‘支付给缔约国另一方的居民’。同样地，协定其他条款规定的所得或收益是‘由缔约国另一方的居民取得’这一要件在上述情况下也得到了满足。”②

3. 所得来源国同时又是合伙人居住国

但当一个缔约国既具有居住国的性质又具有来源国的特征，即来源国和居住国合一时，该如何处理？

《报告》例 16 和例 17 对此作了分析，并认为这种情况属于“来源国应遵循合伙企业所在地国对合伙企业的定性”这一基本原则的例外，《范本注释》也对此作了补充：“在一个合伙企业被视为缔约国一方居民的情形下，税收协定中那些限制缔约国另一方对该合伙企业所得课税的条款规定，不能用来限制其他国家对构成其本国居民的合伙人就他们在该合伙企业所得中的份额进行课税的权利。有些国家可能希望在它们的协定中规定这样一个条款，即清楚地确认缔约国一方有权对属于其居民的合伙人，就他们在被视为是缔约国另一方居民的合伙企业中的所得份额进行课税。”③

---

① 2005 OECD-MC, Art. 1 para. 6. 3.

② 2005 OECD-MC, Art. 1 para. 6. 4.

③ 2005 OECD-MC, Art. 1 para. 6. 1.

《报告》例 16 中,合伙企业 P 设立在 P 国,由合伙人 A 和 B 投资。合伙人 A 是 P 国的居民,P 国将合伙企业视为纳税实体。合伙人 B 是 R 国的居民,R 国将合伙企业视为纳税虚体。合伙企业 P 从 R 国获得特许权使用费。[①] 从合伙企业所在地国 P 的角度来看,特许权使用费与合伙企业向合伙人的支付涉及协定法上两个重要事实:其一,特许权使用费从“缔约国另一方”R 国流向合伙企业所在地国 P;其二,从合伙企业 P 的角度来看,利润所得又从合伙企业所在地国 P 流向“缔约国另一方”R 国的合伙人。因此,合伙企业所在地国 P 必须两次适用协定,一次是作为居住国,另一次是作为来源国。[②] 合伙企业 P 是 P 国的居民,根据 P 国法律它在那里具有纳税义务,其特许权使用费在 P 国应课税。而合伙人居住国 R 又有不同观点:它将合伙企业视为纳税虚体,特许权使用费支付给合伙企业 P,并不是协定意义上的支付给“缔约国另一方居民”。如果适用前述《报告》的原则,则作为来源国的 R 国就必须考虑该特许权使用费以及合伙企业的协定保护,根据该解释,它并不适用《范本》第 12 条第(1)款的规定对该特许权使用费课税,而可能会认为这种特许权使用费是其居民合伙人一个外国常设机构的所得。[③]

在讨论这个问题时,缔约国的一些代表认为,R 国—P 国协定阻碍了 R 国对特许权使用费的课税,因为《范本》第 12 条第(1)款意义上的受益所有人是 P 国的合伙企业 P,因而仅 P 国有权对该所得课税。[④] 但是,多数代表并不同意这种观点。他们认为,当 R 国对合伙

① OECD-Report, example 16.

② Gundisch Stephan, Personengesellschaften im DBA-Recht—Eine Analyse des OECD-Partnership-Reports. C. H. Beck, 2003, S. 92.

③ Gundisch Stephan, Personengesellschaften im DBA-Recht—Eine Analyse des OECD-Partnership-Reports. C. H. Beck, 2003, S. 92.

④ OECD-Report, para. 126.

人 B 课税时,是对其自己的居民来源于其境内的所得课税。协定第12 条的规定并不影响基于居民的课税,而仅对基于来源地的课税起作用。在适用协定时,基于前述例子所发展的原则与 R 国课税之目的,R 国的确应考虑合伙人 B 可被视为取得了他的按份特许权使用费所得,以致第 12 条的限制并不适用,因为该条仅适用于特许权使用费来源于一国而支付给另一国居民的情况。①

在类似例子即例 17 中,P 是设立在 P 国的合伙企业,A 和 B 是 P 的合伙人,居住在 R 国。P 国将 P 视为纳税实体而 R 国视为纳税虚体,P 从 P 国取得不属于其境内常设机构的特许权使用费。② 即所得来源于合伙企业所在地国,合伙企业从其自己的国家获得所得,则居住国的地位优先于来源国的地位,当缔约国另一方即合伙人居住国将合伙企业视为纳税虚体时也是如此。在该例中,《报告》采纳了多数意见:"尽管基本原则要求来源国考虑该所得在合伙人居住国的待遇,在这种情况下,P 国的课税权并不受 P 国与 R 国协定的限制。此观点认为,从 P 国角度考虑,这种情况所涉及的纯粹是国内事情,P 国对一个居民纳税人来源于本国境内所得的课税权是显而易见的,协定没有什么规定可以限制这种权利。因为 P 国与 R 国的不同分配规则所造成的双重征税的事实并不是限制 P 国对其居民课税之权利的理由。"③

根据这些解释,可以确定以下例外原则:

如果一个合伙人是"来源国"的居民,该国将合伙企业视为纳税虚体,那么就不应考虑《范本》第 6 ~ 12 条的分配规则,因为该国同时又是合伙人的居住国,该居住国的地位应优先。"来源国"居民合

---

① OECD-Report, para. 127.

② OECD-Report, cxamplc 17.

③ OECD-Report, para. 131.

伙人的投资额在与来源国、居住国成比例的范围内,不受分配规则限制的影响。如果合伙企业是"来源国"的居民,该国将合伙企业视为纳税实体,则这甚至在整个所得范围内有效。[①]

(四)针对"缔约国另一方的定性具有约束作用"原则的不同看法

对"缔约国另一方的定性具有约束作用"的协调规则,学界主要有两种观点:赞同与反对。

1. 赞同观点

多数人赞同"缔约国另一方对合伙企业的定性具有约束作用"这一原则,但对其内涵的理解以及所持的理由却各有不同。

(1)合伙人居住国受合伙企业所在地国定性的约束

有学者认为,根据《报告》所指出的基本原则"来源国要受到合伙企业所在地国定性的约束"可以推出,为了达到对协定的协调适用,合伙人居住国也要受到合伙企业所在地国对合伙企业定性的约束。相应地,所得形式的判断也必须与主体资格一致,其被称为"协定资格决定所得形式",[②]即"人"的"协定资格"与"企业所得税下的税收"要协调一致。如果合伙企业在所在地国被视为纳税虚体,而在合伙人居住国被视为纳税实体,那么合伙人居住国就不能将股息纳入《范本》第10条之下。依据协定解释,它要接受合伙企业所在地国的定性,并在符合协定目的的解释上将合伙企业视为纳税虚体。在被视为纳税虚体的合伙企业中,该股息所得并不具有可征税的性质,合伙人居住国不能适用《范本》第10条的规定。

① Weggenmann Hans, *Einordnungskonflikte bei Personengesellschaften im Recht der deutschen Doppelbesteuerungsabkommen unter besonderer Berücksichtigung des OECD-Partnership-Reports* 1999, Nürnberger, 2002, S. 161.

② Vogel Klaus, *Doppelbesteuerungsabkommen Kommentar*, München, 1996, art. 1 Rz. 27 b.

另一些学者指出，缔约国另一方的定性具有一个总的约束作用。合伙人居住国不仅因协定中明确指示参考缔约国另一方的法律，而且受到合伙企业所在地国对主体定性不同解释的约束。或者说，合伙人居住国处于这样的境地：因两个缔约国国内法存在彼此不同的协定解释，必须接受合伙企业所在地国的解释，[①]否则就无法保证对协定作出一致解释。

这两种结论是从“总体权衡”理论推出的，对协定尽可能作统一的解释这个基本原则，要求缔约国之间对合伙企业协定资格作出“和谐决定”，因此，要根据合伙企业所在地国的法律对合伙企业的定性作出统一决定。这不仅适用于所得来源国，也适用于合伙人居住国。

（2）从《范本》第23A条得出缔约国另一方的课税具有约束作用

还有学者认为，在对《范本》第23A条进行解释时，居住国必须考虑来源国的课税，所以要受到缔约国另一方定性的约束。[②] 如果所得来源国根据其国内法认为可以对所得课税，但根据协定规定，来源国没有课税权时，那么居住国可以对所得予以征税。相反，当居住国根据其国内法对协定进行解释，仅允许来源国对所得课税，但来源国没有行使此权利时，居住国可以不征税。这种来源国的课税约束在《范本》第23A条以及第23B条中有规定。

按照这些方法条款，居住国的免税仅取决于该所得“按照本协定可以在缔约国另一方征税”，或者“根据第10条和第11条可以在

---

① Piltz Detlev Jürgen, *Die Personengesellschaften im internationalen Steuerrecht der Bundesrepublik Deutschland*. Heidelbeg, 1981, S. 173.

② Avery Jones, “Credit and Exemption under Tax Treaties in Case of Differing Income Characterization”, *BTR*, 1996(3).

缔约国另一方征税”。居住国课税受限的条件是来源国的课税与协定相符。[①] 根据《范本》第 3 条第(2)款的规定,允许根据法院地法进行解释,当来源国根据其国内法对协定中没有定义的概念进行解释时,并非要与根据居住国法律所做的解释一致,所以居住国必须注意来源国根据其国内法作出的“与协定相符”的解释所课征的税收。对于《范本》第 23A 条和第 23B 条的适用而言,所得来源国的定性才是重要的。《范本》第 3 条第(2)款的规定仅对来源国而不是对居住国的解释有意义,该款所使用的概念“适用于”要作严格的解释,即仅限于缔约国一方所涉协定中的课税权。

(3)因协定明确指示参照缔约国另一方的解释而具有约束作用

还有其他学者从《范本》的分配规则推导出,缔约国一方应受缔约国另一方对协定解释的约束。他们认为,在分配规则中包含指示参考来源国的协定解释的规定,这就使居住国有义务接受来源国的解释。例如,《范本》第 6 条第(2)款就有这样的指示,第 10 条第(3)款也指出来源国的解释对居住国有约束作用。因此,即使合伙人居住国将合伙企业视为纳税虚体,并且根据其国内法对协定进行解释时不适用《范本》第 10 条,但当合伙人从一个将合伙企业视为纳税实体的国家获得分红时,也应适用股息条款。[②]

2. 反对观点

Wassermeyer 等学者认为,除非协定中对此有明确规定,否则应

---

① Gündisch Stephan, Personengesellschaften im DBA-Recht—Eine Analyse des OECD-Partnership-Reports, C. H. Beck, 2003, S. 225.

② Lang Michael, *Die Abkommensrechtliche Behandlung von ausländischen Personengesellschaften mit Steuersubjektivität im Ausland*, in Kleineidam H. J., Unternehmenspolitik und internationale Besteuerung, Festschrift für Lutz Fischer, Berlin, 1999, S. 721.

适用法院地法来对协定进行解释。[①] 上述认为缔约国另一方的定性具有约束作用的观点可能加剧协定适用时的矛盾，期待缔约国一方作出与缔约国另一方一致的行为，是不现实的。[②] 例如，合伙人 A 在德国有住所，合伙人 B 在第三国有住所，他们投资一个德国的 OHG 并各拥有 50% 的股份。该 OHG 投资印度尼西亚一个股份公司，并从该股份公司获得股息。现在该 OHG 在印度尼西亚申请来源所得税减免并援引德国—印度尼西亚协定（以下简称德—印协定）第 10 条第（1）款第（b）项，该款对来源所得税作了 15% 的限制。如果印度尼西亚要受合伙企业所在地国对协定资格定性的约束，那么它仅认为德国的居民合伙人 A 是德—印协定意义上的居民，并对其给予来源所得税减免。第三国居民合伙人 B 并不能援引德—印协定，因此仅考虑减免 50% 的来源税。但印度尼西亚将 OHG 视为纳税主体，从其角度来看，OHG 具有完全的协定资格，可以享受 100% 的来源所得税减免。如果印度尼西亚在协定解释意义上仅对 50% 的来源所得税给予减免，而不是对所有来源所得税给予减免，那么这是不可想象的。[③]

协定欲限制国内的课税权利，协定法上的定性就必须和每个缔约国国内税法的规定相协调。缔约国一方要受到缔约国另一方对合伙企业定性的约束与这种由国内法来决定的规定相冲突，它使国

---

① Wassermeyer Franz, *Die Beurteilung der Abkommensbrechtigung ausländischer Personengesellschaften durch Deutschland als dem Nichtansässigkeitsstaat der Personengesellschaft*, IStR, 1998(4).

② Wassermeyer Franz, *Die Beurteilung der Abkommensbrechtigung ausländischer Personengesellschaften durch Deutschland als dem Nichtansässigkeitsstaat der Personengesellschaft*. IStR, 1998(4).

③ Wassermeyer Franz, *Die Beurteilung der Abkommensbrechtigung ausländischer Personengesellschaften durch Deutschland als dem Nichtansässigkeitsstaat der Personengesellschaft*. IStR, 1998(4).

内法律的适用遭到暂时的拒绝，国内法律不能发挥其实际作用。①

而协定容忍了这种可能的权限冲突，因而也要容忍由此所致的双重征税或不征税。这可从《范本》第3条第(2)款指示参照协定适用国的法律以及采用免税法时也要避免虚拟的双重征税的基本原则中得出。同样，协定也反对所得来源国解释的普遍约束性。否则，协定的某些部分所包括的明确指示参照所得来源国的法律就是多余的。②

必须由来源国自己决定"人"的协定资格，所在地国对合伙企业的定性对来源国没有约束作用，《报告》对基本原则的偏离，即例外规定，也可以证明来源国的约束作用本来就是应予以拒绝的。③

3. 从协定法的视角分析"缔约国另一方的定性具有约束作用"原则

(1)能否从协定法层面推出缔约国另一方定性的约束作用

能否从协定法层面推导出缔约国一方有义务接受缔约国另一方对合伙企业协定资格的定性？《维也纳条约法公约》第31条第(1)款规定："条约应依其用语按其上下文并参照条约之目的及宗旨所具有之通常意义，善意解释之。"即应按照其上下文并参照其目的和宗旨所具有的通常意义，善意解释协定。

协定的目的是避免双重征税。协定资格决定了谁可以从税收协定中主张权利。因此，缔约国要确定，它们要对谁提供协定优惠以

---

① Baranowski Karl-Heinz, *Grundsätze der Verwaltung für die Prüfung der Aufteilung des Betriebsvermögens und der Einkünfte bei Betriebsstätten international tätiger Unternehmer*, IWB F. 3, Gr. 2:813.

② Lang Michael, *Qualifikationskonflikte im Recht der Doppelbesteuerungsabkommen*. in Kirchhof & Lehner & Raupach & Prodi. Staaten und Steuern, Heidelberg, 2000, S. 906.

③ Aigner Hans-Jogen & Züger Mario, *Abkommensvergünstigungen für im Quellenstaat ansässige Gesellschfter von Personengesellschften*? SWI, 2000(4).

避免双重征税和不征税。那么当两个国家都将税收协定优惠给予同一个协定主体时，就最有利于该协定目的。如果不能避免定性冲突，协定目的就无法达到。如果合伙企业所在地国承认合伙企业为纳税主体，那么当来源国也遵循这种定性时，就有利于协定目的的实现。如果来源国为了绕开协定目的而自由对待合伙企业所在地国的定性，以便将合伙企业的所得纳入合伙人名下，那么合伙企业的协定资格就没有意义了。[1] 如果合伙企业在其所在地国被视为纳税虚体，那么当所得来源国遵循合伙企业所在地国的定性将合伙人视为协定主体时，也是与协定目的相符的。[2]

有学者认为，没有必要对来源国作如此广泛的约束。如果合伙企业在其所在地国被视为纳税主体，即使没有接受所在地国的分类，所在地国的居民合伙人仍然可以主张来源国的协定保护，协定作用仍能得以发挥。对于第三国的居民合伙人而言，相应地，可以援引来源国与其居住国缔结的协定。可以用下例作简短的说明：假如合伙企业的所在地国 P 与来源国 S 缔结的 P 国—S 国协定对利息所得没有规定来源税，而第三国或合伙人居住国 R 与来源国的 R 国—S 国协定则允许课征 10% 的来源税。如果来源国 S 适用 R 国—S 国协定并对合伙企业的利息所得课征 10% 的来源税，则至少 P 国认为这种来源所得税是值得怀疑的。在 P 国看来，合伙企业在 S 国获得的利息所得根据 P 国—S 国协定没有来源所得税税负，所课征的税收可以在 S 国申请退税，所以该税收可以不予计算。

然而，如果 R 国属于免税国或者将合伙企业视为纳税主体，那

---

① See Daniels A. H. M. , *Issues in International Partnership Taxation*, Deventer (NL): Kluwer Law and Taxation Publishers, 1991, p. 159.

② Piltz Detlev Jürgen, *Die Personengesellschaften im internationalen Steuerrecht der Bundesrepublik Deutschland*. Heidelbeg, 1981, S. 134.

么这种抵免权利在该国就不能实现。这就表明还是得对来源国作出限制,否则,双重征税还是会存在。

前述 Wassermeyer 的观点也是可以驳斥的。他认为,在所举的例子中,更有可能的是,印度尼西亚根据其自己国内法的规定给予德国 OHG 以来源所得税减免。然而,1995 年印度尼西亚的发言人在 IFA 的会议上表达了与此相反的观点:如果所有合伙人都是德国的居民,则印度尼西亚将对德国的 OHG 给予来源所得税减免。如果有第三国的居民合伙人,即不是合伙企业所在地国居民,那么印度尼西亚是否有义务,根据与合伙企业所在地国所缔结的协定对 OHG 给予协定保护,这是不确定的,印度尼西亚要查阅与第三国缔结的协定,以便确定协定资格。[①] 因此,可以明确地说,印度尼西亚也会考虑合伙企业在所在地国的税收待遇,而不是只根据其国内法来决定是否应给予来源所得税减免。

因此,从协定法的视角来看,"缔约国另一方定性具有约束作用"是符合协定的目的和宗旨的。

(2)"缔约国另一方定性具有约束作用"适用的界限和缺点

在通常情况下,每个 OECD 成员国缔约方必须考虑接受《范本注释》中所指的所在地国的定性对来源国具有约束力的观点。由于《范本注释》是经过成员国共同磋商后形成的,在此过程中成员国均有机会对注释内容提出保留,因此,似可将《范本注释》称为构成《维也纳条约法公约》第 31 条第(2)款规定意义上的上下文文书。[②] 只要缔约国是根据范本来缔结协定,则在对协定进行解释时,就应注

---

① Gunadi, "International Tax Problems of Partnerships-Natioanl Report Indonesia", in *IFA*, *CDFI*, LXXXa, Rotterdam, 1995, pp. 267 – 273.

② Vogel Klaus, " The Influence of the OECD Commentaries on Treaty Interpretation", *IBFD*, 2000, 54(12).

意《范本注释》的规定。[①] 这至少可以保证,在 OECD 成员国范围内,协定适用国对前述结论能达成一致。

虽然各国希望通过缔结协定来避免双重征税,但并不意味着每个国家能预见到各种各样的情况。国际法没有明确禁止双重征税,协定也是如此。如果在协定中没有特别规则,要避免与合伙企业定性冲突相关的双重征税,就有赖于两个缔约国对前述原则的认可。协定处于双边关系之中,当两个缔约国对协定有一致解释并对合伙企业有相同定性时,协定就能发挥其作用;如果在双边关系中缔约国实施单边解释,协定目的就会落空。但如果缔约国另一方的解释刚好是针对其当时国内的特殊情况所作出时,并非要绝对承认缔约国另一方的解释。[②] 缔约国另一方的这种单边解释通常基于国内财政上的理由,如果缔约国一方此时因缔约国另一方的解释而失去了课税权,那么很可能会拒绝前述原则并根据其国内法作出自己的解释。[③]

前述"缔约国另一方定性具有约束作用"原则的缺点是,可能导致合伙企业协定资格的"漏空"。如果来源国将合伙企业视为纳税虚体,尽管它因所在地国的分类承认合伙企业的协定资格,但根据其国内法规定而不能给予协定保护,因为在那里纳税主体不是合伙企业,而是合伙人,则税收协定的资格会因来源国国内法而不能实现。作为纳税主体的合伙企业在所在地国可以享受协定优惠,在来源国却不能,就不如在来源国完全不承担来源所得税为佳了。[④]

---

① Vogel Klaus, *Doppelbesteuerungsabkommen Kommentar*. München, 1996, Rz. 80.

② Hock Bernhard, *Personengesellschaften und internationales Steuerrecht*, RIW, 1995 (2).

③ Hock Bernhard, *Personengesellschaften und internationales Steuerrecht*, RIW, 1995 (2).

④ Lang Michael, *Qualifikationskonflikte bei Personengesellschaften*, IStR, 2000 (2).

因此,一些代表认为,为了避免协定资格落空,必须将合伙企业在来源国的协定资格“流经”至合伙人。合伙企业尽管具有协定资格,但在来源国却被视为纳税虚体,如在德国,被视为纳税虚体的合伙企业不具有退税资格。当来源国将合伙企业视为纳税实体,而所在地国将其视为纳税虚体时,也会产生同样的情况。合伙人对从合伙企业来源于来源国的所得可以要求来源所得税减免,并援引协定。但此时来源国也可以根据其国内法来妨碍退税,因为它可以这样解释:该所得的纳税义务人不是合伙人,而是合伙企业。来源国并没有要求合伙人缴税,则他就不能申请来源所得税减免。因此,虽然可以要求来源国追随所在地国的定性,合伙企业的协定资格在来源国的“流经”却处于困难境地。

第三章 《报告》有关解决定性冲突方法的检讨

《报告》提出了一些解决定性冲突的方法，但仅站在来源国或居住国一方的利益来考量，没有同时考虑两个国家的利益。要确定哪种解决方法最能体现协定的目的和宗旨，就很有必要从两个国家的角度来对《报告》的建议进行论证分析，考察来源国给予合伙企业的协定资格问题以及居住国的来源所得税抵免问题。

一、涉及两国的情况

本部分将针对涉及两个国家在这种基本情况下的不同案例进行分析探讨。首先将介绍《报告》在这些例子中所持的态度和观点，接着从来源国与居住国的角度对其进行检讨，以求证其合理与否，然后从缔约国双方对这些例子所没有涉及的其他情况进行研究。

（一）合伙企业在所在地国被视为纳税虚体，在来源国被视为纳税实体

在《报告》的例4中，P是设立在P国的合伙企业，A和B是P的合伙人，他们居住在P国，P国将P视为纳税虚体，而S国将其视为纳税实体。P取得来源于S国的特许权使用费，该特许权使用费不属于设立在S国的常设机构所得。①

1.《报告》的观点

根据S国国内法，合伙企业P是纳税义务人。但S国可以论证合伙企业P没有协定资格，因而S国可以不考虑S国—P国协定对合伙企业P的所得课税。这意味着，如果不考虑协定，则合伙人A和B对在S国已课税的所得在P国要再次承担纳税义务。这与协定的目的及宗旨产生直接的冲突。②《报告》的详细观点已经在前文加以了介绍，在此不再详述。下面分析《报告》所提出的有关观点是否真正有益于避免双重征税，实现税收公平。

2.与常设机构无实际联系的股息、利息、特许权使用费所得

《报告》认为，来源国对合伙企业P的协定资格问题应遵循合伙企业所在地国对合伙企业的定性。合伙企业P在P国不是纳税主体，不属《范本》第4条第(1)款规定的居民，这对P国和S国同样适用。虽然合伙企业P在S国有纳税义务，但《范本》第4条第(1)款第二句规定，纳税义务并不能仅因有来源于该国的所得而足以确定。因合伙企业P与S国缺乏人身上的联系，它并非S国的居民，在该国没有协定资格。③

---

① OECD-Report, example 4.

② OECD-Report, para. 60.

③ See Daniels A. H. M., *Issues in International Partnership Taxation*, Deventer (NL): Kluwer Law and Taxation Publishers, 1991, p. 161.

《报告》也认为,合伙人 A 和 B 满足《范本》第 4 条第(1)款意义上的居民标准,因此,对于 P 国和 S 国这两国来说,其具有协定资格。S 国应据此来适用《范本》第 10～12 条的分配规则。这些条款要求股息、利息或者特许权使用费的接受者同时是缔约国另一方的受益所有人和居民。对于 S 国而言,缔约国另一方的居民是合伙人 A 和 B,他们必须是受益所有人。但因该所得是支付给合伙企业 P,从 S 国的角度来看,合伙企业 P 是纳税主体,它仅是一个中间人,而非受益所有人。

这种观点与《范本注释》相矛盾,因为引进"受益所有人"的目的是防止滥用协定。通常因税收协定中引入的中间人可能导致协定滥用,所以仅向缔约国另一方的居民受益所有人提供协定优惠,但这里不会出现这种情况,因为合伙企业 P 在 P 国没有协定资格,其本身不能享受协定保护,当然就不可能造成滥用协定。

在该例中,委员会以所得分配为导向来解释协定,认为对该所得负有纳税义务的人可以获得协定资格。[①] S 国对来源于其国内的所得应该保证 S 国—P 国协定中所规定的协定优惠的额度,就如该所得在 P 国居民层面课税一样。[②] 但并不能从协定范本中得出这种解决方法。《范本》第 4 条第(1)款的规定仅要求 P 国居民在 P 国有纳税义务(liable to tax),并非指该人也必须对该所得负有纳税义务(liable to tax on the income)。因此,Lang 评论说,"所得分配"的解决方法与"征税条款"的作用非常相似。[③] 而普遍认可的是,如果协

① OECD-Report, para. 61.

② See Daniels A. H. M., *Issues in International Partnership Taxation*, Deventer (NL): Kluwer Law and Taxation Publishers, 1991, p. 161.

③ See Lang Michael, *The Application of the OECD Model Tax Convention to Partnerships-A Critical Analysis of the Report Prepared by the OECD Committee on Fiscal Affairs*, Wien, 2000, p. 55.

定中没有制定征税条款，协定保护的提供不取决于该所得在缔约国另一方是否实际征税。

如果具有协定资格的合伙人 A 和 B 能够在 S 国实现其协定保护，S 国就须放弃对该特许权使用费的课税，但对股息和利息可以根据《范本》第 10 条第(2)款以及第 11 条第(2)款所规定的限度课征来源税。

3. 来源国的不动产所得

如果合伙企业 P 在 S 国的所得属于《范本》第 6 条第(2)款意义上的不动产所得，那么 S 国根据第 6 条第(1)款对该所得享有无限课税权。如果出现抵免，则 P 国必须保证退税。

4. 来源国的常设机构

如果合伙企业 P 在 S 国具有《范本》第 5 条意义上的常设机构，那么根据《范本》第 7 条第(1)款第二句的规定，S 国对属于该常设机构的所得享有无限课税权。S 国将会把合伙企业 P 的所得纳入公司所得税之内，尽管在 P 国是由合伙人 A 和 B 对该所得纳税而缺乏纳税主体的同一性。① 如果 P 国根据《范本》第 23B 条第(1)款的规定将该所得计算在税基之内，因而对该外国税收提供抵免，那么该企业所得税是可以抵免的。

5. 所得来源于合伙人居住国

假设 P 是设立在 P 国的合伙企业，A 和 B 是 P 的合伙人，合伙人 A 居住在 P 国，P 国将 P 视为纳税虚体，合伙人 B 居住在 S 国，而 S 国将合伙企业视为纳税实体。P 取得来源于 S 国的特许权使用费，该特许权使用费不属于 S 国的常设机构。这种情况和《报告》例 4 中的唯一不同是合伙人 B 不是 P 国的居民。

---

① “主体同一性”或“同一主体”在本书是指承担纳税义务的人与享受抵免税待遇的是同一个主体。

此时，仅合伙人 A 和 B 被视为居民并具有协定资格，因为合伙企业 P 在 P 国没有满足《范本》第 4 条第(1)款意义上的居民标准。涉及第 10～12 条的分配规则时，S 国必须审查股息、利息或者特许权使用费的接受者是否是缔约国另一方 P 的居民受益所有人。对于合伙人 A 而言，这是肯定的；但对于合伙人 B 而言，则不存在分配规则意义上的跨境事实，因为他不是缔约国另一方的居民。根据《范本》第 21 条第(1)款的规定，如果该款不与该条第 2 款相矛盾，则 S 国对该所得享有唯一的课税权。当据以支付所得的财产价值或者权利实际上属于缔约国另一方的常设机构时，则《范本》第 7 条得以适用。根据《范本》第 5 条的规定，合伙企业 P 是协定法上的常设机构，根据第 3 条第(1)款第(d)项的规定，它属于企业主 B。如果据以产生所得的财产价值和权利可归属于合伙企业 P，那么该所得就属于该常设机构。根据《范本》第 7 条第(2)款第二句的规定，常设机构所在地国 P 国对该所得享有无限课税权。S 国就失去对合伙人 B 所得部分的来源所得税课税权。但如果 S 国认为这种结果不令人满意，则建议在协定中制定特别规则。

6. 所得来源于合伙企业所在地国

《报告》在其例 6 中对这样的情况进行了讨论。P 是设立在 P 国的合伙企业，A 和 B 是其居住在 R 国的合伙人。P 国将 P 视为纳税虚体，而 R 国将其视为纳税实体。P 从 P 国取得不属于 P 国常设机构的特许权使用费。①

《报告》认为，在这种情况下，不能要求 P 国给予该特许权使用费以协定优惠，对此有几种不同的理由：

一是尽管 A 和 B 是 R 国的居民，按照 R 国的分配规则，他们对

① OECD-Report, example 6.

该特许权使用费在R国没有纳税义务，无权享受协定优惠。从R国的角度来看，P不是协定意义上R国的居民，也不是任何意义上的国内纳税人，所以，P国对该合伙企业所得的课税权不受协定的限制。①

二是合伙人无权享受协定待遇，因为他们不是协定意义上的受益所有人。P国可以只注重这个事实，即按照分配规则，该所得支付给P，而P既不具备成为R国居民的资格，也不具备成为P国居民的资格。此时，与A和B的税收待遇没有关系。②

三是基于恶意或者协定滥用，有些国家将会拒绝给予A和B以协定优惠。协定分配规则的基本前提是该所得分配给A和B，如果这个前提得以满足，则协定的减免待遇就应给予A和B；如果不是这种情况，则允许P国拒绝A和B任何要求优惠的主张。③

《报告》所描述的只是一个所谓从事消极活动或者说消极财产管理的企业。它欲通过以下方法来解决这种被视为滥用的安排，即P国根据缔约国另一方的国内法来确定所得的分配。如果该消极所得在R国不是由合伙人A和B课税，那么P国就可以拒绝对合伙人A和B适用协定，并对其进行完全课税。这种解释与"征税条款"相似，④但《范本》中并没有这样的规定，它甚至与《范本注释》相矛盾。因为《范本注释》认为特许权在居住国不应课税："本款对在来源国的免税是否要以居住国对特许权使用费征税为条件没有明确规定。这一问题可在双边协商中加以解决。"⑤根据《范本》第4条第(1)款

---

① OECD-Report, para. 64.

② OECD-Report, para. 65.

③ OECD-Report, para. 66.

④ See Lang Michael, *The Application of the OECD Model Tax Convention to Partnerships-A Critical Analysis of the Report Prepared by the OECD Committee on Fiscal Affairs*, Wien, 2000, p. 60.

⑤ 2005 OECD-MC, art. 12 para. 6.

的规定,只要合伙人 A 和 B 在两个缔约国之一中承担了国内税收,即具有“纳税义务”就足够了,并不要求他们对该所得在其居住国实际上纳税。

对于 P 国而言,首先要解决的问题是,该所得是否实际上属于合伙企业的常设机构。如果对此予以否定,那么分配规则的适用就会落空,合伙企业 P 不是该所得的受益所有人,不满足这种意义上的居民的条件。受益所有人是合伙人 A 和 B,合伙企业 P 此时没有居民身份,因而作为该所得形式上的权利人也不能要求协定保护。如果将“受益所有人”的引入视为避免滥用协定的一种方法,那么此时合伙企业的插入不会导致协定滥用问题,因为合伙企业 P 被视为纳税虚体,该支付可以被视为由合伙人 A 和 B 接受,他们是协定法上该所得的受益所有人。

对《范本》第 10 ~ 12 条意义上不能实际归属于 P 国的合伙企业或者常设机构的所得,P 国作为来源国就可以适用这些条款所规定的协定税率,没有必要考虑该所得在 R 国的实际课税。2005 年《范本注释》第 10 条第 20 段规定:“本款对在来源国的减税是否要以居住国对股息征税为条件,没有详细规定。这一问题可在双边谈判中解决。”第 11 条第 13 段以及第 12 条第 6 段也有类似规定。如果作为该所得基础的财产价值或者权利实际上不属于该常设机构即合伙企业 P,P 国根据《范本》第 12 条第 1 款的规定就不可以对特许权使用费课税,根据《范本》第 10 条第 2 款以及第 11 条第 2 款的规定对股息和利息仅在规定的限度内课税。[1]

也有可能的是,R 国根据其自己对协定的解释,承认在其国内法上被视为纳税主体的合伙企业 P 的保护作用,将所得归属于该合伙

---

[1] Debatin Helmut & Wassermeyer Franz, *Doppelbesteuerung*, *Kommentar*, München, 1999, Art. 1 MA Rz. 27b.

企业而不是合伙人 A 和 B;但合伙企业 P 对该所得在 R 国没有纳税义务。根据 OECD 的解释方法,这种不令人满意的结果,应该通过 P 国享有完全课税权的做法或者说不适用 P 国—R 国协定来避免,因为 P 国应该按照该所得在 R 国的归属来适用协定。①

当合伙企业 P 在 P 国拥有一个常设机构或者从 P 国获得《范本》第 6 条第(2)款意义上的不动产所得时,P 国对该所得享有无限课税权。

(二)合伙企业在所在地国被视为纳税实体,在来源国被视为纳税虚体

1.《报告》的观点

《报告》中的例 5 描述的是这种情况:P 是设立在 P 国的合伙企业,A 和 B 是居住在 P 国的合伙人,P 国将 P 视为纳税实体,而 S 国将其视为纳税虚体。P 从 S 国取得不属于其境内常设机构的特许权使用费。②

如果 S 国适用其国内法,则将合伙人 A 和 B 视为纳税义务人。但委员会建议,S 国在适用协定时,要考虑 P 国将所得归属于合伙企业 P 的事实。因此,在协定意义上,合伙企业 P 作为纳税义务人具有协定资格,因为 P 对该所得具有纳税义务。《报告》最后指出,因该例中的特殊性,即合伙人和合伙企业是同一个国家的居民,S 国是对合伙企业还是合伙人提供协定资格,结果并没有什么不同。但当合伙人或者合伙人之一不是 P 国的居民时,就会产生困难。③

2. 与常设机构无实际联系的股息、利息、特许权使用费所得

上述《报告》的观点是否正确呢? 根据《范本》第 12 条第(1)款

---

① Lang Michael, *Qualifikationskonflikte bei Personengesellschaften*, IStR, 2000(2).

② OECD-Report, example 5.

③ OECD-Report, para. 63.

的规定,来源国 S 无权对该特许权所得行使课税权,前提是,特许权使用费的受益所有人必须是缔约国另一方的居民。如果 S 国接受 P 国的定性,将合伙企业 P 视为协定资格人,则这个前提条件就得到了满足。合伙企业 P 是 P 国的居民,也是受益所有人。如果 S 国拒绝 P 国的定性,则承认合伙人 A 和 B 是协定资格人,也是受益所有人,但 S 国仍然没有课税权,因为《范本》第 12 条第(1)款规定仅在另一国征税。所以,无论 S 国接受 P 国的定性与否,法律结果都没有什么区别,S 国不能对该特许权使用费课税。该结论也可适用于股息和利息所得,区别在于 S 国对股息和利息保留有限的来源课税权。[①] 在此情况下,国内法对所得的分配在协定法上并没有意义。协定中确定协定资格归属的特别规则,这时也可有可无。

但要注意的是,根据所得来源国国内法,合伙企业被视为纳税虚体,因而由其合伙人承担纳税义务。例如,如果德国作为来源国,合伙人 A 和 B 作为外国合伙企业的合伙人,根据德国《所得税法》第 49 条第(1)款第(5)项或者第(6)项以及第(2)款的规定具有有限纳税义务。相应地,根据德国《所得税法》第 50a 条第(4)款第(三)项(针对特许权)或者第 43 条第(1)款(针对股息和利息)的规定,合伙人就要缴纳来源税。根据《所得税法》第 50d 条第(1)款的规定,仅 A 和 B 可以主张退税。在协定层面德国享有的有限课税权即对所得课税时要受到协定规定条件的限制,将通过在国内法上对合伙人予以课税来实现。

因此,必须考虑在合伙人层面,S 国的来源所得税是否可以在居住国 P 国由合伙企业 P 抵免。从所在地国 P 国的角度来看,所涉及的所得由合伙企业 P 纳税,而来源国则向合伙人课征。只有 P 国允

---

① See Danicls A. H. M., *Issues in International Partnership Taxation*, Deventer (NL): Kluwer Law and Taxation Publishers, 1991, p. 24.

许由合伙企业P抵免来源国S的来源税,才能最终避免双重征税。[①]《报告》在其例5中仅从来源国的角度出发,对此没有进行研究。但委员会在另一个类似例子,即例18中认为P国具有抵免义务。[②] 抵免原则上要求是同一主体,因此,这种税收在P国仅能被合伙企业P抵免,也要由合伙企业P支付。但现在来源所得税由合伙人缴纳,按照有些学者的观点,P国没有抵免义务,但大多数人认为P国有抵免义务。如果它对合伙企业P课征该来源于S国的所得税,那么它也要对该所得在S国的来源所得税提供抵免。因为根据P国的国内法,该所得的外国税收由合伙企业P承担,P国必须视同合伙企业P在S国缴纳了税收一样来课税。

《范本》第23A条第(2)款以及第23B条第(1)款并没有规定纳税主体同一性的前提。仅规定了"在缔约国另一方征税",从文义来看,该税收由另一个人来抵免也是可能的。虽然协定的根本目的是避免法律上的双重征税,根据对协定的传统理解,主体同一性也是前提;但缔约国另一方是否实际上对同一主体课税,这对税收抵免国并不产生影响。[③]

假如外国合伙企业在其所在地国被视为纳税主体,在缔约国另一方(此时即来源国)国内法上可以选择按公司纳税时,则根据所得来源国国内法,也可以由合伙企业P承担S国国内的来源所得税,那么在P国的抵免就是针对同一主体了。

3. 来源国的不动产所得

如果合伙企业P在S国获得不动产所得,《范本》第6条第(1)

---

① See Daniels A. H. M., *Issues in International Partnership Taxation*, Deventer (NL): Kluwer Law and Taxation Publishers, 1991, p. 24.

② OECD-Report, para. 139.

③ Lechner E., *Die Abkommensberechtigung von Personengesellschaften*. in Gassner W./Lang M./Lechner E., Personengesellschaften im Recht der Doppelbesteuerungsabkommen, München, 2000.

款规定所得来源国享有无限课税权。根据该条第(4)款财产所在地课税原则优先于常设机构原则。同样地,各缔约国国内法是对不同的纳税主体课税,所在地国的抵免缺乏主体同一性的问题还是会出现。但如上所述,这并不能阻碍提供抵免待遇。

4. 来源国的常设机构

《报告》中该例的前提是,在S国没有常设机构。如果合伙企业P在S国拥有一个常设机构,并通过该常设机构获得所得,那么根据《范本》第7条第(1)款第二句,S国就处于与第5条相联的第7条第(1)款第一句的前提之下,对属于该常设机构的利润拥有无限课税权。否则,根据《范本》第7条第(1)款第一句的规定,居住国就保留无限课税权。

此时,所得来源国根据其国内法规则对合伙人就常设机构利润课税。如果合伙企业P的所在地国根据《范本》第23A条第(1)款的规定对该常设机构利润免税,就不会导致双重征税。如果P国根据《范本》第23B条的规定采用抵免法,则如前所述的原因,尽管并不存在同一主体,该S国内的税收应由合伙企业P来抵免。如果通过对外国合伙企业提供选择按企业纳税待遇,根据来源国国内企业所得税法上的原则,这时也可以保证主体的同一性。

5. 所得来源于合伙人居住国

当合伙人是来源国居民时,应如何适用协定呢?《报告》中的例16描述的正是这种情况,P是设立在P国的合伙企业,A是居住在P国的合伙人,B是来源国R的居民,P国将合伙企业P视为纳税实体,而R国将其视为纳税虚体。合伙企业P从R国取得不属于其境内常设机构的特许权使用费。①

---

① OECD-Report, example 16.

(1)《报告》的观点

《报告》的观点已经在前述相关部分加以了介绍,OECD 阐述了一个“来源国应考虑合伙企业所在地国对合伙企业的定性”这个基本原则的例外。如果所得来源国将合伙企业视为纳税虚体,同时它也是合伙人之一的居住国,那么对于合伙人而言,居住国地位优先于来源国地位,即该国应被视为合伙人的居住国而非所得来源国。此时不能适用上述基本原则,而是应由来源国根据其自身国内法来决定合伙企业的定性。R 国可以对合伙人 B 从合伙企业中获得的所得份额课税。①

合伙企业所在地国要对税收进行抵免,因为它将合伙企业视为独立的纳税人,或者认为在其境内有合伙人的常设机构。如果合伙企业所在地国将合伙企业视为独立纳税人,那么它对其所得以及随后的利润分配进行课税,这可能会与将合伙企业视为纳税虚体的合伙人居住国产生冲突。后者必须对合伙企业所课征的税收给予抵免,但对随后的利润分配可以不给予外国股息预提税抵免。②

R 国有权对合伙人 B 就来源于合伙人居住国的合伙企业所得中的按份所得课税,必须给予合伙人 B 第 23 条规定的优惠。然而,R 国适用第 23 条可能有困难,因为 P 国将对合伙企业而不是对合伙人课税,而主体同一通常是实现抵免所要求的条件。当该所得实现和分配时,其将被征两次税。一次是对利润所得课税,另一次是对合伙企业的分红课税,也就是说,当以预提税形式予以分配时,P 国

① OECD-Report, para. 125.

② See Jean Schaffner, “The OECD Report on the Application of Tax Treaties to Partnerships”, *IBFD*, 2000, 54(5).

可以将其视为股息。[①] 例 18 对这两个问题作了回答。OECD 认为，尽管缺乏主体同一性，R 国还是必须对来源于 P 国的税收给予抵免。如果 R 国出于课税之目的将所得分配给合伙人，则也应与消除源自对合伙人双重征税之目的相一致，将合伙企业所课之税额分配给合伙人。换句话说，如果出于对按份利润所得课税之目的，P 国给予合伙企业以公司之地位可以被忽略，那么出于给予外国税收抵免之目的，这种公司地位也可以被忽略。[②]

（2）与常设机构无实际联系的股息、利息、特许权使用费所得

《范本注释》规定："当该所得的受益人和支付人是同一缔约国的居民，但该所得归属于该受益人设在缔约国另一方的常设机构时，常设机构所在国拥有征税权。若发生双重征税，居住国应按照第 23A 条或第 23B 条的规定给予税收减免。然而，作为来源国的居住国对股息和利息征税则会产生问题：第 7 条和第 23A 条的规定都限制该国对这种所得征税，但是，若该所得支付给缔约国另一方居民，则缔约国一方，作为股息或利息的来源国，可按第 10 条、第 11 条的第（2）款规定的税率对该股息或利息征税。"[③]

而在此情况下，OECD 认为，因为 P 国将合伙企业 P 视为纳税实体，R 国对 B 的所得份额有完全的课税权。因为《范本注释》建议"不愿接受此结果的缔约国，可在其协定中规定，居住国作为股息或利息的来源国，有权对该项所得分别按第 10 条、第 11 条第（2）款规定的税率征税。常设机构所在国应按第 23A 条第（2）款免税或第 23B 条第（1）款的规定对该项税收给予抵免。当然，若该常设机构所在国根据其国内法的规定，对属于该常设机构的股息或利息不征

① OECD-Report, para. 129.

② OECD-Report, para. 139.

③ 2000 OECD-MC, art. 21 para. 5.

税，则不应给予抵免”。[①]

如果适用“来源国必须注意合伙企业所在地国的定性”这一基本原则，来源国必须承认合伙企业因属于P国的居民而具有的协定资格，那么，这里R国对来源于其国内的特许权使用费没有课税权。根据《范本》第12条第(1)款的规定，如果来源于R国的特许权使用费支付给缔约国另一方的居民受益人，即合伙企业P，那么只有P国才对该所得拥有无限课税权。如果是来源于R国的利息或者股息，则R国可以根据《范本》第10条第(2)款以及第11条第(2)款规定的协定税率实行有限的来源课税权。

如果R国不承认合伙企业P在P国的协定资格，则可能根据其国内法将合伙企业视为纳税虚体，R国作为来源国，这时也没有课税权。因为从R国的角度来看，P国是合伙人B的部分所得的常设机构国。虽然P国对该特许权使用费保持无限课税权，但R国认为合伙人B的所得部分并无跨国事实，《范本》第12条第(1)款对R国不适用。根据《范本》第7条第(1)款与第21条第(2)款的规定，常设机构原则优先，就允许常设机构所在地国家P国对该所得行使无限课税权。常设机构所得就可以归属于P国，而且并不要求该所得也是来源于常设机构国。如果R国采用抵免法，它作为合伙人B的居住国对该所得课税，则必须抵免该所得在P国已支付的税收。如果R国采用免税法，则根据《范本》第23A条第(1)款的规定，在课税时必须从税基中减去该所得。R国如果是作为特许权使用费的来源国，则它对该所得就没有课税权，当涉及股息和利息时，结果也是一样的。如果R国作为居住国来适用协定，那么它也是合伙人B的抵免国，就享有课税权。

---

① 2000 OECD-MC, art. 21 para. 5.

显然,《报告》在该例中发展的例外规则——如果缔约国另一方P国将合伙企业视为纳税实体,R国作为来源国对其居民合伙人B的所得部分享有完全的课税权——与上述结论相矛盾。作为来源国R国在协定中将合伙企业视为纳税虚体,对特许权使用费、股息及利息就没有课税权。居住国的角色和来源国完全不同,只要R国审查协定,它就必须作为来源国对来源于其境内的所得适用分配条款,或者作为居住国适用方法条款。如果R国从一开始就承认合伙企业P是P国的居民,那么R国作为来源国至少对股息和利息享有有限的课税权,且R国并非总是不具有无限的来源所得税课税权。

Lang认为,只有委员会的少数代表坚持《报告》在前述例子中所发展出来的基本原则,而大部分代表却坚持这个例外,这是令人惊讶的。该例外原则不能得到委员会多数代表所发展的基本原则的支持,因此,还是建议适用更令人信服的基本原则。[①] 还有学者指出,《报告》所提出的例外规则此时与协定目的是相违背的,应加以摒弃,在协定中不应采纳。[②] 在这样的情况下,如果R国要避免报告所提出的基本原则导致的不利结果,则要像1989年德—美协定一样制定特别规则。

恰当的做法是,此时R国作为所得来源国必须承认合伙企业P在P国的协定资格。如果R国将合伙企业P视为纳税虚体,那就必须考虑,从协定法的角度来看,合伙人B从位于P国的常设机构获得按份所得,该特许权使用费实际上也可以归属于B。因而根据《范

---

① See Lang Michael, *The Application of the OECD Model Tax Convention to Partnerships-A Critical Analysis of the Report Prepared by the OECD Committee on Fiscal Affairs*, Wien, 2000, pp. 91 – 92.

② Weggenmann Hans, *Einordnungskonflikte bei Personengesellschaften im Recht der deutschen Doppelbesteuerungsabkommen unter besonderer Berücksichtigung des OECD-Partnership-Reports* 1999, Nürnberger, 2002, S. 180.

本》第 7 条及第 21 条第(2)款的规定,R 国因常设机构原则失去其课税权。但如果 R 国不承认合伙企业 P 在 P 国的纳税主体地位,则《范本》第 12 条第(1)款对合伙人 B 不适用。但 Lang 认为,要适用《范本》第 10 条来取代第 7 条,①该条赋予 R 国一个对合伙人 B 的所得部分课税的权利。但该条适用的前提是股息所得,即来自合伙企业的分红。而这里的情况是,合伙人 B 并没有获得分红,而是从合伙企业来源于 R 国的所得中获得所得份额。这种所得收入是合伙企业利润的一部分,根据《范本》第 10 条第(1)款的规定,R 国不能对其课税。如果 R 国将合伙企业 P 视为纳税虚体,则 R 国可以适用《范本》第 7 条规定的常设机构原则。

根据《范本》第 12 条第(1)款的规定,R 国作为来源国对该特许权使用费享有课税权。对来源于 R 国的股息、利息,R 国享有有限的源泉课税权,但仅可以在合伙人 A 和 B 层面上行使。根据前述理由,尽管缺乏主体的同一性,但 P 国仍有义务对合伙企业 P 的来源所得税予以抵免。如果 R 国作为居住国对合伙人 B 的按份所得课税,并根据《范本》第 23B 条第(1)款的规定,采用其抵免方法,那么,它对合伙人 B 所承担的合伙企业 P 在 P 国所缴纳的税收也有抵免义务。

如果已经在协定中就合伙企业的协定资格达成了协议,则 R 国通过适用《范本》分配规则第 10 条第(1)款、第 11 条第(1)款、第 12 条第(1)款从而丧失课税权,或者仅持有有限的源泉课税权。那么这和 R 国一开始就承认合伙企业 P 在 P 国具有协定资格的结果没有什么不同。根据国内法承认外国合伙企业有选择按企业纳税的

---

① See Lang Michael, *The Application of the OECD Model Tax Convention to Partnerships-A Critical Analysis of the Report Prepared by the OECD Committee on Fiscal Affairs*, Wien, 2000, pp. 91 - 92.

权利也会导致相同的结论。

(3)不动产所得

假设合伙企业 P 从位于 R 国的不动产获得所得。如果 R 国在适用协定时坚持认为,合伙企业 P 是 P 国的居民,则《范本》第 6 条第(1)款要求的“缔约国一方居民从位于缔约国另一方的不动产取得所得”这个条件就得到满足。R 国对该所得就享有无限课税权。P 国也会得出同样的结论,并且不受合伙人 A 和 B 在 R 国纳税义务的影响。这里尽管缺乏主体的同一性,P 国对该外国税收必须给予抵免或者对合伙企业的所得免税。

如果 R 国不承认合伙企业 P 的协定资格,那么它就必须对其合伙人适用协定。这意味着合伙人 B 没有满足《范本》第 6 条第(1)款的前提,因为对于他而言,该所得不存在跨境事实。如果 R 国在这种情况下采用纳税虚体原则,则得出的结论,就会与在一致同意将合伙企业视为纳税虚体的情况中得出的相同:从《范本》的第 21 条第(1)款推导出财产所在地国课税原则优先于常设机构原则,则居住国对合伙人 B 的所得拥有完全的课税权。对合伙人 A 则适用《范本》第 6 条第(1)款,R 国对该所得也享有课税权。

(4)常设机构所得

如果合伙企业 P 在 R 国获得的所得属于常设机构,则 R 国作为所得来源国对该所得根据《范本》第 7 条第(1)款第二句的规定享有无限课税权,但条件是,在 R 国要存在一个《范本》第 5 条意义上的常设机构,并且该企业利润可以按照第 7 条的规定归属于它。合伙人或者合伙企业的居住国此时扮演同样的角色:P 国对合伙企业 P 的全球范围所得课税,R 国也同样对合伙人 B 的全球所得课税。双重征税的避免就取决于作为居住国 R 国和 P 国,是否对其无限纳税义务人的外国税收给予抵免或者对外国所得免税。

6. 所得来源于合伙企业所在地国

当所得是来源于合伙企业所在地国时，该如何适用协定？《报告》例 17 讨论了这种情况：P 是设立在 P 国的合伙企业，A 和 B 是 P 的合伙人，居住在 R 国。P 国将 P 视为纳税实体而 R 国视为纳税虚体。P 从 P 国取得不属于其境内常设机构的特许权使用费。[①]

(1)《报告》的观点

委员会将该例和前述例 16 进行了比较。在例 16 中，从合伙企业居住国的角度考虑了合伙企业获得来源于合伙人居住国的所得的课税。在例 17 中，P 国将根据其国内法在合伙企业层面对该特许权所得课税。从 P 国的角度来看，合伙企业 P 是居民纳税义务人，对其来源于 P 国的所得具有纳税义务。因此，协定第 12 条不能适用，因为特许权使用费来源于 P 国并且支付给 P 国的居民。但是，因 R 国将所得分配给合伙人 A 和 B，他们作为 R 国的居民，也对该特许权使用费具有纳税义务。所以，在此情况下，由于缔约国采用不同分配规则，将所得分配给不同的主体，就产生双重征税。[②]

《报告》所持的观点得到大多数人认同，他们认为，尽管基本原则要求所得来源国考虑该所得在合伙人居住国的待遇，但在这种情况下，P 国的课税权并不受 P 国—R 国协定的限制。从 P 国的角度考虑，这纯粹是国内事情，P 国对一个居民纳税人来源于本国境内的所得具有课税权是毋庸置疑的，协定不能限制这种权利。因 P 国与 R 国的不同分配规则所造成的双重征税的事实，并不是限制 P 国对其居民拥有课税权利的理由。[③] 合伙人在其居住国从来源国获得利润，合伙人居住国根据其国内法，或者根据它与其他国家所订的协

① OECD-Report, example 17.

② OECD-Report, para. 130.

③ OECD-Report, para. 131.

定对该外国利润适用免税法是没有实际困难的。[1]

但有些代表仍坚持前述原则，即认为P国在适用协定时应考虑到，根据R国的所得分配规则，该所得将由A和B纳税的事实。他们认为R国有排他的课税权，P国有义务适用第12条对合伙人持有的所得免税来减轻潜在的双重征税。[2]

（2）与常设机构无实际联系的股息、利息、特许权使用费所得

该例中，有些代表提出的在适用协定时必须以所得分配为导向的原则，是值得怀疑的，因为过于严格地按照每个国家的国内法来确定课税情况，将会阻碍从协定中找到正确的解决方法。

如果R国认为合伙企业P是P国的居民，并按照这些代表所指的所得分配原则来课税，则在适用《范本》第12条时就缺乏跨境支付这个条件。虽然特许权使用费来源于P国，但它并没有支付给缔约国另一方R国的居民受益所有人。在股息、利息的情况下也是如此。因而，P国可以根据《范本》第7条第（1）款或第21条第（1）款的规定享有对所得的课税权，并且可以在合伙企业层面来行使。[3]

如果R国对合伙企业采用纳税虚体原则，那么合伙人A和B在《范本》第12条第（1）款的范围内就被视为居民受益所有人；来源于P国的特许权使用费就要支付给合伙人A和B，R国认为其对该所得具有独占课税权。

在这种情况下，OECD的有些代表仅仅根据国内法的所得分配规则来坚持R国的课税权，将与协定目的不符，并且也会与《范本》第12条第（3）款规定的常设机构保留原则相冲突。如果缔约国一

---

① See Jean Schaffner, "The OECD Report on the Application of Tax Treaties to Partnerships", *IBFD*, 2000, 54(5).

② OECD-Report, para. 132.

③ Lang Michael, *Qualifikationskonflikte bei Personengesellschaften*, IStR, 2000(2).

方的居民受益所有人在缔约国另一方通过设在那里的常设机构从事企业活动，并从该国获得特许权使用费，则据以支付该特许权使用费的财产价值或权利实际上属于该常设机构，就要适用《范本》第7条，而不是第12条。因为当合伙企业P在P国从事了企业活动时，合伙人A和B按份经营了这个位于P国的常设机构。根据《范本》第3条第（1）款第（d）项的规定，缔约国一方企业作为企业的常设机构就归属于他们这两个合伙人。如果据以支付该特许权使用费的财产价值或者权利事实上属于P国的合伙企业P，那么根据《范本》第12条第（3）款的规定，其第（1）款因第7条而架空。常设机构所在地国P国对可归属于合伙企业P的利润根据《范本》第7条第（1）款的规定具有无限课税权。根据《范本》第23A条第（1）款的规定，R国作为居住国对合伙人A和B的所得进行免税，或者按照《范本》第23B条第（1）款的规定对该P国的税收由A和B来抵免。如果R国不将合伙人A和B视为受益所有人，就不会适用《范本》第12条第（1）款，则也会得出这种结果。从《范本》第21条第（1）款规定产生的R国的独占课税权，因该条第（2）款以及常设机构保留对该特许权使用费适用时受到限制，所以P国作为常设机构所在地国对该所得就具有无限课税权。这对股息、利息同样适用。

在例17中，委员会担心，在缔约国另一方被视为纳税实体的合伙企业可能会起到保护作用，从而导致滥用协定，但这可以通过嵌入“活动保留条款”来避免。如果一味地按照国内法对协定进行解释，并不一定能提供正确的解决方法，反而导致新的矛盾。在该例中，R国应该承认合伙企业P的保护作用，以便当其在外国设立股份公司时不会产生相互矛盾的结果。

（3）不动产所得

如果合伙企业P在其所在地国获得不动产所得，那么P国根据

《范本》第6条第(1)款规定的财产所在地国课税原则享有无限课税权。因为R国也要根据第6条第(2)款的规定,按照P国法律来判断什么是不动产。对于P国而言,不存在《范本》第6条第(1)款意义上的跨境事实,根据第21条第(1)款的规定,P国保留课税权。如果R国不承认合伙企业P为纳税实体,那么根据《范本》第6条第(1)款的规定,P国作为财产所在地国也享有课税权。只要缔约国没有商定反滥用规则,如活动保留条款,R国一开始就应承认合伙企业P的保护作用。

(4)常设机构所得

如果合伙企业P在P国经营一个常设机构,那么两个缔约国都不依赖于彼此对合伙企业的定性。根据《范本》第7条第(1)款的规定,来源国P对常设机构利润享有无限课税权。如前所述,只要在协定中没有商定滥用协定的规定,R国也应该承认合伙企业P在P国的保护作用。

二、涉及3国的情况

本部分拟探讨涉及3个国家这一类情况下的不同案例。首先介绍《报告》在案例中所持的态度和观点,接着从来源国与居住国的角度进行检讨,然后对这些例子没有涉及的其他情况也从缔约国双方角度进一步探讨。

(一)合伙企业在所在地国被视为纳税虚体,在合伙人居住国和来源国被视为纳税实体

《报告》例7属于这种情况。P是设立在P国的合伙企业,A和B是P的合伙人,居住在R国,P拥有S国的居民公司X的股份,X向P支付股息,R国和S国将P视为纳税实体,而P国将其视为纳税

虚体。①

1.《报告》的观点——无协定保护

OECD 认为,在该例中要注意所得在来源国归属于谁。合伙企业 P 在 P 国没有纳税义务,不是 P 国—S 国协定意义上 P 国的居民。同样,尽管合伙企业 P 是 S 国国内法上的纳税义务人,并且 R 国根据国内法将所得分配给 P,但 R 国不视合伙企业 P 为居民,因为它在 R 国没有纳税义务。依据 R 国的所得分配原则,A 和 B 作为 R 国居民,有潜在的纳税义务;但该所得没有分配给合伙人 A 和 B,而是合伙企业 P。合伙企业 P 不是 R 国的居民,A 和 B 就该合伙企业所得没有资格享受 S 国—R 国协定的优惠,所以,S 国对该所得的课税不受限制。② 合伙企业在 S 国的税收待遇对享受协定优惠的资格并无影响。如果 S 国将合伙企业视为纳税虚体而非实体,S 国—R 国以及 S 国—P 国协定都不能适用于该股息所得。③

《报告》的这种解释不符合协定目的,④从而不能避免双重征税:如果 S 国不适用协定,并随之对来源于其国内的所得具有无限课税权,那么从合伙人 A 和 B 的角度来看,就会对该所得产生双重征税。尽管 R 国对该合伙企业 P 累积的或者说不是以股息分配给合伙人 A 和 B 的所得没有课税,但根据《范本》第 7 条第(1)款的规定,P 国可以对常设机构所得课税,由此产生的双重征税也不能通过 P 国对外国税收的抵免而完全消除。因此,委员会的这种方法与居住国对所得的分配不符,同时也与协定目的不符。《报告》可能是想要用其方法来防止双重不征税,而非这儿潜在的双重征税。

---

① OECD-Report, example 7.

② OECD-Report, para. 69.

③ OECD-Report, para. 70.

④ 详见下文对《报告》例 3 的论述。

2. 协定中课税权的分配

如果S国考虑合伙企业P在其所在地国的税收待遇，就会放弃P国—S国协定的适用。合伙企业P在P国被视为纳税虚体，不是《范本》第4条第(1)款意义上的居民，无权享有协定保护，其合伙人也不是两国的居民。要适用P国—S国协定，合伙企业P必须是P国的居民或者具有纳税义务，当这个前提不成立时，则合伙企业仅是一个常设机构，而S国仍然适用P国—S国协定，这就意味着S国对常设机构提供协定保护。此时，必须能在所有涉及常设机构的情况中找到S国也是如此适用协定的证据，以便要求S国对常设机构提供同样的保证。但S国是否实际上这样做了，似乎难以证实。当合伙企业根据P国—S国协定享有部分的协定资格时，这是可能的。否则P国—S国协定不适用于该例。[①]

因此，必须回到R国—S国协定的适用上来。S国同样必须审查合伙企业P是否享有协定保护。虽然两个缔约国S国与R国都将合伙企业P视为纳税主体，但这并不表示合伙企业P本身可以向这两个缔约国之一要求协定保护，因为合伙企业P位于P国。因此，不如考虑合伙人A和B为佳，因为两个国家都将他们视为R国的居民。合伙企业P在R国或P国的课税情况对R国—S国协定的适用没有影响。但S国认为，合伙企业P在P国被视为纳税虚体，因而拒绝给予协定保护。仅当S国对合伙人A和B也考虑这种合伙企业的纳税虚体待遇，并认为根据S国—R国协定，A和B才会得出享有来源所得税减免的结论。那么，当合伙企业P在P国从事企业活动或者在那里被视为常设机构，该来源于S国的所得实际

---

① Weggenmann Hans, *Einordnungskonflikte bei Personengesellschaften im Recht der deutschen Doppelbesteuerungsabkommen unter besonderer Berücksichtigung des OECD-Partnership-Reports* 1999, Nürnberger, 2002, S. 201.

上属于该常设机构的活动所得时，才能避免部分双重不征税。否则，R国会对国内合伙人投资所谓外国从事消极活动的企业之所得不征税，但这可因活动保留或者滥用竞争规则而得以保留。最后，P国根据P国—R国协定第24条第(3)款或是根据P国—S国协定的规定负有来源所得税抵免义务。在此，缺乏主体同一性并不成为纳税义务人的负担，由合伙企业P在S国课征的税收应由合伙人共同承担。

如果合伙企业P投资了股份公司并获得股息，根据R国—S国协定，可以考虑《范本》第10条第(2)款第(a)项规定的关联企业优惠，但至少要有25%的股份是由S国的居民股份公司X直接持有。OECD也认为因常设机构的插入而能适用关联企业优惠：如果由于有关国家国内法未作规定，无法对支付给常设机构的股息征收预提税，那么，无论股息来源国是将股息支付给另一方居民公司的常设机构，还是直接支付给该公司，两者在税收上并无差别，可以将公司间利润分配的有关待遇扩大适用于常设机构。[①]

在上述情况下，P国—S国协定不能适用。仅R国—S国协定对合伙人提供协定保护，条件是S国适用协定时必须考虑合伙企业P在税收上的待遇。但如果必须首先证明合伙人的居民身份或者纳税义务，则会因R国和S国在它们国内法上给予合伙企业P的纳税实体待遇而产生行政管理上的困难。同样，P国的合伙企业相对于在R国或者S国设立的合伙企业就会处于不利地位，因为它不能主张自己的协定保护。因此，为了合伙企业能获得同等待遇，建议在协定中制定特别规则，至少给予合伙企业部分协定保护。

---

① 2005 OECD-MC, art. 24 para. 35.

（二）合伙企业在所在地国和来源国被视为纳税虚体，有来自将合伙企业视为纳税实体的第三国合伙人

《报告》例3探讨了这种情况。P是设立在P国的实体，A和B是P的合伙人，他们居住在R国。P国和S国都将P视为纳税虚体，但R国将其视为纳税实体，P从S国获得不属于S国常设机构的营业利润。①

1.《报告》的观点——无协定保护

OECD在该例中确定了一个原则，即来源国在适用协定时，如果涉及合伙企业，应该考虑协定适用时的具体环境。其详细内容已经在前述相关部分进行了阐明，在此不再详述。根据R国国内法的分配规则，对该所得有纳税义务的不是合伙人A和B，而是合伙企业P。在这种情况下，《报告》拒绝给予S国的合伙人以协定资格。

如果从S国获得股息、利息或者特许权使用费，那么根据《范本》第10～12条的规定，S国必须审查，该所得的接受人是否是这些条款中所要求的该所得的"受益所有人"，从而是与该所得有关的纳税人。在所得来源国将合伙企业视为纳税虚体但合伙人居住国视为纳税实体的情况下，合伙企业本身而非合伙人被视为协定意义上的受益所有人。因此，合伙人无权主张享受协定的优惠，而合伙企业本身是否具有这种权利则有赖于他是否具有独立的协定意义上的居民资格。同样，在涉及营业利润时，要确定该利润是否可归属于能够主张协定优惠的纳税人居住国的企业，则应让所得来源国按照该所得在合伙人居住国所受到的待遇来决定。如果合伙人居住国将合伙企业视为实体，则合伙企业本身而不是合伙人有权主张协定的优惠。② 合伙人A和B不是该来源于S国的所得的协定资格

① OECD-Report, example 3

② OECD-Report, para. 54.

人，因为根据R国国内法，该所得不归属于他们，他们对该所得没有纳税义务。

根据《报告》的解决方法，合伙人A和B不能根据R国—S国协定，要求来源所得税减免。同样也不能考虑P国—S国协定，因为他们不属于这两国协定意义上的居民。

2. 鉴于协定目的的分配和定性问题

对于S国而言，适用的困难在于R国—S国所订协定，合伙人A和B对所得要求协定保护，而该所得没有流向合伙人居住国R国，而是流向了合伙企业所在地国P国。R国没有对该所得课税，因为它将所得归属于P国的合伙企业。很明显，《报告》欲通过拒绝R国—S国间协定的适用，来防止该所得在S国除承担来源所得税之外的纳税义务。但这种担忧是没有必要的，合伙人A和B在P国对其从合伙企业P获得的利润具有有限纳税义务，对于P国的税收而言，合伙企业来源于S国的所得部分就由他们承担。如果S国不考虑协定限制对该所得向合伙人A和B课税，而P国对这两个合伙人从合伙企业获得的所得部分课税，就产生法律上的双重征税。这种双重征税最终是否存在，取决于P国是否对S国的外国税收予以抵免。如果P国在可比情况下对其国内居民合伙人缴纳给S国的税收给予抵免，那么根据《范本》第24条第(3)款的规定，其也要对承担有限纳税义务的A和B就该所得缴纳的税收给予抵免，但其额度限于P国—S国协定的规定，因为P国仅有义务给予国民待遇。也就是说，所得来源课税在P国仅能得到部分抵免，双重征税现象仍可能存在，[①]协定目的就没有实现。这种双重征税产生的根源是S

① See Lang Michael, *The Application of the OECD Model Tax Convention to Partnerships-A Critical Analysis of the Report Prepared by the OECD Committee on Fiscal Affairs*, Wien, 2000, p. 52.

国对合伙人A和B不适用S国—R国协定。如果适用《报告》的观点,合伙人A和B在S国不能得到协定保护,最终就会导致对这些合伙人的双重征税,无疑,《报告》的解决方法对于该例而言,就会产生与协定目的不符的现象。

如果S国根据S国—R国间协定对合伙人提供协定保护,相应地,对所得来源课税可以根据《范本》第10~12条规定的额度进行减免,从而避免双重征税。虽然P国有义务根据P国—S国间协定对所得来源课税给予减免,但双重征税仍在S国与P国来源所得税税率的差额额度内存在。例如,如果P国—S国间协定没有对利息所得规定所得来源课税税率,而R国—S国间协定规定了10%的协定税率,该10%的来源所得税在P国就不能得以抵免,因为P国—S国间的协定没有对来源所得课税,那么就存在10%的双重征税。[①]这并非S国没有提供协定保护,而是不同协定规定中的差异所致。只要协定的双边性特征得以存在,这种差异在协定法中就无法避免。

3. 源自分配规则的解决方法

根据《范本》第10~12条的规定,如果股息、利息或者特许权使用费所得是支付给缔约国另一方的居民受益所有人,则来源国可以对该所得征税。假如S国认为合伙企业P在P国不是纳税主体,那么合伙企业P就不是受益所有人,因为它在缔约国另一方不被视为居民。S国必须透过合伙企业看到合伙人,并审查其作为该所得受益所有人的地位。这种地位并不取决于谁是源权利所有人,[②]可以考虑视合伙人A和B为受益所有人。因为合伙企业P虽然是源权

---

① See Kostense H. E. ,"The Saint-Gobain Case and the Application of Tax Treaties. Evolution or Revolution?",*EC Tax Rev.* ,2000(4).

② Vogel Klaus, *Doppelbesteuerungsabkommen Kommentar*, München, 1996, art 10 - 12 Rz. 9.

利所有人，但从P国和S国的角度来看，它没有协定资格。不能为了获得协定优惠而使用作为中间人的合伙企业P，否则被视为滥用协定。① 但被视为纳税虚体的合伙企业不会引起滥用协定问题，因此，不承认合伙人A和B是该所得的受益所有人是没有理由的。实际上，《范本》第10条第(2)款、第11条第(2)款以及第12条第(1)款规定的分配规则都要求所得支付给“受益所有人”，并且他必须是缔约国另一方的居民。合伙人A和B是在R国适用R国—S国协定，是缔约国另一方的居民，从S国的角度来看，《范本》第10～12条中所规定的协定税率的适用条件得以产生。

4. 无“征税条款”

如果S国一开始就根据《范本》第4条第(1)款的规定来审查R国—S国所订协定的适用，那么它承认A和B因与R国之间存在人身上的联系而在该国具有纳税义务。如前所述，《范本》第4条第(1)款并没有要求居民对该所得在那里必须实际上纳税。该款仅说，居民是根据该国法律具有“纳税义务”的人，但没有说其根据该国法律，“对该要求协定保护的所得具有纳税义务”。因此，协定法上的“居民”完全不依赖于R国的实际课税，合伙人A和B根据S国—R国所订协定，原则上具有协定资格。

OECD认为S国必须审查该所得分配，合伙人据此所得分配在S国要求协定保护，但《范本》并没有这样的规定。《范本》第10～12条规定的“受益所有人”标准也没有包括“征税条款”，②仅规定“缔约国另一方的居民受益所有人”。但“居民”标准同“受益所有人”

---

① Vogel Klaus, *Doppelbesteuerungsabkommen Kommentar*, München, 1996, art. 10-12 Rz. 9.

② See Lang Michael, *The Application of the OECD Model Tax Convention to Partnerships-A Critical Analysis of the Report Prepared by the OECD Committee on Fiscal Affairs*, Wien, 2000, p. 51.

标准一样很少针对分配或者实质课税。"受益所有人"是一个纯粹协定法上的概念,因此,首先必须根据协定法上的含义来解释。根据《范本》第3条第(2)款的规定,如果按照国内法来解释,在国内税法上也找不到相对应的概念,所以就要保留纯粹协定法上概念的适用。《范本》对分配问题未作规定,所以不能推出所得必须实际上分配给"受益所有人"或由其纳税的解释。

R国没有对合伙企业P来源于S国的所得课税,因为它没有将该所得分配给合伙人A和B,而是分配给了合伙企业P,但合伙企业P在R国没有纳税义务。当R国在其协定中决定采用《范本》第23A条第(1)款意义上的免税方法时,它也不能对该所得课税,此时,所得的分配仅对可能适用的累进免税有意义。在这两种情况下,R国根据其国内法没有课税。虽然所得分配与免税的情况不同,但不课税的结果没有改变。

《报告》建议S国对合伙人A和B不适用R国—S国所订协定,但从范本来看,不仅分配规则而且协定目的都要求适用R国—S国协定。S国必须考虑,合伙企业P在其所在地国的税收待遇。反对意见认为这在R国—S国所订协定范围内无关紧要,因为合伙企业P在P国设立,因为协定具有的双边特性,第三国并没有包括在内。这种说法也不正确。对于S国而言,对源于S国的所得支付的接受者是合伙企业P,而不是每个合伙人。因此,S国必须审查P国—S国协定是否也不能适用,因为合伙企业P在某种程度上可能会被视为P国的居民。但最终P国—S国所订协定在此情况中恰恰被拒绝适用,因而S国就必须考虑R国—S国之间协定的适用。如果S国适用R国—S国所订协定,那么就必须审查该协定所确定的来源所得税方法是否与P国—S国所订协定相矛盾。因此,S国对合伙企业P的协定资格的审查不仅是可能的,而且是必要的。

这种解决方法同样适用于第一章所述例 6 涉及 3 个国家的情况，即 S 国将合伙企业视为纳税实体，而 P 和 R 国将其视为纳税虚体。如果 R 国仅对合伙人 A 和 B 来自合伙企业 P 的所得课税，并根据《范本》第 23 条第（1）款的规定适用免税法，那么 R 国就不会课税。但和前述所指的情况相比，对于 S 国而言，并不取决于 P 国是否将该所得归属于合伙人或者实际上由合伙人纳税。如果 S 国审查 P 国—S 国所订协定，因参与人之一缺乏协定资格，该协定就不能适用。结果合伙人 A 和 B 仅能援引 R 国—S 国所订协定。[①] S 国将合伙企业 P 视为纳税主体不会必然导致合伙企业 P 被视为协定主体，因为协定主体必须是 P 国居民，但这个条件没有得到满足。

（三）所在地国和来源国将合伙企业视为纳税实体，合伙人居住国将其视为纳税虚体

《报告》的例 9 讨论了当合伙企业在其所在地国被视为纳税实体，涉及第三国的情况下，如何来适用协定的问题。P 是设立在 P 国的合伙企业，A 和 B 是居住在 R 国的合伙人，P 拥有 S 国居民公司 X 的股份，X 支付股息给 P。P 国和 S 国将 P 视为纳税实体而 R 国将其视为纳税虚体。[②]

1.《报告》的观点——双重资格

在该例中，《报告》认为同一所得具有享受两个协定优惠的双重资格，即合伙企业以及每个合伙人都享有协定资格。因为合伙企业所在地国和来源国都将其视为独立的纳税主体，合伙企业可以享受两国之间的协定优惠。同时，将合伙企业视为纳税虚体的 R 国的居

---

① See Daniels A. H. M., *Issues in International Partnership Taxation*, Deventer (NL): Kluwer Law and Taxation Publishers, 1991, p. 161.

② OECD-Report, example 9.

民合伙人可以主张其居住国与来源国之间所缔结协定的保护。合伙企业P是P国的居民,在P国有纳税义务,S国亦认为P从S国取得的股息在S国有纳税义务,P是股息的接受者和受益所有人,有资格享受S国—P国之间协定的优惠。合伙人A和B对该所得也有纳税义务,就该合伙企业所得有权享受S国—R国之间协定的优惠。由此导致S国—P国之间协定以及S国—R国之间协定都会限制S国对该股息的课税权,而不管S国是对合伙企业所持有的股息课税,还是对合伙人A和B所持有的股息课税(按照S国国内法有关合伙企业税收适用规则,它可能对合伙企业所持有的股息课税)。同时,合伙企业在S国的税收待遇并不对这种结果产生任何影响,因此,如果S国将合伙企业视为纳税虚体而非纳税实体,则两个协定仍将适用。[①]

《报告》认为,S国应适用两个协定中的较低税率,以使得这种享受协定优惠的双重资格得以满足。当S国—R国之间的协定规定S国可以对股息总所得可按不高于15%的税率课税,而S国—P国之间协定则规定S国对该总所得课税不能超过10%的税率时,S国有义务按照两个协定之规定,对该股息按不超过10%的税率课税。[②]但也承认,在适用该方法时,如果合伙企业有多个居住在不同国家的合伙人,就会产生行政管理上的困难。[③]

《报告》的例10除了S国与P国之间没有协定之外,其他情况与例9相同。如果合伙企业是一个与所得来源国没有协定之国家的居民,也包括是一避税港的居民,则前述例子中所形成的原则与结论应如何适用?委员会认为,在来源国和合伙人的居住国之间适用

① OECD-Report, para. 73.

② OECD-Report, para. 74.

③ OECD-Report, para. 75.

协定时，会得出同样的结论。[①]

因此，在该例中，因为合伙人 A 和 B 就该所得对 R 国均有纳税义务，所以，他们被认为有资格享受 S 国—R 国之间协定的优惠。[②]但是，当一国在不能证实某人是否有资格享受协定优惠时，则不能期待它授予优惠。所以，如果 P 国是一避税港，S 国无法从 P 国获得有关信息，那么 S 国—R 国之间协定的适用与否将取决于 S 国能否从合伙人或从 R 国获得必要的信息。在此情况下，为了适用第 10 条规定的协定税率，即使 S 国在支付股息时是正常适用这种限制，它也可能会启用退税机制（refund mechanism）。[③]

2. 无税收最惠国待遇

S 国在适用协定时，要注意合伙企业 P 在其所在地国的税收待遇。在该例中，实际上仅涉及一个协定的适用。合伙企业 P 因其在 S 国的纳税主体身份被视为协定资格人，可以对其从 S 国获得的所得主张 P 国—S 国之间的协定优惠。这是没有争议的，因为 S 国也承认合伙企业 P 的纳税主体地位。[④] 在《范本》第 10 ~ 12 条的分配规则范围内，这意味着合伙企业 P 既是所得的接受者又是受益所有人，S 国根据 P 国—S 国之间的协定有义务对合伙企业 P 从 S 国获得的所得给予来源所得税减免。如果 S 国审查，根据 R 国—S 国之间的协定，它是否还有其他义务要履行，此时起决定作用的是，合伙人 A 和 B 是否被承认为受益所有人。支付的股息是由 P 国的合伙企业 P 获得，合伙人 A 和 B 显然不是股息的接受者。“受益所有人”

① OECD-Report, para. 76.

② OECD-Report, para. 77.

③ OECD-Report, para. 78.

④ See Lang Michael, *The Application of the OECD Model Tax Convention to Partnerships-A Critical Analysis of the Report Prepared by the OECD Committee on Fiscal Affairs*, Wien, 2000, p. 69.

是任何可以决定“资本投入或利用资产或者行使使用权的人”。[①] 合伙人或者合伙企业在民法上的地位对确定其是否属于上述意义上的受益所有人具有决定作用。但应根据哪国民法来回答这个问题?如果采用地点和设立理论,就应适用P国的民法。如果P国将合伙企业视为法人,则根据前述定义,合伙企业P就毫无疑问是受益所有人。如果不将合伙企业视为法人,而是仅视为税收关系上的法律主体,就可以拒绝合伙企业P的受益所有人地位。同样,如果合伙人不能单独支配企业的财产,而必须与其他合伙人共同支配,那么单个的合伙人也不是受益所有人。

如果在接受者和债务人之间插入了一个第三者,如代理人或者特别受托人,则根据《范本注释》的规定,来源国没有限制所得来源课税的义务,[②]此时应该避免因缔约国另一方形式上的居民的插入而适用最有利的协定。如果合伙企业并不通过该财产价值的持有而追求进一步的企业目的,就被视为一个被插入的仅在形式上有资格的居民,那么其“受益所有人”的身份就会被否认。但在该例中,合伙企业P在P国具有企业活动,因此,合伙企业P是分配规则意义上的受益所有人。从经济上来看,合伙企业P作为居民有权得到股息,就不用再考虑将合伙人作为受益所有人。它在R国—P国之间协定范围内也没有失去其资格,否则,协定适用者必须解释,因合伙企业的插入为什么要接受双重受益所有人,即一个是合伙企业P,另一个是合伙人;而对股份公司的插入至今尚没有将公司背后的股东承认为股份公司所得的受益所有人。结果,S国仅因P国 S国之间的协定有义务对合伙企业P获得的所得给予协定保护,R国—

① Vogel Klaus, *Doppelbesteuerungsabkommen Kommentar*, München, 1996, art. 23 Rz. 88.

② 2005 OECD-MC, art. 10 para. 12. 1, art. 12 para. 10, art. 12 para. 4. 1.

S国之间的协定因缺少受益所有人而不适用。在例10中,S国不用提供协定保护,因为S国根据其自身法律将所得归属于合伙企业P,而不是合伙人A和B,它认为仅合伙企业P有协定资格,但合伙企业P既非S国又非R国的居民,因此,S国—R国之间的协定不能适用。①

3. 来源所得税抵免

S国将在合伙企业P的层面课征来源所得税,来源所得税在P国同样也是由合伙企业P承担。P国有义务根据《范本》第23A条第(2)款的规定对所得免税或者根据第23B条第(1)款的规定对外国来源所得税给予抵免。但R国必须抵免何种税收? R国—P国之间协定就具有决定作用。因此就要确定,R国是否也必须承认合伙企业P为纳税主体,从而根据《范本》第7条第(1)款的规定原则上没有课税权,仅对从合伙企业P分配给合伙人的股息根据《范本》第10条的规定享有课税权?②

S国仅有义务适用P国—S国之间的协定,因为对R国—S国之间协定的适用缺乏受益所有人,而这是《范本》第10~12条适用的前提。S国必须考虑,合伙企业P是否为P国的居民,如果S国本身将合伙企业视为纳税虚体,根据P国—S国的协定,它必须对合伙企业P提供协定保护。在S国由合伙人承担的来源所得税与P国的抵免并不矛盾。

如果P国和R国将合伙企业视为纳税实体而S国将其视为纳

① See Lang Michael, *The Application of the OECD Model Tax Convention to Partnerships-A Critical Analysis of the Report Prepared by the OECD Committee on Fiscal Affairs*, Wien, 2000, p. 69.

② See Lang Michael, *The Application of the OECD Model Tax Convention to Partnerships-A Critical Analysis of the Report Prepared by the OECD Committee on Fiscal Affairs*, Wien, 2000, p. 71.

税虚体,则仅合伙企业P可以是受益所有人。虽然合伙人A和B是R国居民,但所得的接受者不是他们,是合伙企业,从经济上来看,不是合伙人而是合伙企业P才有权享有来源于S国的所得。在这种认识上,P国和R国就会达成一致,S国因注意到合伙企业P在P国的纳税主体身份也会和其他缔约国达成一致。合伙人是否属于一国的居民,合伙企业是否被视为纳税虚体或者纳税实体,在此没有进一步的意义,重要的是合伙企业P在其所在地国的税收待遇。

第四章 合伙人来自合伙企业所得的定性与课税

本章探讨合伙人与合伙企业之间因不同法律关系产生的所得之课税,主要涉及两个方面:一是合伙人投资合伙企业,从合伙企业按份取得的利润所得;二是合伙人与合伙企业之间发生债权债务关系(以下简称交易关系),如向合伙企业提供劳务、贷款、租赁、转让财产等从合伙企业取得的所得,这一般被称为特别报酬。有的国家在税收上承认合伙人与合伙企业之间的交易关系或部分交易关系,如比利时、英国、爱尔兰、意大利、瑞士、瑞典以及美国。如果合伙企业向合伙人支付报酬,则该酬金由合伙人直接纳税。因此,所得的性质取决于各种特殊的法律关系,如合伙人从出租、土地租赁或者资本财产中取得收入。合伙企业则可以将支付给合伙人的这些款项予以列支。另一些国家在税收上并不承认合伙人与合伙企业之间的交易关系，如德国、荷兰、卢森堡、奥地利等。合伙企业支付给合伙人的报酬被视为合伙人的营业利润所得，在合伙企业层面不能列支。① 这些对合伙企业与合伙人之间交易关系的不同规定导致在适用税收协定时，不可避免地产生所得定性的冲突。

美国税法规定，合伙人并非基于其合伙义务而与合伙企业进行交易的，要予以承认。合伙人向合伙企业提供劳务或借款并取得收入的，合伙人要确认收入，合伙企业应相应确认成本或费用。而且税法明确规定了一个特殊的合伙人与合伙企业关系，无论合伙企业是否实现利润，合伙人都可相应取得收入。加拿大规则与美国基本一致。在税收上，合伙企业作为独立纳税主体，合伙人可向其提供劳务或借款并相应取得收入。挪威也允许合伙人向合伙提供劳务，尽管对于这条规定是否适用于国际情形还并不是很清楚。

在英国，从税收上来讲，合伙人与第三方一样，可与合伙企业进行交易（雇员除外）。租赁财产时，合伙人可取得租金收入，合伙企业可进行成本扣除。但在资本利得税方面，规则相对较为复杂，因为每个合伙人被认为是根据其所占比例独立于资本性财产。因此，合伙人向合伙企业转让财产时，要作为部分处理财产进行对待，因为合伙人仍保留了财产利益。②

瑞典对合伙人与合伙企业间的绝大部分交易不予承认。瑞典税法对来源于服务、资本或经营的收入采取了不同的税收处理方法，因此不允许合伙人与合伙企业之间进行交易。合伙企业因为合伙

---

① Gündisch Stephan, Personengesellschaften im DBA-Recht—Eine Analyse des OECD-Partnership-Reports, C. H. Beck, 2003, SS. 191 - 192.

② 参见史耀武：《中国个人所得税制度研究》，财政部财政科学研究所2013年博士学位论文，第258～259页。

人提供劳务或转让财产而支付的所得要计入合伙人所得,同时不允许在合伙企业层面扣除。增加的所得要根据一般原则分配给合伙人,同时保持各类收入的性质不变。

尽管澳大利亚与瑞典采取不同的计税模式,但在此方面采取的原则却基本一致。根据私法上的规定,合伙人不能成为合伙企业雇员,合伙企业向合伙人支付的任何"工薪所得"要作为所得分配(distribution)来处理,要调减外部计税基础。税收也采取了相同处理原则。合伙人向合伙企业的借款,如利息计入合伙人投资成本的,对合伙人不计算利息所得,在合伙企业层面也不进行借款费用扣除。但其他借款或交易则是税法所允许的。合伙人向合伙企业转让存货或减值性财产的,可选择进行滚转处理,即以合伙人持有成本作为合伙企业持有成本。其他处置财产行为要依法计算纳税人,因为合伙人此时已向其他合伙人转让利益。

在法国,与上述原则相一致,因为所有参与人被认为是经营活动的共同主人,因此不存在雇佣关系,合伙人收到的任何收入都要作为所得分配处理。但也有一些例外,对二者之间的租金所得予以承认,在合伙企业层面允许扣除,在合伙人层面要根据不同情况确认为租赁所得或商业所得计算纳税。而且对于合伙人当前会计账户借款利息,当其不超过同期银行利率时免于征税。根据合伙企业在税前扣除金额,要相应确认为合伙人证券收入;超过部分,视同所得分配处理。

德国尽管采取的方法不同,但结果基本是相同的。合伙人从合伙企业收到的服务报酬、借款利息、财产租赁所得会降低合伙企业的利润,但合伙人要进行专户记载。实际上,它们会被包含在合伙企业收入中,并被分配给合伙人。此原则的政策基础不是所得税,而是贸易税。合伙人应该不能通过将正常收入转化为合同收入,而降低贸易税应税基数。①

一、缔约国给予合伙企业不同纳税地位时所得的定性与课税

(一)合伙企业在所在地国被视为纳税实体,在合伙人居住国被视为纳税虚体

当合伙企业在所在地国被视为纳税实体而在合伙人居住国被视为纳税虚体时,合伙人居住国认为合伙人应对其所得承担无限纳税义务,而合伙企业所在地国则认为合伙企业要对所得承担无限纳税义务。

1. 协定中的所得形式

《范本》第6~21条对合伙企业的所得形式从协定法上作了规定。首先,应对《范本》第7条意义上的企业所得进行审查,合伙企业从事工商经营获得的所得属于协定法上的营业利润。② 2000年《范本》第3条第(1)款第(c)项对如何理解"企业"作了规定,即其是指开展任何营业活动的,因而将第14条删去。通过该概念的定义对属于《范本》原第14条下的独立个人劳务进行了澄清,如自由职业活动也落入"企业"概念,而不依赖于该用语在国内法上的含义。另外,《范本注释》认为,判断一个活动是否在企业的范围内执行,或者该活动本身是否视为构成一个企业,这样的问题"通常是按照缔约国双方国内法有关规定来解释的"。③《范本》第3条第(1)款第(c)项并非试图对"企业"用语给予一个穷尽的定义,该款第(h)项对用语"营业"作了规定,它包括从事专业性劳务或其他独立性活动。如果协定是根据2000年或之后《范本》缔结,那么第14条所规

① 参见史耀武:《中国个人所得税制度研究》,财政部财政科学研究所2013年博士学位论文,第258~259页。

② Vogel Klaus, *Doppelbesteuerungsabkommen Kommentar*, München, 1996, art. 7 Rz. 49.

③ 2005 OECD-MC, art. 3 para. 4.

定的“独立个人劳务”所得和第7条所规定的企业活动所得就没有区别了，这两种所得都属于第7条的营业利润。

但《范本》第7条没有详细定义“营业利润”这个概念，根据第3条第(2)款的规定，如果协定没有规定自己的定义，在适用国内法之前，要联系协定的上下文来解释，就必须注意第7条第(7)款，该款规定：利润中如包括有本协定中其他各条单独规定的所得项目时，本条规定不应影响其他各条的规定。因而首先必须对其他各条单独规定的所得形式作出解释。[①] 从不动产、船运、内河运输、空运获得的所得，股息、利息、特许权使用费，财产收益以及其他所得并不属于“营业利润”。根据《范本》第6条第(2)款第二句的规定，附属于不动产的财产，农业和林业所使用的牲畜和设备也属于不动产。由此可知，那些不属于前述所得范畴的独立劳务所得就属于营业利润。如果协定没有规定如何来定义营业利润，那么为了得到更精确的定义，就可以适用缔约国一方的国内法来解释。

什么是企业或者什么是营业活动的执行，可以适用缔约国一方的国内法来解释。合伙企业所从事的活动属于《范本》第7条意义上的活动，因而在这些活动范围内获得营业利润。土地和林业活动或者仅对财产进行管理的合伙企业不包括在内。如果所得是因自由职业活动而获得，那么只要是适用2000年或之后《范本》，就属于第7条。如果协定是根据2000年前的《范本》所缔结，那么自由职业或者独立劳务所得由第14条调整，第7条就被排除在外。

2. 合伙企业所得

对合伙企业的所得，必须区分利润是由合伙企业积累还是向合伙人分红，因为根据合伙企业所在地法律，积累的利润由合伙企业

① Schaumburg Harald, *Internatinales Steuerrecht*. Köln, 1998, Rz. 16. 230.

纳税，分红的税收则由合伙人承担。合伙企业在哪里取得利润，例如，是在其所在地国、合伙人居住国还是第三国取得并不重要。因此，如果利润来源于缔约国另一方并存在于合伙企业中，就要在协定法上得到相应处理。合伙企业因从事《范本》第 3 条第(1)款第(c)项所规定的营业活动时，合伙人如何取得第 7 条第(1)款意义上的营业利润？这涉及合伙企业与合伙人之间的关系，应从协定法上进行探讨。

(1)从协定法的视角来看合伙关系

① 合伙企业被视为居民

因合伙企业被视为纳税实体，在其设立国满足《范本》第 3 条第(1)款第(a)项和第(b)项以及第 4 条第(1)款规定的居民前提条件。因此，至少所在地国认为它属于《范本》第 1 条上人的适用范围。合伙人居住国是否承认合伙企业的纳税主体并不重要，在协定层面上，它要受到合伙企业所在地国定性的约束，合伙人与合伙企业相互分离的原则在协定上对两个国家同样有效。[①] 虽然根据《范本》第 3 条第(1)款第(b)项规定的概念，合伙企业是“公司”，但它是否就是可以适用有关公司规定的同样的人，必须进一步从税收协定的具体规则或者其上下文来考察，可以确定合伙企业所在地国同时也是其居住国。

② 合伙企业是企业经营者

如何根据协定来确定合伙企业的归属？根据《范本》第 3 条第(1)款第(d)项的规定，企业属于企业经营者。如果企业仅由一个居民经营，则其原则上归入企业经营者的居住国，这里的经营者不是合伙人就是合伙企业，因为它们在协定法上是独立的，可以被认为

---

① Mittermaier J., *Besteuerung von Personengesellschaften im Verhältnis USA-Deutschland*, Heidelberg, 1998, S. 324.

是其企业的经营者。这里的企业将以该企业经营者的身份归属于《范本》第3条第(1)款第(d)项意义上的居民。被视为纳税实体的合伙企业是协定意义上的居民,因而也是企业经营者。[①] 协定法上的"经营者"与此并不矛盾,因为"经营者"这个用语既没有在协定中定义,也不能从税收协定的上下文中得出解释,所以,可以按照缔约国国内法对"经营者"做解释。国内法上通常被视为企业经营者的是实际上承担企业经济风险的人,[②]企业活动的所得和支出将记入其账户的人,[③]或者对企业具有实际支配权的人。[④] 根据《范本》第3条第(2)款的规定,这种概念的含义应从适用协定的缔约国国内税法中推出。据此,一个具有企业所得税义务的合伙企业也是税务法律关系中权利和义务的承担者。作为税法主体,企业活动的结果将对合伙企业的账户产生影响,合伙企业要承担税务上的经济风险,因为它是企业所得的纳税人。由此可知,合伙企业就是《范本》第3条第(1)款第(d)项意义上的"缔约国一方的企业",因而也是其所在地国的企业。

有学者认为,这种定性仅对合伙企业的所在地国有约束。如果合伙人的居住国将合伙企业视为纳税虚体,那么根据《范本》第3条第(2)款规定的基本原则,它可以对第3条第(1)款第(d)项加以解

---

① Vogel Klaus, *Doppelbesteuerungsabkommen Kommentar*, München, 1996, art. 3 Rz. 35.

② Vogel Klaus, *Doppelbesteuerungsabkommen Kommentar*, München, 1996, art. 3 Rz. 34.

③ Debatin Helmut & Wassermeyer Franz, *Doppelbesteuerung*, *Kommentar*, München, 1999, art. 3 MA Rz. 24.

④ Wilke K. -M. , *DBA-Kommentar*, Herne/Berlin, 1997, art. 3 OECD-MA Rz. 26.

释，[①]则每个合伙人都是企业经营者，他们在其居住国按份经营“缔约国一方的企业”，因为合伙企业在合伙人居住国被视为纳税虚体，它仅是该企业的常设机构。[②]

但其他学者对此进行了反驳，认为从税收协定上下文来看，并不允许这样解释。[③] 仅当上下文没有其他规定时，《范本》第3条第（2）款才允许适用国内法。“企业经营者”是《范本》第3条第（1）款第（a）项和第（b）项以及第4条第（1）款规定的相联缔约国一方的居民，合伙企业是其所在地国的居民，满足这种前提条件的，根据第3条第（1）款第（d）项的规定，可以被视为“缔约国一方的企业”。因此，协定提供了达成一致解释的基础，合伙人居住国就没有必要再适用其国内法。在协定上对合伙企业的一致定性能保证两个缔约国对协定的一致适用，并有助于避免因定性冲突导致的双重征税或者不征税。[④]

笔者认为，两个缔约国都应将合伙企业视为“缔约国一方的企业”。根据《范本》第3条第（1）款第（d）项的规定，企业活动归属于合伙企业。合伙人与该企业的活动缺乏相应的联系，与合伙企业的企业活动相分离，他们不是《范本》第3条第（1）款第（d）项意义上的企业经营者。因而，从协定法上来看，合伙企业与合伙人相分离，

---

① Wassermeyer Franz, *Die Beurteilung der Abkommensbrechtigung ausländischer Personengesellschaften durch Deutschland als dem Nichtansässigkeitsstaat der Personengesellschaft*, IStR, 1998(4).

② Wassermeyer Franz, *Die Beurteilung der Abkommensbrechtigung ausländischer Personengesellschaften durch Deutschland als dem Nichtansässigkeitsstaat der Personengesellschaft*, IStR, 1998(4).

③ Selent Alexander, *Ausländische Personengesellschaften im Ertrag-und Vermögensteuerrecht*, Gelsenkirchen, 1982, S. 320.

④ Selent Alexander, *Ausländische Personengesellschaften im Ertrag und Vermögen steuerrecht*, Gelsenkirchen, 1982, S. 320.

协定将合伙企业视为公司,[①]而不视为合伙人的按份常设机构。

(2)累积利润

合伙企业所在地国将合伙企业的利润纳入公司所得税之内,合伙企业被视为无限纳税义务人,因而适用全球所得课税原则。合伙人在其居住国也被视为无限纳税义务人,无论利润是分红给合伙人还是由合伙企业所积累,合伙人居住国会将合伙企业获得的利润部分归至合伙人名下。因此,两个缔约国都希望将被积累的利润纳入对其具有无限纳税义务的人身上课税,这就导致双重征税。协定是否或者如何避免这种双重征税,必须根据其有关条款来理解。

①《范本》第7条第(1)款的适用

多数观点认为,缔约国一方要受到合伙企业所在地国赋予合伙企业纳税主体地位的约束,这不仅限于协定保护问题,而且适用于协定中的分配规则。《范本》第7条第(1)款第一句的前半句规定:"缔约国一方企业的利润应仅在该国征税。"第7条没有对"缔约国一方企业"作进一步或其他的定义,那么就应参照第3条第(1)款第(d)项的规定。如前所述,"缔约国一方企业"归入被视为居民的合伙企业这个企业经营者,也就是说,合伙企业被视为"缔约国一方企业"。两个缔约国必须对这些一般概念作出一致解释。在第7条第(1)款的分配规则中,这个概念也不再做其他的理解,该款因第3条第(1)款(d)项对两个国家都有约束力。

因此,两个国家在分配规则中要承认合伙企业的主体地位。合伙企业的企业归属于《范本》第3条第(1)款第(d)项下的居民即合伙企业。同时,企业也归属协定意义上的居住国,此时即合伙企业所在地国。因此,根据《范本》第7条第(1)款第一句前半句的规定,

---

① Selent Alexander, *Ausländische Personengesellschaften im Ertrag-und Vermögensteuerrecht*, Gelsenkirchen, 1982, S. 319.

合伙企业的利润仅在其所在地国或者说居住国课税，该款第一句后半句则规定一个例外，"但该企业通过设在缔约国另一方的常设机构进行营业的除外"。当企业有跨境活动并在另一国运营常设机构时，"其利润可以在另一国征税，但其利润应仅以属于该常设机构的为限"。

这种例外承认，另一国即常设机构所在地国对常设机构利润有课税权。《范本》第 7 条第(1)款第一句前半句规定了营业利润的分配，而第二句则规定了常设机构利润的归属。其法律结果是，营业利润仅在企业所在地国课税，而对于常设机构的利润，常设机构所在地国也享有课税权。第 7 条第(1)款不仅规定了通常的"常设机构原则"，而且规定了"居住国原则"。[1]

这种解释对前述事实意味着根据第 7 条第(1)款第一句的规定，合伙企业的营业利润仅在其所在地国课税；只要合伙企业在合伙人居住国没有通过设立在那里的常设机构从事企业活动，根据第 7 条第(1)款第二句的规定就无须考虑该国的课税权。合伙企业被视为纳税实体时，仅考虑适用公司所得税。[2] 在分配规则范围内，合伙企业所在地国同时就是居住国，合伙人居住国仅处于来源国的地位，而所得并非来自合伙人居住国，同时，第 7 条第(1)款规定营业利润应仅在合伙企业所在地国课税，所以合伙人居住国没有课税权。

合伙人居住国是处于协定意义上的居住国还是来源国地位，会影响到方法条款的适用，如果规定了累进保留，那么这些方法条款

① Weggenmann Hans, *Einordnungskonflikte bei Personengesellschaften im Recht der deutschen Doppelbesteuerungsabkommen unter besonderer Berücksichtigung des OECD-Partnership-Reports* 1999, Nürnberger, 2002, S. 309.

② Selent Alexander, *Ausländische Personengesellschaften im Ertrag-und Vermögensteuerrecht*, Gelsenkirchen, 1982, S. 320.

一般要提供免税待遇。因此,《范本》第 7 条第(1)款范围内所得出的结论对方法条款的适用具有重要的作用。

② 合伙人居住国不适用《范本》第 23 条

如上所述,合伙人居住国在《范本》第 7 条第(1)款中被视为具有所得来源国的课税权。根据《范本》第 7 条第(1)款第一句前半句的规定,合伙企业的利润仅可以在其所在地国课税,合伙人在其居住国无须再纳税。那么,合伙人居住国是否还能适用《范本》第 23A 条第(1)款或第 23B 条第(1)款的规定?

必须适当注意方法条款和分配规则之间的关系。《范本注释》认为,在分配规则范围内,如果用用语"仅可以"授予缔约国一方排他的课税权,那么就排除了缔约国另一方的课税权,双重征税就已避免。[①] 当所得应在缔约国另一方相应免税,规定独占征税权的分配规则应优先于方法条款。如果在分配规则或者说单独规则中采用措辞"可以课税",那么所涉缔约国没有分配到独占课税权,为了避免这种双重征税,必须根据《范本》第 23A 条或第 23B 条的规定给予免税或者抵免。[②] 因而,就必须对规定了确定性的法律结果("仅可以")与不确定性的法律结果("可以")的规则加以区别。[③]

《范本》第 7 条第(1)款第一句前半句中的词语"仅可以"规定了确定性的法律结果,即规定了合伙企业所在地国的独占征税权。根据该规定,缔约国另一方必须免税,因而《范本》第 23A 条第(1)款或者第 23B 条第(1)款就没有必要再适用。[④]《范本》第 23A 条以及第 23B 条第(1)款规定了前提条件,即缔约国一方居民获得

---

① 2005 OECD-MC, Intro. para. 19 a. art. 23 para. 6.

② 2005 OECD-MC, art. 23 para. 7.

③ 2005 OECD-MC, Intro, para. 19.

④ Vogel Klaus, *Doppelbesteuerungsabkommen Kommentar*, München, 1996, art. 1Rz. 27e.

的所得或拥有的财产，根据本协定“可以”在缔约国另一方征税。此时的居民是合伙企业，但没有从缔约国另一方获得所得，因为不存在跨境事实。[①] 结果，合伙人居住国对《范本》第23A条以及第23B条第(1)款的适用因《范本》第7条第(1)款第一句前半句的优先适用而得以排除。[②] 协定上下文和规则的措辞都赞同《范本》第7条第(1)款第一句前半句的优先适用。因而，此时对于合伙人居住国而言，方法条款就不再适用。

此时，采用抵免法的国家如果希望避免这种结果，应该在协定方法条款中予以规定。例如，美国、加拿大在其方法条款中就采用了与范本不同的措辞，规定方法条款的适用不依赖于缔约国另一方的征税。

(3)利润分红

当合伙企业将其利润向合伙人分红时，谁享有协定法上的课税权？因为合伙企业在其所在地国被视为公司纳税，通常就要对累积利润和分红加以区别。如果利润由合伙企业课税，那么分红就由合伙人再次纳税。《报告》的例18对此进行了研究，即合伙企业P设立在P国并在P国设有常设机构，在第一年合伙企业P挣得利润100万元。第二年，P分配给R国的居民合伙人A合伙企业第一年利润的按份所得30万元。按照P国国内法，P是一个公司，其第一年的利润应按40%课税(税额为40万元)。第二年，将进一步对分配给A的所得(被视为股息)按30%征收预提税。按照R国国内法，P是纳税虚体，R国将在第一年对A从P中取得的按份利润课税

① See Daniels A. H. M., *Issues in International Partnership Taxation*, Deventer (NL): Kluwer Law and Taxation Publishers, 1991, p. 163.

② Weggenmann Hans, *Einordnungskonflikte bei Personengesellschaften im Recht der deutschen Doppelbesteuerungsabkommen unter besonderer Berücksichtigung des OECD-Partnership-Reports* 1999, Nürnberger, 2002, S. 312.

50万元，而认为第二年的所得分配对税收没有影响。[①]

①《报告》的观点

在例18中，由于合伙企业在P国与R国的不同待遇所致的所得定性冲突，导致R国在消除重复征税方面会产生以下问题：

第一，P国对两个不同事件课税（利润的获得及利润的分配），而R国仅对一个事件课税（利润的获得）；

第二，P国在第二年对所得分配课税而R国在第一年课税从而导致两国课税时间不一致；

第三，对合伙企业所获利润，P国针对合伙企业而R国则针对合伙人课税。[②]

《报告》认为，首先要对利润的产生与分配作出清楚的区分。如果R国是采用免税法的国家，则应当对第一年中产生的利润免税，因此就不能对利润课税，尽管根据协定第10条规定，当利润被分配时是允许课税的。如果R国是采用抵免法的国家，则不应期待它违反其自己国内法中对利润产生的税收征纳规则，对P国所课征的税收给予抵免。[③]

事实上，R国没有对被分配的所得课税，P国就该分配所得所课之税收，R国就没有税收可供抵免。虽然协定允许R国对在第二年进行分配的利润课税，但这种课税与R国给予合伙企业的待遇相矛盾，因此其国内法并不允许，因为根据其国内法，所得应仅在获得的当年，即第一年课税。[④]

如果R国认为对分配的所得不能课税，那么第二个问题即课税

---

① OECD-Report, example 18.

② OECD-Report, para. 134.

③ OECD-Report, para. 137.

④ OECD-Report, para. 136.

时间的不一致就不再相关。虽然课税时间的不一致经常对外国税收抵免造成许多问题,导致各国制定一些规则允许对外国税收抵免进行前转或后转,但这种问题在该例中不会产生,因为对所得分配没有造成双重征税。①

第三个问题涉及适用抵免法的国家以及两个国家对不同纳税人的同一所得课税的情况。也就是说,R 国对合伙人 A 从合伙企业取得的按份所得课税时,是否有义务根据协定对 P 国对被视为纳税主体的合伙企业所课税收给予抵免。回答应该是肯定的。如果 R 国出于课税目的将所得分配给合伙人,则也应与消除对合伙人双重征税的目的相一致,将合伙企业所课税额也分配给合伙人。换句话说,如果出于对按份利润所得课税的目的,P 国给予合伙企业以公司之地位可以被忽略,那么出于给予外国税收抵免的目的,这种公司地位也可以被忽略。②

② 合伙企业所在地国对所得的定性

合伙企业在其所在地国被视为独立的纳税主体,利润分红在该国被视为股息。对于 P 国而言,《范本》第 10 条第(3)款就非常重要,其规定:"本条'股息'一语是指从股份、'享受'股份或'享受'权利、矿业股份、发起人股份或非债权关系而分享利润的其他权利取得的所得,以及按照分配利润公司是其居民的国家之法律,视同股份所得同样征税的其他公司权利取得的所得。"

根据该款规定,如果 P 国要适用《范本》第 10 条,就取决于对利润分红如像股息所得一样来对待,即合伙企业属于所在地国国内法企业所得税纳税主体。

因此,根据《范本》第 10 条第(2)款的规定,P 国对来源于合伙

① OECD-Report, para. 138.

② OECD-Report, para. 139.

企业的利润分红仅具有有限的来源所得税课税权。根据该款第(b)项的规定，如果自然人或者公司对合伙企业的投资少于25%的股份，P国对这种股息可以适用协定税率15%。根据该款第(a)项的规定，当合伙人是公司，且其至少对该合伙企业直接投资达到25%的股份时，可以对股息适用协定税率5%。[①]

③ 合伙人居住国对所得的定性

在协定法上，合伙人居住国是否要受到所在地国对利润分红定性的约束，必须根据《范本》第10条规定的股息条款来回答。

a. 协定法上的股息

《范本》第10条第(3)款中所引用的股息定义的后半句“以及按照分配利润公司是其居民的国家法律，视同股份所得同样征税的其他公司权利取得的所得”在此具有重要的意义。据此，协定明确指示参照合伙企业所在地国国内法来确定股息含义。协定居住国要受到合伙企业所在地国定性的约束，向合伙人的分红要归入股息条款之下。所在地国的国内法因《范本》第10条第(3)款的指示成为协定规则的组成部分，[②]这种定义不能认为是缔约国一方适用国内法进行解释，而应属于协定本身对股息概念作出的特别规定，只不过是协定将缔约国国内法上的概念含义作为协定本身所规定的概念含义而已。[③] 但这种指示仅涉及规则的后半句，即对“从其他公司权利取得的所得”的解释，而前半句包括的纯粹是协定法上的概念。

---

① Schmidt Christian, *Steuerliche Probleme bei grenzüberschreitenden Investitionen in osteuropäischen gewerblichen Personengesellschaften*, in Fischer L., Steuerplanung zwischen Abkommens-und nationalem Außsteuerrecht, Köln, 1998, SS. 39 – 74.

② Lang Michael, *Hybride Finanzierungen im internationalen Steuerrecht*, Wien, 1991, S. 86.

③ 参见廖益新主编:《国际税法学》,高等教育出版社2008年版,第79页。

偿付给合伙人的利润部分同样属于“从其他公司权利取得的所得”。[①]

这种将利润分红一致归属股息条款的观点还可以从合伙企业在其所在地国被视为协定主体来得到证明。合伙企业被视为协定法上的主体，是《范本》意义上的“公司”，被视为居民，也是“缔约国一方企业”，它与其股东相分离。因此，在协定法上，这种企业关系就如公司与其股东之间的关系一样。协定法上适用的分离原则将合伙企业向其合伙人的分红归属《范本》第 10 条。[②]

根据《范本》第 10 条第(1)款的规定，合伙人居住国可以对合伙企业向合伙人的分红予以完全课税，但必须根据《范本》第 23A 条第(2)款或者第 23B 条第(1)款的规定给予税收减免救济。有些国家的协定可能与此有出入。例如，绝大多数德国协定都偏离了范本，规定了“重大参股豁免”。[③] 当德国的居民公司直接投资一个外国的子公司至少达到 25% 的股份时，一般可以适用所谓的“重大参股豁免”。根据方法条款，子公司向母公司的股息分红可以在德国课税。如果德国公司向外国合伙企业直接投资至少达到 25% 的股份，根据德国在双边税收协定中协商一致的“重大参股豁免”规定，必须对股息免税。[④]

b. 所得分配的时间

协定允许合伙人居住国在分红的时间点上课税，这种时间点的

---

① Lang Michael, *Hybride Finanzierungen im internationalen Steuerrecht*, Wien, 1991, S. 91.

② Mittermater J., *Besteuerung von Personengesellschaften im Verhältnis USA-Deutschland*. Heidelberg, 1998, S. 339.

③ Vogel Klaus, *Doppelbesteuerungsabkommen Kommentar*, München, 1996, art. 23 Rz. 98.

④ Manke Klaus, *Personengesellschaften im Internationalen Steuerrecht*. in Deutsches Anwaltsinstitut. Jahrbuch der Fachanwälte für Steuerrecht 1978/1979, Herne/Berlin, 1978, S. 333.

划分由国内法规定。根据合伙人居住国国内法，利润在获得年度已具有纳税义务，对分红所得不再课税。①

有学者认为，根据股息条款，居住国在利润产生年度就已经具有课税权。合伙人居住国归属于合伙人的所得将适用协定法上的股息条款。如果合伙人居住国在较早时作为来源国对该所得课税，因为获得所得的时间点仅根据国内法来决定，那么就根据协定法而拥有这种权利。当合伙企业所在地国根据其国内法规定还完全没有产生分红时，对于合伙人的居住国而言，股息就已经存在，因为合伙企业在合伙人居住国被视为纳税虚体，所得将立刻纳入合伙人税收之中，相应地在利润产生年度会对利润进行“分红”。在协定法上，这仍然是《范本》第 10 条第(3)款意义上的股息，根据该条第(1)款的规定，允许合伙人居住国在利润产生年度内课税。②

这种观点忽视了两个方面的问题。一方面，利润产生年度对《范本》第 10 条第(1)款来说并不重要，而对第 7 条第(1)款第一句前半句“缔约国一方企业的利润应仅在该缔约国征税”很重要，仅合伙企业所在地国享有课税权。因此，为了能够完全达到第 10 条的适用范围，在协定法上实际上也必须实现分红。第 10 条第(2)款要求的事实前提是“支付股息公司”，这在该条第(1)款同样也有表述，即“……居民公司支付……的股息”。根据国内法这种经济上的事实前提(支付)不能由虚拟的“分红”来替代。只要合伙企业没有实际上进行分红，即未向其合伙人支付，那么就应适用《范本》第 7 条第(1)款第一句前半句对利润的课税权，此时也不存在第 10 条所必需

---

① Manke Klaus, *Personengesellschaften im Internationalen Steuerrecht*. in Deutsches Anwaltsinstitut. Jahrbuch der Fachanwälte für Steuerrecht 1978/1979, Herne/Berlin, 1978, S. 333.

② Aigner Hans-Jogen & Züger Mario, *Abkommensvergünstigungen für im Quellenstaat ansässige Gesellschfter von Personengesellschften*? SWI, 2000(4).

的跨境事实。另一方面，第10条第(2)款最后一句规定"本款不应影响对该公司支付股息前的利润所征收的公司利润税"，这表明第10条第(2)款涉及的不是对公司的利润课税，而是其支付的股息。所以，必须对协定法上的两个基本事实——由公司获得的企业利润和公司就该利润向其股东的分红——加以区分。《范本》第7条第(1)款第一句前半句规定了所在地国对企业利润的课税权，而第10条第(1)款"缔约国一方居民公司支付给缔约国另一方居民的股息，可以在缔约国另一方征税"则规定了合伙人居住国对分红的课税权。根据协定第7条不允许合伙人居住国对公司的利润课税。①

R国没有受到《范本》第10条课税权的限制，甚至保留无限课税权。《范本》第10条第(2)款规定，"这些股息也可以在支付股息的公司是其居民的缔约国，按照该缔约国的法律征税。但是，如果股息受益所有人是缔约国另一方居民，则所征税款：(一)在受益所有人是公司(合伙企业除外)，并直接拥有支付股息的公司至少25%资本的情况下，不应超过股息总额的5%；(二)在其他情况下，不应超过股息总额的15%"，也仅限制P国的所得来源课税权，但它明确保留了所在地国对公司利润的课税权。这再次说明，企业利润的获得和该利润向合伙人的分红是两个独立的事件，第10条第(2)款最后一句也指出了这种区别。《范本》第7条第(1)款规定了对营业利润的课税权，前提是该利润由企业获得。如果R国将合伙企业视为《范本》第10条内的适用主体，那么它也要将此适用于第7条第(1)款第一句前半句。这样，仅允许P国对营业利润课税，因为根据《范本》第3条第(1)款第(d)项的规定，此时合伙企业被视为企业。

---

① Weggenmann Hans, *Einordnungskonflikte bei Personengesellschaften im Recht der deutschen Doppelbesteuerungsabkommen unter besonderer Berücksichtigung des OECD-Partnership-Reports* 1999, Nürnberger, 2002, S. 323.

《范本》第10条要求股息由居民公司向股东“支付”，但利润的“支付”有赖于利润的获得，只要利润是在公司内积累，那么第10条就不相关。利润的分配首先赋予R国一个无限课税权，但在R国国内法上却不能行使。协定法上利润获得和利润分配的分离也不因方法条款而取消。《范本》第23条没有对各种所得形式进行区分，仅对不同国家进行区分。因这个原因，居住国可以将全部所得集合在一起。① 从分配规则来看，居住国总是可以适用协定。最终，R国的课税权因《范本》第7条第(1)款第一句前半句而不是第10条得以排除。

3. 特别报酬

协定法上对特别报酬的处理是有争议的。《范本》对特别报酬问题并没有作详细的研究。德国财政局以及多数学者认为，特别报酬应视为《范本》第7条意义上的营业利润所得，而司法判例以及现有许多学者认为，特别报酬应归入相应的分配规则之下。②

(1)合伙企业所在地国对所得的定性

合伙企业所在地国将合伙企业视为独立的纳税主体，合伙企业和合伙人相互分离，是两个相互对立的法律主体，其相互之间的法律行为就如同与陌生的第三人发生的一样。合伙人因向合伙企业提供劳务而获得的报酬或者因向合伙企业提供贷款或者转让财产、权利而获得的所得，也如同与陌生的第三人发生的交易关系一样得以承认，合伙企业的这种开支因被视为营业经费而可以列支。在适

---

① Lang Michael & Wimpissinger Christian, *Die Einkünfte von Gesellschaftern einer Personengesellschaft aus abkommensrechtlicher Sicht*, in Gassner & Lang & Lechner, Personengesellschaften im Recht der Doppelbesteueungsabkommen-Die Auswirkung des OECD-Reports auf die Abkommenspraxis, Wien, 2000, S. 85 – 97.

② Schönhaus Mathias, *Die Behandlung der stillen Gesellschaft im Recht der Doppelbesteuerungsabkommen unter besonderer Berücksichtigung des OECD-Partnership-Reports*, Frankfurt a. M, 2005, S. 233.

用协定时,所在地国将这种交易关系产生的所得归属于单独的分配规则之中,即相应地归属于《范本》第 14 条的独立劳务所得、第 11 条的利息所得、第 12 条的特许权使用费、第 6 条的不动产所得或者第 21 条意义上的其他所得。倘若协定要求承认两者之间的交易关系,那么至少从合伙企业所在地国的角度来看其是存在的,因为在协定法上,合伙人和合伙企业两者都是居民,所在地国承认他们是两个独立的主体。

(2)合伙人居住国对所得的定性

合伙企业向合伙人的支付在合伙人居住国也必须归属协定即《范本》第 6 ~ 21 条之下,以便得出与方法条款相一致的结果。同样,协定法上的合伙企业关系起决定作用,两个国家都有义务承认合伙企业的协定主体。从合伙人居住国的角度来看,合伙人和合伙企业也如同陌生的第三者一样处于相互对立的地位。因此,交易所得就归属于单独的分配规则之中。合伙企业所在地国对合伙企业与其合伙人之间因交易产生的所得的定性就得以承认,视情况分别归属于《范本》第 11 条的利息、第 12 条的特许权使用费、第 21 条的动产转让所得、第 6 条的不动产转让所得或者第 14 条的独立劳务所得。

(二)合伙企业在所在地国被视为纳税虚体,在合伙人居住国为纳税实体

现在来分析合伙企业在其所在地国被视为纳税虚体,而在合伙人居住国被视为纳税实体的情况。例如,西班牙居民投资德国或者中国的合伙企业;一个德国人参与一个美国的有限责任公司,该美国有限责任公司在美国被视为纳税虚体,但通过类型比较它在德国被视为公司;或者一个中国人投资一个德国合伙企业,德国将合伙企业视为纳税虚体,但根据中国法律,视该外国的合伙企业为纳税

实体。

1. 利润所得

对投资利润所得，先要看协定将课税权分配给了哪一个国家。利润的积累和分红此时没有差异，因为合伙企业所在地国对此不加区别。

(1) 合伙企业所在地国对所得的定性

首先，要确定由谁来经营企业，即合伙企业的企业活动在协定法上归属于谁，根据《范本》第3条第(1)款第(d)项的规定，缔约国一方企业是指缔约国一方居民经营的企业，因此，仅考虑由居民来经营企业。根据合伙企业所在地国的判断，企业被按份归属于缔约国另一方的居民，因而就涉及缔约国另一方的企业，它在所在地国通过合伙企业按照投资额度按份运营一个常设机构。在合伙企业活动范围内，获得《范本》第7条意义上的营业利润，或者根据第3条第(1)款第(c)项和第(h)项的规定涉及营业活动。如果合伙企业具有《范本》第5条意义上的常设机构特征，所在地国通常将它视为单个合伙人的常设机构。根据《范本》第7条第(1)款第一句后半句的规定"但该企业通过缔约国另一方的常设机构在缔约国另一方进行营业的除外"，以及第二句"如果企业按照前述进行营业，按照第二款的规定将可以归属到常设机构的利润在缔约国另一方征税"的分配规则，可归属于合伙企业常设机构的利润可以在所在地国课税。合伙企业的所在地国是协定意义上的来源国，而合伙人居住国则是居住国。利润是否被合伙企业积累或者分红，其实并不重要，因为所在地国国内法没有对此加以区别。

(2) 合伙人居住国对所得的定性

因为P国将合伙企业视为纳税虚体，合伙企业P在其所在地国没有纳税义务。根据《范本》第4条第(1)款的规定，R国也可能是合伙企业的居住国，但合伙企业在R国仅对来源于那里的所得负有有限纳税义务。《范本》第4条第(1)款第二句规定，“这个术语并不包括仅仅从缔约国一方获得收入来源的人”，即人的有限纳税义务并不促成协定意义上的居民。因此，合伙企业不是协定意义上的居民，这种定性对R国和P国都有约束作用。根据《范本》第3条第(1)款第(d)项“‘缔约国一方企业’和‘缔约国另一方企业’的用语，分别指缔约国一方居民经营的企业和缔约国另一方居民经营的企业”的规定，从R国的角度来看，因为它将合伙企业视为纳税实体，这时存在一个由R国居民经营的企业，它在P国经营一个与其合伙人股份相当的常设机构。根据《范本》第7条第(1)款第一句前半句的规定，R国对企业利润享有课税权，根据该款第一句后半句以及第二句P国也可以课税，则双重征税在R国的避免，有赖于作为居住国的R国对方法条款的适用。如果R国是免税国，那么根据《范本》第23A条第(1)款“按照本协定的规定，缔约国一方居民从缔约国另一方取得所得或拥有资本可以在缔约国另一方征税的，缔约国一方按照第2款和第3款的规定，对这些所得和资本免税”的规定，必须对合伙人所分配到的营业利润免税。如果R国采用抵免法，那么对营业利润在P国的所课税收原则上应给予抵免。

合伙人居住国可能根据其国内法对累积的利润和分红的利润给予区分，但不能适用《范本》第10条，该条第(3)款规定，根据合伙企业是其居民的国家即P国的法律来判断“股息”这个概念。但合伙企业恰恰不是P国的居民，P向合伙人的支付也很少被视为“股息”。因此，R国的课税权限于合伙人按份所得的营业利润，R国对分红和积累的利润加以区分就不符合协定的宗旨。[①]

---

① Schuamburg Harald, *Die Personengesellschaften im internationalen Steuerrecht*, Stbg, 1999(2).

2. 特别报酬

在R国合伙企业被视为企业所得税纳税主体，因此，合伙人和合伙企业之间的法律行为原则上就如同与陌生的第三者之间的行为。R国就会将特别报酬纳入协定的分配规则之中，分别归属于劳务所得、利息、特许权使用费等所得形式。根据协定，合伙企业既非其所在地国也非合伙人居住国的居民。对劳务关系而言，协定意义上的居住国是合伙人居住国，来源国是合伙企业所在地国。P国作为来源国，单独分配规则所规定的课税权要受到限制，此时协定内的两个国家都应该从合伙企业是纳税虚体的角度出发。因此，在该例中，如果两个国家都将合伙企业视为纳税虚体，也就不会产生不同的结论。

二、缔约国都将合伙企业视为纳税虚体时所得的课税

本部分探讨的是，合伙企业在其所在地国被视为纳税虚体，其合伙人居住在不同的国家，并且这些国家也将合伙企业视为纳税虚体的情况。合伙人从投资关系中获得何种所得，各缔约国如何来分配其对合伙企业所得利润的课税权，如何对待合伙人和合伙企业之间的交易关系，也必须根据协定法来判断。

（一）利润所得

1. 协定法上的合伙企业关系

（1）合伙人作为《范本》第3条第（1）款第（d）项意义上的企业主

如果是被视为纳税虚体的合伙企业的合伙人，并且根据《范本》第5条第（1）款的规定，拥有常设机构并执行企业活动，那么根据第3条第（1）款第（d）项的规定，他可以被视为企业经营者，而被视为纳税虚体的合伙企业并不是协定法上所在地国的企业。合伙企业的营业活动属于居民合伙人。

是否存在一个“缔约国的企业”，并不取决于企业在哪里经营或者设立，而在于经营该企业的合伙人是哪里的居民。被考虑为企业经营者的居民，无须在其居住国开展企业活动。德国 BFH 的有关案例对此作了直观生动的说明：一个在瑞士有居所的自然人是一个在德国设立的从事工商企业活动的 GmbH & Co. KG 的有限合伙人，同时又是 Komplementär-GmbH 的股东。德—瑞所订协定在第 3 条第（1）款第（f）项规定［该项和《范本》第 3 条第（1）款（d）项相同］，用语“缔约国一方的企业”或者“缔约国另一方的企业”意味着是由“缔约国一方”或者“缔约国另一方”的居民经营。BFH 得出结论说：“仅根据企业主是瑞士的居民这一事实就可以判断瑞士企业的身份，无须以该居民在瑞士从事企业活动为前提。当瑞士居民的经营活动在德国从事时，就属于《德—瑞协定》意义上的‘瑞士企业’。”[①]对于德国而言，根据协定法可以得出明显的结论，该企业（GmbH &Co. KG）是一个外国企业，即一个瑞士企业。

企业的经营活动无须固定于企业经营者居住的地点。例如，E 在奥地利的 Bregenz 有居所，是位于德国 Lindau 工商企业的企业主。E 在工作日驾车前往 Lindau，以便管理其在那里的工商企业。而在 Bregenz 他仅有居所而没有从事企业活动。从协定法上可以确定，奥地利居民 E 在德国经营企业，尽管如此，从协定法上来看，存在一个奥地利企业，因为 E 是奥地利的居民。《范本》第 3 条第（1）款第（d）项中的前提“居民”和“经营”是可以彼此独立得以满足的。如果企业的“经营”必须同时在居民缔约国从事，那么在前述例子中，E 的常设机构在 Lindau 就找不到企业的经营者了，因而协定法上的常

① BFH v. 26. 02. 1992, BStBI II 1992, SS. 937 – 939.

设机构的归属就无法实现。[1]

《范本》第3条第(1)款第(d)项中的"经营"在协定法上并没有明确定义,根据第3条第(2)款要适用国内法,[2]因此,不能推定缔约国另一方会有同样的理解。因为根据缔约国另一方国内法,用语"经营"可能有其他的含义,当对合伙人概念有不同理解时尤其如此。例如,英国就对合伙人被视为企业主表示质疑。[3] 但大部分的国家至少同意,合伙人被视为缔约国一方的企业主。

《范本》第3条第(1)款对一般概念进行了定义,这对协定的其他条款产生约束。对于其他协定条款而言,当企业经营者的居住国没有其他规定时,基本的企业归类也适用于它。用语"缔约国一方的企业"在《范本》分配规则中第7条第(1)款及第(2)款、第13条第(2)款和第22条第(2)款中可以找到,这些分配规则中的企业利润应按上述观点来理解。

(2)合伙企业作为合伙人的非独立常设机构

根据《范本》第7条第(1)款的规定,缔约国一方企业的利润可以仅在该国课税,除非该企业通过设在缔约国另一方的常设机构进行营业。根据《范本》第3条第(1)款第(d)项的规定,被视为纳税虚体的合伙企业不是居民,因而合伙企业不是企业经营者,它不是缔约国一方的企业,企业由居民合伙人经营。缔约国一方的企业是合伙人居住国的企业,企业活动归属于该合伙人。有多少个合伙

---

① Weggenmann Hans, *Einordnungskonflikte bei Personengesellschaften im Recht der deutschen Doppelbesteuerungsabkommen unter besonderer Berücksichtigung des OECD-Partnership-Reports* 1999, Nürnberger, 2002, S. 216.

② Schönhaus Mathias, *Die Behandlung der stillen Gesellschaft im Recht der Doppelbesteuerungsabkommen unter besonderer Berücksichtigung des OECD-Partnership-Reports*, Frankfurt a. M, 2005, S. 164.

③ Davies D. R., *Principles of International Double Taxation Relief*, London: Sweet & Maxwell, 1985, p. 84.

人,合伙企业就划分为多少个企业。如果合伙人居住在不同的国家,合伙企业也分配到不同的合伙人居住国。

根据《范本》第7条第(1)款第一句的规定,企业利润原则上仅可以在合伙人居住国课税,除非该企业通过设在缔约国另一方的常设机构进行营业。缔约国另一方是合伙企业的所在地国,因而要确定在那里是否存在常设机构。①

《范本》第5条第(1)款对常设机构的概念作了规定。它是指一个企业进行全部或部分营业的固定营业场所。如何来理解企业以及企业所得,特别是如何与协定中的其他所得形式进行区分,应该从合伙企业在其所在地国的企业活动出发。在绝大多数情况下,合伙企业在其所在地国拥有一个固定营业场所,其前提就得到了满足。用语"固定的"可能具有两层含义:一方面,该营业场所与确定的地理位置相联系;另一方面,营业场所不是暂时的,而要有确定的最低经营期限。② 根据《范本》第5条第(2)款第(a)项和第(c)项的规定,常设机构尤其包括管理场所和办事处。通常,合伙企业的企业活动不仅在办事处从事,而且也可以在那里找到管理场所,根据《范本》第5条第(1)款的规定,合伙企业满足常设机构的标准,在其所在地国可被视为常设机构。③ 因此,常设机构身份的确定并非必须涉及每个合伙人。合伙人本身是否参与常设机构的活动或者其

---

① Fischer-Zernin Justus, *Sondervergütungen und DBA*, RIW, 1991(7).

② Züger Mario, *Die Definition der Betriebstätte durch die Generalkausel und deren beispielhafte Erläuterung (Art. 5 Abs. 1 und 2 OECD-Musterabkommen)*, in Gassner W. & Lang & M. & Lechner E.. Die Betiebstätte im Recht der Doppelbesteuerungsabkommen, Wien, 1998, S. 31.

③ Tumpel Michael, *Beteiligung an einer Personengesellschaft als Betriebstätte des Gesellschafters*. in Gassner W. & Lang & M. & Lechner E.. Die Betriebstätte im Recht der Doppelbesteuerungsabkommen-Voraussetzungen der Besteuerung von Unternehmensgewinnen im Quellenstaat, Wien, 1998, SS. 145 – 152.

本身是否对常设机构有支配权，并没有太大的影响。[①] 合伙企业只要满足常设机构最低营业期间的要求就行，并不取决于合伙人的参与期间。[②] 即使合伙人仅短时间参与合伙企业，也不重要。

在适用《范本》第 7 条第(1)款时，缔约国另一方即合伙企业所在地国的常设机构，应归属于作为缔约国一方企业主的合伙人，因为该款的措辞并非确定无疑，所以应结合协定上下文即应对比第 3 条第(1)款第(a)项、第(b)项和第(d)项的一般定义以及常设机构条款。缔约国一方的企业主是合伙人，他作为居民经营合伙企业的企业。根据《范本》第 3 条第(1)款的规定合伙企业可归属于企业，按照第 5 条的规定，合伙企业又是协定法上的常设机构，依第 3 条第(1)款第(d)项的规定，企业原则上归属于居住国。这在《范本》第 7 条第(1)款中也表现出来，它承认居住国对企业利润具有排他课税权。因此，《范本》第 3 条第(1)款第(d)项意义上的企业就必须归属于居住国。仅当通过在那里的常设机构从事企业活动时，来源国才有课税权，作为常设机构的合格的合伙企业也是这种情况。《范本》第 7 条第(1)款仅规定，合伙企业的所在地国作为来源国对企业利润有课税权。所以，根据《范本》第 3 条第(1)款第(d)项、第 7 条第(1)款以及第 5 条的规定，合伙企业以及常设机构就归属于企业经营者即合伙人。

在德国所订的一些税收协定中明确规定，合伙企业的常设机构

---

① Tumpel Michael, *Beteiligung an einer Personengesellschaft als Betriebstätte des Gesellschafters*. in Gassner W. & Lang & M. & Lechner E.. Die Betriebstätte im Recht der Doppelbesteuerungsabkommen-Voraussetzungen der Besteuerung von Unternehmensgewinnen im Quellenstaat, Wien, 1998, SS. 145 – 152.

② Lechner E., *Die Abkommensberechtigung von Personengesellschaften*. in Gassner W./Lang M./Lechner E., Personengesellschaften im Recht der Doppelbesteuerungsabkommen, München, 2000. art. 7 MA Rz. 105.

归属于合伙人。例如,在德国—法国协定第4条第(3)款规定:"合伙人从在民法上是团体形式的企业的利润中获得的份额,如经营OHG或者KG,以及从法国法上的'实际合伙'(société de fait),'投资协会'(association en participation)或者'民法合伙'中获得的利润份额仅在该企业拥有常设机构的国家课税,但仅以该合伙人从常设机构获得的份额为限。"

这种特别规则主要规定在德国较早的协定中,澄清了对被视为纳税虚体的合伙企业的企业利润的课税。[①] 如果没有这种特别规则,就要根据《范本》的指示来解决。在德国现在的协定政策中,已经放弃了企业条款中对合伙企业的这类特别规则,较早版本的协定中的这种规定并没有被修订后的协定所采纳。例如,1962年德国—丹麦协定、1958/70德国—巴基斯坦协定、1959年德国—瑞典协定中包含针对与合伙企业相联系的营业利润的课税规定,但这些规定在新的协定中没有被采纳。现在这些协定主要追随OECD《范本》第7条,但合伙企业税收上的待遇在这些缔约国没有实质的改变。

合伙人被视为企业主在英国受到质疑,[②]因而涉及英国时就会产生困难。例如,德国—英国协定(以下简称德—英协定)第11条第(1)款第(j)项规定,是否存在一个"英国企业"或者"德国企业",要看经营企业的人是哪里的居民,对"经营"用语的解释必须同样适用该国国内法。[③] 英国也像德国一样将合伙企业视为纳税虚体。一

---

① Riemenschenides Sven, *Abkommensberechtigung von Personengesellschaften und abkommensrechtliche Behandlung der Einkünfte aus Beteiligungen inländischer Gesellschafter an ausländischen Personengesellschaften*, Frankfurt a. M, 1995, S. 56.

② See Davies D. R., *Principles of International Double Taxation Relief*, London: Sweet & Maxwell, 1985, p. 84.

③ Daniels A. H. M., " International Tax Problems of Partnerships-National Report Netherlands", in *IFA*, *CDFI*, Volume LXXXa, Rotterdam, 1995, pp. 395 – 403.

个英国的协定适用者并不认为英国和德国合伙企业中的合伙人是企业经营者，至少分配规则对投资合伙企业的合伙人的营业利润的适用是受到质疑的。但德—英协定在第3条第(2)款对合伙企业作了特别规定："如果企业的营业利润部分分摊到其领土内的居民合伙人，则仅在该领土内课税。除非该企业通过设在缔约国另一方的常设机构进行营业。如果该企业通过在缔约国另一方的常设机构进行营业，其合伙人的利润部分可以在另一国征税，但其利润应仅以其从该常设机构分配到的份额为限。"

德国—英国协定第3条第(1)款为英国的协定适用者创设了一个规则，它将合伙企业的常设机构明确归属于合伙人。没有这种规则，英国的协定适用者就不能作出明确定性。这样的特别规则不仅具有澄清意义，还具有规则内涵。

荷兰也将合伙企业视为纳税虚体，也会产生类似情形。根据荷兰对协定的理解，《范本》第7条第(1)款对有限合伙人的适用就会产生困难。根据该规定，企业或者企业主也在缔约国另一方从事经营活动。一个有限合伙人通常是消极的，在企业的产生形成过程中并不参与企业活动，因而受到质疑。为了满足《范本》第7条第(1)款的实质条件，他必须积极参与合伙企业的企业活动。基于这个理由，对《范本》第7条第(1)款措辞的解释，有人认为，如果有限合伙人在其经营的企业中持有合伙企业股份，并给企业提供营业财产，则位于来源国的合伙企业的常设机构可以归属于有限合伙人。否则，《范本》第7条第(1)款不能适用于有限合伙人。[1]

1993年3月10日，荷兰最高法院在其判决中接受了这种观点。该案要决定的是，一个瑞典的有限合伙人投资一个荷兰的合伙企

---

① See Davies D. R., *Principles of International Double Taxation Relief*, London: Sweet & Maxwell, 1985, p. 84.

业，荷兰是否可以根据协定对该合伙人课税。最高法院作出裁决，认为该有限合伙人本身在瑞典从事了积极的企业活动，因而可以根据荷兰—瑞士协定对该合伙人课税。① 在另一个类似判决中涉及一个比利时的居民有限合伙人，荷兰最高法院根据荷兰—比利时协定中的特别规则推出其课税权。② 这说明，针对合伙企业营业利润分配的特别规则不仅具有澄清作用，而且对缔约国另一方，如该例中的荷兰，恰恰追求独特的规则目的。因此，对1959/91德国—荷兰协定进行协商，允许针对营业利润的分配规则也适用于合伙人，是并非没有理由的。

德国绝大多数的缔约伙伴认为，当合伙企业被视为纳税虚体时，如果没有特别规则，就要适用《范本》第7条第(1)款的规定，将合伙企业经营的常设机构归属于合伙人。在德国所订的双边税收协定中，大体上都有针对合伙企业协定资格的特别规定，这些规则赋予合伙企业居民资格，这对《范本》第7条第(1)款会产生影响。合伙企业因具有居民资格而被视为《范本》第3条第(1)款第(d)项意义上的企业，也被视为经营者。因此，合伙企业被视为“缔约国一方企业”，因而，根据《范本》第7条第(1)款的规定，合伙企业所在地国具有有限的课税权。③ 但如果协定中规定合伙企业仅具有部分协定资格时，这不适用。

2. 常设机构原则的适用

如果已确定合伙企业所从事的活动是《范本》第7条意义上的企业活动，合伙企业本身满足常设机构的标准，那么，根据协定的规定，被视为纳税虚体的合伙企业从事了企业活动，合伙企业常设机

---

① Hoge Raad v. 10.03.93, BNB 1993, 227.

② Hoge Raad v. 23.03.94, BNB 1993, 192.

③ Mössner J., *Steuerrecht international tätiger Unternehmen*, Köln, 1998, Rz. F 31.

构就按份分配给合伙人，原则上就可以适用第7条第(1)款规定的常设机构原则。常设机构所在地国即合伙企业所在地国，对常设机构利润有课税权。缔约国另一方的常设机构或者说合伙企业就归属于被视为缔约国一方企业主的合伙人；合伙企业常设机构同时按份属于合伙人的常设机构。[①]《范本》第7条第(1)款就穿透过被视为纳税虚体的合伙企业而落到合伙人身上。

位于第三国合伙企业的常设机构也按份属于合伙人。在双重合伙企业关系中，同样也可以探及母合伙企业身后存在的居民合伙人，子合伙企业属于母合伙企业的常设机构，[②]本质上是常设机构与合伙人的关系。只要合伙企业所在地国同时是企业的常设机构国，根据协定，常设机构利润的课税权在合伙人居住国和所在地国之间分配。对位于第三国的合伙企业的常设机构，从协定可以推出，合伙人居住国和第三国对所得有课税权。[③] 对合伙人的利润份额，根据《范本》第7条第(1)款的规定，常设机构所在地国享有课税权。合伙人居住国应对该常设机构利润根据《范本》第23A条第(1)款进行免税，或者根据第23B条第1款进行来源所得税抵免。

《范本》第10条第(4)款、第11条第(4)款以及第12条第(3)款规定的常设机构保留的含义，以及第7条第(7)款规定的要注意的特别原则已经在前面内容进行了探讨，其结论也同样对合伙人的利润份额产生相应的作用，因为股息、利息或者特许权使用费所得能否包括在合伙企业的企业利润之中，要看情况而定。通过对被视为纳税虚体的合伙企业适用常设机构原则就能确定企业利润由哪

---

① Debatin Helmut & Wassermeyer Franz, *Doppelbesteuerung*, *Kommentar*, München, 1999, art. 7 MA Rz. 105.

② Lüdicke, Jürgen, Anmerkung zu BFH Urteil v. 24.03, 1999, IStR, 1999(5).

③ Debatin Helmut & Wassermeyer Franz, *Doppelbesteuerung*, *Kommentar*, München, 1999, art. 7 MA Rz. 69.

一国课税。

《范本》第7条第(1)款第二句规定,仅当利润属于来源国的常设机构时,才允许来源国课税,因此,常设机构原则也会影响来源国对企业利润的课税范围。[①] 单个开支和收入是否归属常设机构,要根据经济上的原因来决定。《范本》第7条第(2)款下的利润归属通过"公平交易"或者说"独立交易"(Dealing-at-arm's-length)原则来确定,即将常设机构视为独立实体。这样,当涉及合伙企业时,对总利润的归类就不会产生特别的困难。合伙企业在经济上就如一个独立企业一样,[②]只要合伙人自己的独立营业活动不包括在合伙企业的企业活动之中,那么,所有通过合伙企业所致的交易活动就允许归入常设机构,开支和收入因而也归属于它。

(二)特别报酬

1. 双重征税

这种情况体现在《报告》的例15中。合伙人A贷款给合伙企业P,P设在P国并通过常设机构从事营业活动。P支付利息给A,R国承认合伙人与合伙企业之间的贷款关系,但P国不承认。两国均将合伙企业视为纳税虚体,P国认为对P的所得适用《范本》第7条第(1)款,但R国认为支付给合伙人A的所得应适用第11条第(1)款,[③]那么它作为居住国在对来源所得税进行抵免的基础上保留完全课税权。对于R国而言,P国最高可以课征10%的税收,那么原则上它就可以根据《范本》第23B条或者第23A条第(2)款的规

---

① Bicker H. & Höppner H. -D. & Grotherr, S. & Kroppen, H. -K. , *DBA-Kommentar*, Herne/Berlin, 1997, art. 7 OECD-MA Rz. 11.

② Riemenschenides Sven, *Abkommensberechtigung von Personengesellschaften und abkommensrechtliche Behandlung der Einkünfte aus Beteiligungen inländischer Gesellschafter an ausländischen Personengesellschaften*, Frankfurt a. M, 1995, S. 118.

③ OECD-Report, example 15.

定对该额度的税负进行抵免。如果P国利息的税负更高，那么就会导致部分的双重征税。

2. 双重不征税

《报告》例13描述了双重不征税情况。居住在R国的合伙人贷款给设立在P国的合伙企业P，并通过设立在P国的常设机构进行营业活动。P支付利息给A，P国承认A和P之间的贷款关系，根据P国国内法，允许P对该支付给合伙人A的利息予以列支。但根据R国国内法，R国不承认A和P之间的贷款关系。R与P国均将合伙企业视为纳税虚体，R国对合伙企业P的所得适用《范本》第7条，但P国对利息支付适用第11条而R国则不适用。[①] 因而P国对A的利息的来源课税限制在10%的额度内。R国认为A的所得是《范本》第7条第(1)款意义上的营业利润，且属于P国的常设机构，则仅P国对该所得具有唯一的课税权。结果对该所得就会导致部分不征税，它仅负担10%的来源税。当R国根据《范本》第23A条对常设机构利润免税时，它不能计入R国合伙人所得。

3.《报告》对居住国的建议

《报告》对例13和例15进行了研究，并针对合伙人特别报酬的课税提出了解决方法，对居住国提出了避免双重征税或者双重不征税的建议。

(1) 避免双重征税

《报告》认为，《范本》第23条的措辞对解决基于定性冲突所致的双重征税是很关键的。当一项所得“按照本协定的规定可以在缔约国另一方征税”时，该条要求通过免税法或抵免法来给予税收减免。因此，对于协定授予了来源国课税权的任何一项所得，居住国

---

① OECD-Report, example 13.

都有义务适用免税法或抵免法。[1] 在其他情况下，当涉及居住国采用免税法可能导致双重不征税时，需要对"按照本协定的规定可以在缔约国另一方征税"作出解释。为了适用第23A条第(1)款之目的，当来源国认为是由于协定条款排除了它对一项所得的课税权(否则它是可以征税的)，即使居住国对协定有不同适用，导致认为来源国对所得可以征税，它也会认为，按照协定规定，该所得不能由来源国征税。因此，第(1)款并没有要求居住国对该所得免税，这种结果与第23条消除双重征税的基本功能是一致的。[2]《范本》第23条规定，居住国有义务通过抵免法或者免税法避免双重征税，其消除双重征税的方法在一定程度上取决于来源国是如何适用协定的，[3]第23A条第(1)款和第23B条第(1)款规定的对所得的免税，或者对税收的抵免取决于该所得是否"按照本协定的规定可以在缔约国另一方征税"。

在这两个例子中，缔约国另一方是来源国。居住国采用免税或者抵免的前提条件是，来源国在协定法上对所得有课税权。如果来源国适用协定并得出结论，它具有课税权(有限或者无限课税权)，那么根据《报告》的观点，对于居住国而言，《范本》第23条规定的前提条件，即"按照本协定的规定可以在缔约国另一方征税"就得到了满足。但如果居住国根据其国内税法来判断，当它处于所得来源国地位时，认为按照协定的规定，它对所得没有课税权，于是它推己及人，就会认为该条件没有满足。根据协定的目的和宗旨，OECD不同意这样的解释，因为方法条款要求居住国对所得避免双重征税。

双重征税的避免最后取决于，居住国是否像来源国一样对所得

---

① OECD-Report, para. 104.

② OECD Report, para. 109.

③ OECD-Report, para. 103.

给予同样的定性。如果居住国不同意来源国对所得的定性,如第一章所述,可能有 3 种原因。如果根据适用国的国内税法制度的不同对所得作不同定性,那么根据《范本》第 23 条的文义解释,要求居住国对第 23 条作相应的适用,即接受所得来源国的定性,以避免双重征税。但这并不意味着,在来源国适用协定规定对一项所得课税与居住国适用协定规定有分歧的任何情况下,第 23 条的措辞均要求居住国消除双重征税。源自对具体事实或协定条款的不同解释所致的冲突,应与因国内法不同规定所致的冲突区别开来。在前一种情况下,如果居住国认为来源国据以课税的理由是对事实或协定的错误解释,那么它就可以主张来源国没有按协定规定课税。当因国内税法的不同导致不同定性时,通过《范本》第 23 条的相应解释,居住国无须在任何情况下都要避免双重征税。此时,各国应根据第 25 条规定的相互协商程序,特别是该条第(3)款来解决这类冲突。①

(2)避免双重不征税

双重不征税仅可能发生于居住国采用免税方法来避免双重征税的情况下。这时《范本》第 23A 条或第 23B 条"按照本协定的规定可以在缔约国另一方征税"的规定也起决定作用。当来源国因适用协定不能推导出它对所得具有课税权时,居住国就会认为上述条件没有满足,尽管居住国处于来源国地位时将会推导出它对所得有课税权。因此,居住国无须保证免税。但仅当不征税是因适用来源国和居住国的不同国内税收规则而产生时,才允许这种协定目的上的减损。《报告》认为,双重不征税的原因仅是缔约国一方对协定的错误解释或者对事实的不同解释,因此,为了避免所谓的"白色收入",第 23A 条增加了新的第(4)款,排除了第(1)款的适用。第(4)款规

① OECD-Report, para. 112.

定:“第(1)款规定不适用于缔约国一方居民取得的所得或拥有的财产,如果缔约国另一方根据本协定的规定对该所得或财产给予免税,或将第10条或第11条第(2)款规定适用于这类所得。”①

《范本》第23A条第(1)款或者新的第(4)款的解释不能按照“征税”条款的意义来理解,“这些情况不能与协定条款授予来源国有权对按其国内法对某项没有课税权的所得课税的情况相混淆。在这些情况下,居住国必须按照第23A条第(1)款的规定对该所得免税(参见第23条注释第34段)”。② 因此,当来源国认为,根据协定规定它可以对一项所得或财产课税,但依据来源国国内法规定该所得或财产实际上不应纳税时,该款不适用。同样,如果来源国和居住国不仅对该所得的定性有不同意见,而且对所得数额也有不同看法时,第(4)款仅适用于来源国通过适用协定给予免税的部分所得和适用第10条第(2)款或第11条第(2)款规定的部分所得。③ 也就是说,如果来源国根据协定对所得或者财产有课税权,但它根据其国内法没有行使该课税权,那么就满足了《范本》第23A条第(1)款的前提条件,居住国要对所得或财产给予免税。

4. 对OECD建议的评价

(1)从协定的体系和宗旨来解释第23条

委员会的上述观点得到了许多学者的支持。但有学者认为,当对方法条款的前提条件进行审查时,既不能从《范本》第23条的文义,也不能从协定的其他定义中得出居住国在任何情况下都要受到来源国定性的约束之结论。虽然来源国对文义的确定具有约束作

① OECD-Report, para. 113.

② OECD-Report, para. 111.

③ OECD-Report, para. 114.

用是可能的,但其并非强制性的。[①] 相反,也没有表明,只有居住国的定性是决定性的。[②] OECD 在其解释中也建议,来源国的国内法不具有强制约束作用,接受所得来源国所作出解释的原因是存在不同的国内税法制度。如果来源国对协定作出了错误的解释,居住国并没有义务追随来源国的观点。[③]

这其实主要涉及税收协定的解释问题。在适用税收协定时,因各国政治、经济、法律及税收制度的差异,加之语言本身的多义性、语境的多样性,使各缔约国对协定条款的含义存在不同的理解。此外,因国际税收协定在制定时,缔约国往往要考虑各种复杂问题和利益博弈之间的平衡,经过艰苦谈判和相互妥协才最终达成一致,所以不可避免地会存在一些含糊不清或模棱两可的地方。[④] 在适用税收协定的过程中不可避免地要对协定进行解释。国际税收协定作为国际条约的一种,在进行解释时,同样要适用 1969 年《维也纳条约法公约》所规定的解释规则。它的第 31 条规定:“一、条约应依其用语按其上下文并参照条约之目的及宗旨所具有之通常意义,善意解释之。二、就解释条约而言,上下文除指连同弁言及附件在内之约文外,并应包括:(甲)全体当事国间因缔结条约所订与条约有关之任何协定;(乙)一个以上当事国因缔结条约所订并经其他当事国接受为条约有关文书之任何文书。三、应与上下文一并考虑者尚有:(甲)当事国嗣后所订关于条约之解释或其规定之适用之任何协

---

① Piltz Detlev Jürgen, *Die Personengesellschaften im internationalen Steuerrecht der Bundesrepublik Deutschland*. Heidelbeg, 1981, S. 144.

② Tipke, Klaus. *Die Steuerrechtsordnung*, Köln, 1993, S. 127.

③ Weggenmann Hans, *Einordnungskonflikte bei Personengesellschaften im Recht der deutschen Doppelbesteuerungsabkommen unter besonderer Berücksichtigung des OECD-Partnership-Reports* 1999, Nürnberger, 2002, S. 54.

④ 参见徐栎:《国际税收协定与国内税法的功能与作用比较》,载《黑龙江对外经贸》2009 年第 4 期。

定；(乙)嗣后在条约适用方面确定各当事国对条约解释之协定之任何惯例；(丙)适用于当事国间关系之任何有关国际法规则。四、倘经确定当事国有此原意，条约用语应使其具有特殊意义。”据此可知，善意解释原则是需要遵循的最基本原则，它意味着在解释协定时应客观、合理、公正、公平，不得破坏条约目的和宗旨，不得滥用权利，作出违反公平、合理、公正等法治所追求的根本目的、有利于缔约国一方的解释，而应考虑协定的上下文，综合考虑其他各种缔结协定时的辅助资料，按照缔约国双方共同一致真实的意思表示作出科学、善意的解释。除非有合理根据，否则就不能仅根据缔约国一方国内法来解释协定的含义。即使缔约国一方有权根据国内法来解释协定，也应遵守善意解释原则，以寻求缔约国对税收协定理解的一致。

因此，不能孤立地解释《范本》第 23 条，对该条所适用的措辞要考虑协定上下文，将《范本》第 23 条纳入税收协定的规则结构中加以考虑是必要的。协定通常建构了两种规则支柱：一是《范本》第 6～22 条对所得和财产课税的规定，它们基本上确定了来源国的课税权；二是方法条款，它们规定的是居住国的课税权。① 如果《范本》第 6～22 条规定的来源国课税权的前提条件得以满足，那么，为了消除双重征税，相应地，就要适用方法条款。因而，《范本》第 6～22 条的课税权规则对第 23 条产生直接的约束作用。②

这两类条款与规则彼此建构了一个有机体系，只有当它们相互联系在一起时才能发挥应有的作用。③ 在协定体系下，来源国按照

---

① Schaumburg Harald, *Internatinales Steuerrecht*, Köln, 1998, Rz. 16. 524.

② Debatin Helmut, *Doppelbesteuerungsabkommen und innerstaatliches Recht*, DStR, 1992, S. 146.

③ Debatin Helmut, *Doppelbesteuerungsabkommen und innerstaatliches Recht*, DStR, 1992, S. 146.

协定规定对相关跨国所得进行课税后，居住国仍可根据本国税法规定进行课税，但应按照协定第 23 条采取免税法或者抵免措施以消除国际双重征税，而免税或抵免措施的采取与否则取决于来源国对所得的征税是否得到协定授权以及是否合乎协定条款的规定，即第 23 条规定的，相关所得是否“根据本协定的规定可以在缔约国另一方征税”。因此，在定性冲突的情况下，来源国适用其国内税法解释协定未定义用语，对相关所得进行定性，并适用协定进行征税，这种定性和课税是根据第 3 条第(2)款进行的，符合第 23 条中“根据本协定的规定可以在缔约国另一方征税”的字面规定，可认为来源国对所得的征税得到协定授权，居住国应根据第 23 条的规定给予免税或者抵免待遇，即使居住国国内税法对概念的解释与来源地国有所不同，其定性结果表明来源地国对所得无征税权，也是如此。如果来源地国得出其对相关所得无权课税的结论，此时，居住国就无须根据第 23 条的规定给予免税或抵免待遇，而只需接受来源地国的定性结果，哪怕居住国认为所得应在来源地国进行课税。①

另外，如果协定的措辞有多种含义，要根据协定的目的和宗旨来确定应采取何种含义，这符合《维也纳条约法公约》第 31 条规定的根据条约目的和宗旨进行解释的原则。从目的论角度来看，考虑来源国的定性是绝对有意义的，因为协定措辞不是很清楚明确的地方，首先要以协定宗旨为导向来确定缔约伙伴的意志。② 协定的目的和宗旨明确规定是避免双重征税，如果出现双重不征税，则可以推定，这显然与缔约国的意志不符，协定目的实际上也没有达到。

---

① 参见陈延忠:《国际税法上的识别冲突问题及其解决》，载《涉外税务》2006 年第 9 期。

② Schönhaus Mathias, *Die Behandlung der stillen Gesellschaft im Recht der Doppelbesteuerungsabkommen unter besonderer Berücksichtigung des OECD-Partnership-Reports*, Frankfurt a. M, 2005, S. 214.

因为假如两国之间没有协定，该所得至少在缔约国一方纳税，因此，原则上必须避免因协定的不同适用而导致不征税，就如必须避免因不同协定适用所造成的双重征税一样，协定目的和宗旨并没有暗示可以双重不征税。如果两个缔约国对该所得在适用协定时观点一致，并且根据协定有课税权的缔约国因其国内法规则而没有对该所得课税，那么缔约国另一方必须放弃课税权。在这种情况下，不征税不是因协定适用的不一致所造成，而是根据国内法如免税、免税金额或者解决亏损等规定而放弃课税。这在协定法层面上是可以接受的，从财政上来看也是合理的，显然缔约伙伴并没有双重不征税的意思。[①]

OECD 指出，居住国应该注意来源国对所得的定性，因为这最能实现协定的目的，无须明确包括在《范本》第 3 条第(2)款之中。如果允许居住国根据其国内法来进行定性，并根据其结果审查来源地国的征税是否合乎协定，那么当存在定性冲突时，就不可避免地导致双重征税或者不征税的结果。对《范本》第 23A 条或者第 23B 条第(1)款作出“缔约国之间对所得的定性应该相互联系，彼此一致”这样的解释，并没有超越文义的范围。[②] 如果居住国以来源国的定性为导向，就避免了缔约国对协定的不同适用，最后也能避免因不同定性所致的双重征税或不征税。

综上所述，居住国在《范本》第 23 条的规定下审查来源地国对所得的征税是否合乎协定的规定，应该以所得来源地国对协定条款的解释和适用为依据，这种观点是符合协定的上下文和宗旨的。

---

① Piltz Detlev Jürgen, *Die Personengesellschaften im internationalen Steuerrecht der Bundesrepublik Deutschland*. Heidelbeg, 1981, S. 146.

② Riemenschenides Sven, *Abkommensberechtigung von Personengesellschaften und abkommensrechtliche Behandlung der Einkünfte aus Beteiligungen inländischer Gesellschafter an ausländischen Personengesellschaften*, Frankfurt a. M, 1995, S. 170.

(2)对《范本》第23A条第(4)款的评价

如上"避免双重不征税"部分所述，尽管委员会明确指出，《范本》第23A条第(4)款并没有规定"征税条款"。因为对于居住国而言，并不取决于来源国的实际课税，这通过"如果缔约国另一方根据本协定的规定对该所得或财产给予免税，或将第10条或第11条第(2)款规定适用于这类所得"来予以表述。因此，居住国必须审查来源国是如何适用协定的，①而不用再问来源国是否以及如何根据国内法对该所得课税，该规则原则上与征税条款没有关系。②

但事实上，《范本》第23A条第(4)款仍然具有征税条款的作用，因为在一般情况下，仅通过实际课税才能证明来源国是否对相关所得课税。③ 如果来源国没有实际课税，那么居住国的税务当局就要分析不征税的原因，此时，它会从其本国处于来源国地位时来判断，并得出结论。④

如前所述，《报告》指出导致定性冲突有3个基本原因，但并不能从《范本》第23A条第(4)款的措辞得出：由于第三个原因导致的双重不征税以及双重征税，居住国可以通过减损第23A条的目的来避免；而由于第一个和第二个原因导致的双重不征税应该通过第23A条第(4)款来消除。该款规定的适用不依赖于，是何原因导致来源国没有课税权。

此时，划分定性冲突产生的原因类型是"徒劳的"尝试，因为为

---

① OECD-Report, para. 59.

② Helmut Krabbe, "Abkommensrechtliche Behandlung von Sondervergütung-Eine Replik", *FR*, 2001(2)..

③ Engelen Frank A. & Frank P. G., "Report on 'Application of the OECD-Model Tax Convention to Partnerships' and the Interpretation of Tax Treaties", *ET*, 2000, 43(7).

④ Schönhaus Mathias, *Die Behandlung der stillen Gesellschaft im Recht der Doppelbesteuerungsabkommen unter besonderer Berücksichtigung des OECD-Partnership-Reports*, Frankfurt a. M, 2005, S. 223.

了确定不同定性的原因，居住国必须深入研究来源国国内法，至少要对国内税法制度进行比较，而这无疑是很困难的。

如果缔约国在其协定的解释范围内，对那些可以从协定中得到自主解释的规则得出不同的结论，那么两个缔约国之一就对协定进行了错误的适用，其中一国就违反了协定。[①] 如果不同的国内税法制度导致协定的不同适用，那么居住国为了避免因为协定引起的不征税，根据 OECD 的建议，就会试图不改变现有协定第 23A 条新引入的第（4）款的含义，通过相应减损《范本》第 23A 条的目的而拒绝免税。

《范本》第 23A 条第（4）款解释了该条第（1）款，如果来源国根据协定对所得或者财产给予免税，或者将第 10 条或第 11 条第（2）款规定适用于这类所得，免税法不可适用。目的在于避免因居住国和来源国对事实或对协定条款解释的不一致所导致的双重不征税。一方面，如果来源国对某种情况下的具体事实或协定条款解释的结果，使来源国认为根据协定的有关规定，它对一项所得或财产的征税权受到限制或者排除。另一方面，由于居住国对有关事实和协定条款采用不同的解释，认为按照协定规定，该项所得或财产可以在来源国课税。本款适用于上述情形，如果没有本款规定的适用，会导致居住国根据第（1）款的规定有义务给予免税。[②] 这表明，该款可以适用于所有定性冲突的情况，而不依赖于其产生的原因。

OECD 认为，为了避免双重不征税应该有自己的规则，如果仅可以依赖对《范本》第 23A 条第（1）款目的减损的解释或者相互协商程序来避免不征税，那么第 23A 条第（4）款的引入就前后不一致。正如某些协定中的转换条款欲避免因定性冲突所致的双重不征税

---

① Schaumburg Harald, *Internatinales Steuerrecht*, Köln, 1998, Rz. 16. 83.

② 2005 OECD-MC, art. 23A, para. 56. 1

以及双重征税一样，委员会也应该制定一个可以避免两者的相应规则。尤其是居住国出于财政以及政治上的考虑，不太可能在一个这样的特别规则中区分各种定性冲突原因所致的双重征税情况。居住国原则上在所有双重征税情况下都有义务对所得免税或者抵免有关税收，而不依赖于是否和来源国的协定适用一致。这种协定适用上的不平衡加重了居住国的负担。这可能暗示来源国可以坚持其课税权，即使它在国内法上扩大了其课税主张，或者对协定进行了错误的适用。此外，当居住国必须确定来源国和居住国之间不同解释的原因时，使居住国产生行政管理上的困难。没有充分的信息交换，居住国是很难成功的，《范本》第23条新的规定第(4)款也因此受到批评。

5. OECD 范本及其注释适用的时间

《范本注释》中所提出的建议，如对第23条接受来源国定性的解释，每个缔约国是否必须适用它或者说如何来适用它？OECD 认为，原则上应适用最新的注释，这就意味着对《范本注释》中所补充的解决定性冲突之建议，也要适用于那些在该时间点以前缔结的协定。[1]

《维也纳条约法公约》第31条第(4)款规定；“倘经确定当事国有此原意，条约用语应使其具有特殊意义。”OECD 成员国是根据范本来缔结协定的，可以认为一个用语具有范本意义上的特别含义，因为他们有义务遵循 OECD 的建议。[2]《范本注释》也属于 OECD 成

---

① Schönhaus Mathias, *Die Behandlung der stillen Gesellschaft im Recht der Doppelbesteuerungsabkommen unter besonderer Berücksichtigung des OECD-Partnership-Reports*, Frankfurt a. M, 2005, S. 224.

② Vogel Klaus. *Probleme der Auslegung von Doppelbesteuerungsabkommen*, SWI, 2000(2).

员国的原始解释材料。①

但当成员国对范本的措辞作了偏离或者对《范本》或《范本注释》作了保留，或者发表了异议时，那么他们就仅承担减弱了的义务或者完全不承担义务，此时，《范本注释》仅是解释的辅助材料。在具体情况下，必须审查《范本》意义上的解释在整体上是否允许有不同的措辞、保留或者对注释的异议意见。②

在多次修订的《范本》及《范本注释》之中，哪一个对协定的解释应起决定作用？大多数意见认为，应适用那个协定缔结时有效的范本。而委员会则希望适用《范本》以及《范本注释》的最新文本作为辅助解释。在起草1977年《范本》时，委员会研究了由于修改1963年《范本》草案的条文及其注释所可能导致的解释冲突问题。委员会当时认为，尽管现有的协定还未采用1977年《范本》所使用的更为精确的措辞，但这些协定应尽可能地根据修订后的《范本注释》进行解释。委员会也曾指出，成员国如果有意对其在此问题上的立场加以澄清，则可以依照相互协商程序由主管税务机关通过换文进行协商；即便没有这种换文，主管税务机关仍然可以利用相互协商程序在具体案件中对这一解释进行确认。③

因此，2000年《范本注释》引言中的第36段说："如果在协定范本或者其注释修订时仅涉及协定范本具有澄清作用的解释，那么它们不会导致以前生效文本的改变。尽管委员会认为《范本注释》的修订应适用于修订前缔结的协定的解释和适用，但反对对协定范本条文修订或注释修订作任何形式的反对解释（a contrario interpretation），即基

---

① See Calderon J. M. & Dolores Pina. Interpretation of Tax Treaties, *ET*, 1999, 42, (10).

② Vogel Klaus, *Doppelbesteuerungsabkommen Kommentar.* München, 1996, Einl. Rz. 80.

③ 2005 OECD-MC, Intro. para. 33.

于协定范本的某个条款或注释已经修订的事实而当然地推定此前的措辞与修订后的措辞含义不同。许多修订仅意在阐释而非改变范本条文或注释的含义。因此,在这些情况下,作反对解释明显是错误的。"[①]但当《范本》条款和协定各自的规定之间存在差异时,允许例外。对《范本》条文所做修正以及由此直接引发的对相关注释的修订,不得用于此前缔结的其规定与被修订条文有实质性不同的协定解释或适用中。然而,除此之外,《范本注释》的其他修订或增补通常可以适用于此前缔结协定的解释和适用中,因为它们反映了OECD成员国关于如何适当解释现有规定以及在具体情况下如何适用所达成的共识。[②]

这种观点是值得商榷的,缔约国在《范本》及《范本注释》中对一个用语附加特别含义的意图,仅涉及双边税收协定缔结的那个时间点,新的《范本》或《范本注释》不影响缔约国较早的协定,因为这种改变不再被视为《维也纳条约法公约》第31条第(4)款意义上的缔结协定时的"确定的意思"。此外,这种观点还可能与宪法相冲突,因为对OECD这个国家外机构所认可的《范本》或《范本注释》的每个生效文本的"动态的"参照实际上就等同于国内法规则的适用。[③]因此,在协定缔结之后适用协定时,OECD成员国既不用根据OECD的规定也不用根据《维也纳条约法公约》第31条第(4)款的规定来考虑委员会所决定的对《范本》和/或《范本注释》的修订。[④] 故后来修订的OECD《范本》第3条款的措辞规定:"缔约国一方在任何时

① 2005 OECD-MC, Intro. para. 36.

② 2005 OECD-MC, Intro. para. 35.

③ Lang Michael, "Later Commentaries of the OECD Committee on Fiscal Affairs-Not to Affect the Interpretation of Previously Concluded Tax Treaties", *Intertax*, 1997, 25(1).

④ Lang Michael, *Qualifikationskonflikte bei Personengesellschaften*, IStR, 2000(2).

候适用本协定时，对于未经本协定明确定义的用语，上下文另有要求除外，应当具有该缔约国当时适用于本协定的税种的法律所规定的含义，此用语在该缔约国有效适用的税法上的含义优先于在该国其他法律上的含义。”

但《维也纳条约法公约》第31条第(3)款第(b)项规定，嗣后在条约适用方面，确定各当事国对条约解释之协定之任何惯例应与上下文一并考虑。据此，缔约国有义务将注释较晚的文本视为解释的辅助资料。如果缔约国对所涉协定单个规则的解释不甚明确或者对一种解释置之不理，就可能引起对后来生效范本或者注释修订的澄清，要归属《维也纳条约法公约》第31条第(3)款有约束力的规定之下，首先就要确定，是否缔约国的一致实践使范本注释新的文本形成了惯例。[①] 然而，在协定的实践中出现了不同的情况：在德国由于常设机构法令的颁布，在适用协定时对《范本》第23条的目的进行减损，而不依赖于协定是否是在2000年以前还是以后缔结；[②]在奥地利，通过1995年10月27日财政部的法令明确规定，追随《范本注释》的观点，每个有效的注释也适用于较早的协定。[③] 可知缔约国的实践并没有使这种做法形成惯例。

如果新《范本》及《范本注释》仅起澄清作用，就不会引起协定的实质改变。对于现在所评价的新注释而言，恰恰并不仅是澄清，而是一种改变或者说一种修订。因为1997年《范本注释》有述：“居住国提供免税时，无须考虑缔约国另一方是否实际上行使了课税

① Lechner E., *Die Abkommensberechtigung von Personengesellschaften*. in Gassner W./Lang M./Lechner E., Personengesellschaften im Recht der Doppelbesteuerungsabkommen, München, 2000.

② BMF v. 24. 12. 1999, BStBI I 1999, S. 1076.

③ Heinrich Johannes, *Länderbericht Österreich*, IStR, 1996(3).

权。”[①]即认为缔约国之间定性的相互联系不是必须的。而2000年的《范本注释》有述:“居住国必须对按照协定规定可以由另一国课税的该所得和财产免税,而不论该另一国是否实际行使了课税权。”[②]接着新加入的注释对这种措辞的改变进行了解释:“居住国承担的对特定所得和财产的免税义务,取决于该项所得或财产依据协定规定是否可以由来源国课税。”[③]

2000年《范本注释》指示参考《范本》第23条的解释,文本明确规定,居住国提供免税时要遵循来源国对所得的定性。直到1997年《范本注释》中都没有采纳这种观点,如果在《范本注释》的第34段没有明确规定“它使居住国不必去调查另一国的实际课税情况”,则其可以视为注释的澄清或者补充。[④] 与较早版本相比,新的注释规定,居住国必须审查,根据协定来源国是否有课税权。《范本》第23条增加的补充不仅是一种澄清,也是对此之前观点的改变。结果,按照特有的协定解释原则,修订后的注释对修订前所缔结的协定就没有约束力。

总之,OECD的建议成为2000年《范本》及《范本注释》新文本的内容,如果OECD成员国没有提出异议或者保留,将对其将来所缔结的协定产生效力,但它对已经缔结的协定不发生效力,因为一方面,该建议表现为OECD观点的修订,不仅具有澄清作用;另一方面,它不是较早协定缔约伙伴意思的反映。如果OECD的建议被视为形成了“嗣后惯例”,那么对之前缔结的协定也发生作用。

---

① 2000 OECD-MC. Art,23 History para. 34.

② 2000 OECD-MC. Art,23 para. 34.

③ 2000 OECD-MC. Art,23 para. 34. 1.

④ 2000 OECD-MC. Art,23 History para. 34.

6. 协定中的解决方法

（1）《范本》第3条第（2）款得出的居住国要受到来源国对所得“定性”的约束

根据《范本》第3条第（2）款的规定，协定中的所得定性可与国内法相联系来确定。其优点是，如果协定中缺乏对该所得概念的明确规定，则对该所得的协定保护就应与该所得在国内法上的课税相一致。没有这种规定，协定的适用可能受到威胁，因为要确定协定法上的所得形式，而该所得形式可能与国内法上的完全不同，双重征税或者不征税就不可避免。[①] 适用协定时，地方当局或者法院可能坚持适用自己熟悉的法律，以便更简单地履行协定。[②] 但是又产生一个问题，即究竟应该根据哪一个缔约国的国内税法进行解释？居住国还是来源国？对这一问题有不同的观点。

① 法院地法定性说

该说主张由适用协定的缔约国各自根据本国国内税法概念解释协定用语。一是因为税务当局和法院对本国法律最为熟悉，当他们通过其信赖的法律来解决问题时，法律保障得以加强；[③]二是因为根据国际法规定，只有在协定文本有明确规定的情况下才能推定一国有意放弃本国主权，否则就不能作出缔约国放弃适用本国法律的推定。

认为法院地法更能提供法律保障的观点是很容易驳倒的，如果

① See Avery Jones, “Article 3 (2) of the OECD Model Convention and the Commentary to It: Treaty Interpretation”, *ET*, 1993, 36(7).

② See Shannon Harry A., “United States Income Tax Treaties: Reference to Domestic Law for the Meaning of Undefined Terms”, *Intertax*, 1989, 17(6).

③ See Shannon Harry A., “United States Income Tax Treaties: Reference to Domestic Law for the Meaning of Undefined Terms”, *Intertax*, 1989, 17(6).

存在一个较法院地国国内法更正确的解释，就并非更少提供法律保障。[①] 如果各缔约国总是将其自己的法律制度作为对协定中没有定义的概念进行解释的基础，这些法律制度又彼此存在不同，那么这恰恰不会有利于协定目的。[②] 法院地法的适用无法消除国际双重征税或者不征税的结果。[③] 不宜过度强调根据国内法含义来解释税收协定这一特殊规则，因为税收协定的解释要求达成共同解释，即一种统一的中立的解释，缔约国双方对协定规定的理解应相同或相似，法院在解释税收协定时应顾及缔约国双方的共同利益。[④]

②居住国法定性说

该观点认为缔约国双方均根据居住国的国内法来进行解释。其理论依据在于税收协定的征税权划分体系实际上是承认以居住国课税为原则的，来源地国课税只是这一原则的例外。因此，以居住国国内税法作为定性的标准符合协定体系的精神。但该说的根本缺陷在于它不符合《范本》第3条第(2)款的字面规定。第3条第(2)款中的"缔约国一方在适用本协定时"这一用语很难被解释为仅仅包括了居住国，而不包括来源地国。另外，也存在偏袒国内税法概念含义较广的缔约国的倾向。当纳税人同时具有缔约国双方居民身份时，这一标准就难以适用。因为《范本》第4条第(2)款和第(3)款的规定无法完全解决双重居民身份问题，仍有个别情况需要缔约国双方通过相互协商加以解决。另外，也可能出现非居民现

---

① Knobbe-Keuk, Brigitte *Qualifikationskonflikte*" *im internationalen Steuerrecht*, RIW, 1991(4).

② Shannon Harry A., "United States Income Tax Treaties: Reference to Domestic Law for the Meaning of Undefined Terms", *Intertax*, 1989, 17(6).

③ Vogel Klaus, "On Double Taxation Converntions (3)", *London/the Hague/Boston: Kluwer Law International*, 1997, pp. 54 – 56.

④ 参见欧蓉蓉、陈延忠：《国际税收协定解释规则新论》，载《税务与经济》2012年第2期。

象。例如,X公司在甲国注册,实际管理地在乙国,它在甲、乙、丙三国都有营业活动,三国之间的协定要按照《范本》第4条第(2)款来判断居民身份。那么X公司可能以注册地标准申请自己是非乙国、丙国的居民,以实际管理机构标准申请自己是非甲国、丙国的居民,使自己成为协定中永远的“非居民”。这可能也是2008年OECD《范本》在修订中倡导国家之间加强情报交换,防止发生居民对任何一国都不负担全面纳税义务的原因之一。

③ 来源地国法定性说

为了避免上述这些不能令人满意的结果,形成了以英国学者Avery Jones为首的“国际学者派”,他们认为,根据《范本》第3条第(2)款,居住国有义务坚持来源国对所得的“定性”。即应由来源国适用其国内税法进行定性,居住国应接受来源国的定性结果,给予协定规定的抵免或者免税待遇。这通过《范本》第3条第(2)款所采用的概念“适用”得以证明。仅来源国实际上“适用”协定,居住国仅“阅读”协定。[①] 根据《范本》方法条款第23A条和第23B条,如果根据协定所得将由另一国(来源国)课税,则居住国必须提供抵免或者免税。这包括两个步骤:首先,居住国仅通过阅读协定就可以确定,来源国是否根据协定对所得课税,因此不涉及“适用”;其次,来源国根据协定没有课税时,居住国可以不提供抵免或者对所得不免税,相反则应提供抵免或者对所得免税。在第二个步骤中,居住国适用协定,但并不依赖于该所得在第一个步骤中是如何被定性的,只要来源国根据协定对所得课税,就有义务对所得免税或者提供税收抵免。因此,第一个步骤中对所得的定性对第二个步骤中居住国所订协定的适用没有意义。根据协定来源国是否对所得课税的审查,居

---

① Shannon Harry A., “United States Income Tax Treaties: Reference to Domestic Law for the Meaning of Undefined Terms”, *Intertax*, 1989, 17(6).

住国仅通过协定的阅读就能确定，它尤其不取决于当居住国自己处于协定下的来源国地位时是如何对所得定性的。[①]

但也有学者对此有不同的看法，并认为"适用"是指协定的缔约国将协定所产生的权利义务付诸实践。协定规定了某些情况下缔约国不得行使其征税权的同时，也规定了缔约国何时可以进行征税，因此，不论是何种情况，缔约国都是在"适用"协定。居住国和来源国均是"适用"协定的国家，按第3条第(2)款的规定，均可以适用其国内税法概念解释协定的未定义用语。[②] Vogel也认为"适用"有更广泛的意思，其意味着"财政当局或者法院对税法问题的决定，将涉及协定或者必须涉及协定"。[③] 居住国在判断来源地国的征税是否合乎协定规定时不可避免地也要"适用"协定条款。[④] 根据这种理解，第一个步骤中的居住国对《范本》第23A条或第23B条的审查——根据协定来源国是否课税——也是对协定的适用。居住国没有必要根据自己的标准来决定，所得是否根据本协定将在另一国被课税，而仅审查来源国的做法就足够了。[⑤]

这种观点在《报告》中得以证实，因对《范本》第23A条和第23B条的目的减损而得到相同的解释："第23A条和第23B条都要求，只有当某项所得或者财产依据协定的规定，可以在来源国征税时，才

---

① Shannon Harry A.，"United States Income Tax Treaties: Reference to Domestic Law for the Meaning of Undefined Terms"，*Intertax*，1989，17(6).

② Engelen Frank A. & Frank P. G.，"Report on 'Application of the OECD-Model Tax Convention to Partnerships' and the Interpretation of Tax Treaties"，*ET*，2000，43(7).

③ Vogel Klaus，*Doppelbesteuerungsabkommen Kommentar*，München，1996，art. 3 Rz. 65.

④ Vogel Klaus & G. Prokisch Rainer，*Interpretation of Double Taxation Conventions: General Report*，in IFA: Cahiers De Droit Fiscal International，1993，pp. 77－79.

⑤ Vogel Klaus，*Doppelbesteuerungsabkommen Kommentar*，München，1996，art. 3 Rz. 65.

可以视情况的不同,通过免税法或者抵免法给予减免税。因此,如果协定授权来源国对有关所得或财产课税,则居住国才有义务对有关所得或财产适用免税法或抵免法。”

《范本注释》认为,对《范本》第 3 条第(2)款较先的适用被视为暗含的前提,因为仅当来源国先适用国内法时,所得定性冲突的原因才能存在于不同的法律体系中。在例 13 中,《报告》指出,P 国的做法与协定的规定是一致的。按照第 3 条第(2)款的规定,P 国对第 11 条第(3)款的用语“各种债权”的解释应与其国内法一致,因此,可以得出结论认为合伙人的贷款具有债权的资格,应该支付利息,因而适用协定第 11 条。[①] 委员会的这种观点和“国际学者派”是相同的。

第 3 条第 2 款处于整个协定体系之中,应该联系协定上下文,尤其是范本第 23 条以及协定的目的和宗旨来考察。这种解释与《维也纳条约法公约》有关条约解释的一般规则,即根据条约上下文,考虑条约的目的和宗旨,按照术语的通常意义来解释也是相一致的。在本部分“从协定体系和宗旨来解释第 23 条”进行了详细论述,并可得知,居住国要受到来源国对所得“定性”的约束这种观点是可取的。

(2)分配规则的解决办法

特别报酬的所得形式可以由协定自主规定,可以不考虑国内法,因为协定采用和国内法上不同的所得形式,具有不同的规则内涵。协定在其分配规则范围内通过所得形式的规定来确定缔约国之间

---

① OECD-Report, para. 97.

的课税权。[①] 这种自治的定性通常具有优先权,应最后才适用国内法。但要注意:一是缔约国一方从其自己的国内法出发,形成了对协定的解释以及概念的理解,这样,缔约国税收制度中的不同会导致不同的解释结果。二是分配规则中的协定自治有时因明确规定适用国内法而被取消,如《范本》第6条第(2)款所指的情况。

① 贷款利息所得

《范本》第11条第(5)款第一句规定了利息的来源,据此利息来源于债务人居住国;在其第二句中没有规定该规则的例外。如果利息的支付人,不考虑他是否是缔约国一方的居民,在缔约国一方有常设机构,因该债务而支付的利息是符合常设机构宗旨的,常设机构就承担该利息,利息就被视为来源于该常设机构所在国。《范本》第11条注释第26段规定:如果产生利息的贷款与常设机构明显存在经济上的联系,那么常设机构所在地国就是该利息的来源国。该款规定了一个例外情形,即该项利息贷款与该利息支付人所在的缔约国另一方的常设机构有明显的经济联系。如果是应常设机构的需要而签订贷款合同,且支付的利息由该常设机构承担,则本款认为利息的来源地应是常设机构所在的缔约国,不管该机构的所有者为何国居民,哪怕其居住在第三国。[②]

因此,不能推定只有居民之间的利息支付才是协定法所认可的。例外情况明确规定了常设机构的支付,该常设机构既不满足居民标准也不被承认为"人",却被认为满足了利息所需的前提条件。《范本》第11条第(5)款中的利息支付的承认并不取决于是否在来源国

---

① Ostendorf Claudia, *Behandlung von Sondervergütungen der Mitunternehmer im internationalen Steuerrecht unter besonderer Berücksichtigung der österreichen Rechtslage*, Berlin, 1994, S. 145.

② 2005 OECD-MC, Art. 11, Rz. 26.

可以找到居民，一个常设机构就足够了。根据《范本》第 11 条第(3)款的规定，利息是"从各种债权所取得的所得"，这个定义并未因该条第(5)款作扩大解释或者改变，该款不是利息概念的组成部分，因为其规定的内涵限于协定所规定的利息"来源"。

从用语"从各种债权所取得的所得"可知，概念"债权"应从最广泛意义上来理解。合伙人对应于合伙企业，特别是作为生息资本的债权人与合伙企业处于相对立的地位。协定法也是从"债权债务关系"出发的，因为利息定义是如此的普通，以致它可以归属于该关系之中。[①] 大多数国家都承认合伙人与合伙企业之间的债权债务关系。[②]《范本》第 11 条也没有对合伙企业作出特别规定，合伙企业与其合伙人之间的债权债务关系也是存在的，合伙人可通过有偿资本转让获得第 11 条意义上的利息所得。

较早的 1963 年的《范本》建议，参考来源国国内法对利息进行定义。如果协定是按照该建议制定的，利息的定义就根据两个缔约国中来源国的法律来确定。那些国内法上承认合伙企业与合伙人之间债权债务关系的国家，被要求同意适用范本对利息条款的解释。[③]

② 转让动产所得

1967 年《范本》第 12 条第(2)款规定的特许权概念"使用工业、

---

① Ostendorf Claudia, *Behandlung von Sondervergütungen der Mitunternehmer im internationalen Steuerrecht unter besonderer Berücksichtigung der österreichen Rechtslage*, Berlin, 1994, S. 147.

② Ostendorf Claudia, *Behandlung von Sondervergütungen der Mitunternehmer im internationalen Steuerrecht unter besonderer Berücksichtigung der österreichen Rechtslage*, Berlin, 1994, S. 56.

③ Ostendorf Claudia, *Behandlung von Sondervergütungen der Mitunternehmer im internationalen Steuerrecht unter besonderer Berücksichtigung der österreichen Rechtslage*, Berlin, 1994, S. 145.

商业或者科学设备的权利”一直使用至1992年7月23日,[①]据此,属于特许权概念的不仅是无形财产的转让,而且也包括有形动产转让的租金和租赁所得,只要这种财产是为了服务于工业的、商业的或者科学的目的。2000年《范本注释》规定:“1963年协定草案和1977年《范本》中‘特许权使用费’这一术语的定义都包括了‘使用或有权使用工业、商业或科学设备’所支付的款项。随后的《范本》则在该定义中删除了此类款项。鉴于租赁工业、商业或科学设备,包括租赁集装箱而取得的报酬的性质,委员会决定将这类租赁所得排除在特许权使用费定义之外,从而排除适用第12条,以确保按第5条和第7条关于营业利润的税收规定处理。”[②]

但这是值得商榷的。首先,动产的租金和租赁所得在概念上不是属于《范本》第7条意义上的“营业利润”,而是属于财产管理所得。如果这种财产不能归属于出租人或者租赁人的企业活动,那么其也不属于常设机构,对有形动产的转让所得仅适用《范本》第21条第(1)款,它们仅由出租人的居住国课税。如果协定是根据1992年或者2000年《范本》缔结,从那时以来特许权使用费就没有改变过,那么从转让有形动产取得的所得就不再适用特许权条款。如果不能适用《范本》第21条第(2)款的常设机构保留,这些所得首先归属于第21条第(1)款。如果协定仍然遵循1967年《范本》的第12条第(2)款的规定,则有形动产转让所得也属于特许权条款。

《范本》第12条第(2)款对特许权使用费的定义没有指示参照国内法。因此,协定法上的特许权概念的解释要排除国内法的适

① 2000 OECD-MC, art. 12 history para. 2.

② 2000 OECD-MC, art. 12 para. 9.

用。[①] 什么可以理解为特许权使用费，第 12 条第（2）款进行了列举，但对这些列举的具体概念的解释，并没有排除国内法。但如果国内税法没有特许权概念，根据国内法来解释也没有太多成效，则此时仍然必须根据协定法来解释。[②]

《范本》第 12 条仅指使用权的转让，而不是所有权的转让。因此，特许权接受者没有获得该财产的所有权，而所有权转让则归入《范本》第 13 条或第 7 条之下。在对《范本》第 12 条的适用条件进行审查时，要对买卖和租赁之间的含义加以区分。

如果合伙企业向合伙人支付《范本》第 12 条第（2）款意义上的特许权使用费，那么根据该条第（1）款的规定，合伙人居住国具有唯一课税权，[③]前提是所得由缔约国一方支付给缔约国另一方的居民受益人。第 12 条第（1）款和第（2）款都没有规定两个居民之间必须存在合同关系的前提条件，仅第（4）款在其前提中以支付人和受益所有人为出发点。但什么是支付人，协定没有规定只有《范本》第 3 条第（1）款第（a）项意义上的人才能理解为支付人。因此，在《范本》第 12 条范围之内，债权人与债务人可以不是协定意义上的人。另外，如果根据《范本》第 12 条第（1）款的规定，来源国没有课税权，居住国就无须为避免双重征税而提供保证。

③ 转让不动产所得

根据《范本》第 6 条第（1）款的规定，财产所在地国对不动产所

---

① Vogel Klaus, *Doppelbesteuerungsabkommen Kommentar*, München, 1996, art. 12 Rz. 38.

② Vogel Klaus, *Doppelbesteuerungsabkommen Kommentar*, München, 1996, art. 12 Rz. 38.

③ Ostendorf Claudia, *Behandlung von Sondervergütungen der Mitunternehmer im internationalen Steuerrecht unter besonderer Berücksichtigung der österreichen Rechtslage*, Berlin, 1994, S. 150.

得具有无限课税权，该条第(2)款指示参照来源国国内法来解释"不动产"这个用语，它规定，"不动产"一语应具有财产所在地的缔约国法律所规定的含义。根据该条第(2)款第二句的规定，该用语在任何情况下应包括附属于不动产的财产，农业和林业所使用的牲畜和设备，一般法律有关地产规定所适用的权利，不动产的收益权和由于开采或有权开采矿藏、水源与其他自然资源而取得不固定或固定收入的权利。该条第(3)款进一步规定，第(1)款的规定也应适用于从直接使用、出租或以其他任何形式使用不动产取得的所得。

④ 劳务所得

a. 独立劳务所得

从协定法的角度来看，劳务所得主要有两种形式：一种是合伙人向其经营的企业提供劳务，因而与《范本》第7条有关；另一种是2000年以前《范本》(以下简称旧《范本》)第14条意义上的"独立劳务"。旧《范本》第14条在2000年《范本》中被删除。"独立劳务"的所得形式因该条的删除而归属于第7条，因而也包括在"营业利润"之中。如果协定中仍然包括旧《范本》第14条的规定，那么仍然包括这种所得形式，自由职业或者其他独立活动就属于独立劳务。旧《范本》第14条第(2)款对用语"自由职业"进行了举例，如自己从事科学的、文学的、艺术的、教育的或者教学的活动以及医生、律师、工程师、建筑师、牙医以及会计师的独立活动。如何来理解其他独立活动，第14条没有详细规定，从协定的上下文中也找不到进一步的线索，根据《范本》第3条第(2)款的规定，就要适用国内法作进一步的解释。但如在国内法中也找不到明确一致的概念，[①]这种界

① Vogel Klaus, *Doppelbesteuerungsabkommen Kommentar*, München, 1996, art. 14 Rz. 14.

定问题就由各缔约国在具体案情中协商解决。①

虽然允许对“其他独立活动”概念的解释适用法院地法，但根据《范本》第3条第(2)款的规定，也要考虑协定上下文。因而必须注意第7条第(7)款规定：利润中如包括有本协定中其他各条单独规定的所得项目时，本条规定不应影响其他各条的规定，即承认协定中的其他所得形式优先。如果合伙人获得旧《范本》第14条意义上的报酬，那么根据旧《范本》第14条第(1)款，该所得原则上仅在合伙人的居住国课税，除非合伙人通过缔约国另一方，即合伙企业所在地国的一个固定基地来提供劳务，且该所得可以归属于该固定基地。

如果合伙人向合伙企业提供劳务，且该劳务是通过他本身独立管理的企业来提供，根据《范本》第3条第(1)款第(c)项，该企业涉及营业事务的执行，那么就要根据第7条第(1)款课税。第7条第(1)款规定了合伙人居住国的课税权，除非合伙人在缔约国另一方即在合伙企业所在地国通过位于那里的常设机构从事营业活动。如果营业活动属于常设机构所在地国，那么可归于该常设机构的特别报酬就可在该所在地国课税。

b. 非独立劳务所得

如果合伙人从合伙企业那里因受雇关系而获得劳务报酬，就适用《范本》第15条对来源于非独立劳务所得的规定。《范本》第15条第(1)款进行了列举：受雇取得的薪金、工资和其他类似的报酬，除了受雇于缔约国另一方的以外，应仅在该国征税。因为协定对“非独立劳务”这个概念缺乏详细定义，在对其进行解释时可以适用

① Weggenmann Hans, *Einordnungskonflikte bei Personengesellschaften im Recht der deutschen Doppelbesteuerungsabkommen unter besonderer Berücksichtigung des OECD-Partnership-Reports* 1999, Nürnberger, 2002, S. 280.

国内法。可以在《范本》第15条意义上的非独立劳务范围内来判断雇佣关系的存在,[①]根据履行地点原则来对这种非独立劳务所得的税收进行分配。当劳务是在来源国即合伙企业所在地国履行时,它才有课税权。[②] 该规定没有指示参考来源国法律,根据《范本》第3条第(2)款以及第23条的规定,协定适用国可以决定,对非独立劳务这一概念如何理解,但来源国的定性对居住国具有约束力。

被视为纳税虚体的合伙企业是否也可以是《范本》第15条第(2)款第(b)项和第(c)项意义上的雇主?委员会对此予以了否认,并建议将每个合伙人视为该规定意义上的雇主。它说:"在合伙企业视为纳税虚体的情况下,为了获得一种与第15条第(2)款及第(2)款第(b)项的上下文及其目的一致的解释,应考虑该合伙企业有关合伙人的情况。因此,委员会认为,当涉及第(2)款第(b)项中的概念如'雇主''居民'的解释时,应该在合伙人的层面而不是合伙企业的层面来适用。根据这种方法,为了避免滥用或不合理结果的出现,协定的某些条款应在合伙人的层面而不是合伙企业层面来适用。"[③]委员会意识到当合伙人居住在不同国家时,这种解释会导致行政管理上的困难,但建议可以通过有关国家的相互协商程序来解决。[④]

在德国只有少数学者认为,被视为纳税虚体的合伙企业不能成为雇主,例如,Zehetner从体系和目的的角度来考虑并得出了这样的

---

① Ostendorf Claudia, *Behandlung von Sondervergütungen der Mitunternehmer im internationalen Steuerrecht unter besonderer Berücksichtigung der österreichen Rechtslage*, Berlin, 1994, S. 154.

② Mittermater J., *Besteuerung von Personengesellschaften im Verhältnis USA-Deutschland*. Heidelberg, 1998, S. 286.

③ OECD-Report, para. 91.

④ OECD-Report, para. 92.

结论，[①]Schieber 的理由则是它不是《范本》第 4 条第(1)款意义上的居民。Gündisch 从《范本》体系以及第 15 条的目的出发，认为并不能得出非纳税实体的合伙企业是雇主的结论，而且第 15 条第(2)款第(b)项的限制是为了保障所得税收，雇主仅可能是一个能够将员工的报酬从其应纳税所得中作为营业开支予以扣除的人。因此，雇主只能是具有独立纳税主体的人。因而，不能将非纳税实体合伙企业视为第 15 条第(2)款意义上的雇主。[②]

然而，德国对 OECD 认为合伙人是雇主的观点提出了异议，认为合伙企业可以作为《范本》第 15 条第(2)款第(b)项和第(c)项意义上的雇主。[③]

7. 协定中的特别规则

因为各国对合伙企业所得课税的规定不同，为了避免双重征税或者不征税，有的国家在其税收协定中制定一些特别规则，对此加以规定。现以德国与其他国家所缔结协定中的几种特别条款为例加以介绍。

(1)转换条款

转换条款(switch-over clause)的目的是避免因两个缔约国将所得归属于不同的人或者归属于不同的协定规则之下，从而对协定进行不同适用所产生的双重征税或者不征税。[④] 1989 年德—美协定议定书中第 21 段的转换条款规定，德国作为居住国，在确定的前提条件下为了避免双重征税，根据德—美协定第 23 条第(2)款，可以将

---

① Zehetner ULF. *Personengesellschaften als Arbeitgeber nach Art.* 15 *Abs.* 2 *OECD-MA*? SWI, 2001(1).

② Gündisch Stephan, Personengesellschaften im DBA-Recht—Eine Analyse des OECD-Partnership-Reports, C. H. Beck, 2003, S. 175.

③ OECD-Report, Annex II, para. 19.

④ Kluge Volker, *Das Internationale Steuerrecht*, München, 2000, S. 334.

免税法转换为抵免法。[①] 在德国与意大利、瑞典以及墨西哥的协定中也包括类似规定。在德国近年来所签署的协定中，也全都包括这种条款。如2005年与阿塞拜疆所缔结协定的第23条第(1)款第(e)项，2001年4月19日与加拿大所签协定的第25条及其议定书中针对第23条第(2)款的第9段，2000年8月24日与奥地利所签协定的第28条第(1)款第(a)项以及1999年5月18日和科威特缔结的协定中的第24条第(1)款第(d)项。

1989年德—美协定议定书中第21段的规定与德国与其他国家协商一致的转换条款相符，它规定：

如遇下列情况，联邦德国根据第23条第(2)款第(b)项规定的抵免法避免双重征税，而不是根据第23条第(2)款第(a)项规定的免税法：

a)当缔约国的所得或者财产被归属于不同的协定规则或者不同的人(除了根据第9条)且这种冲突不能通过第25条的相互协商程序来解决，以及

aa)当因这种不同的归属或定性导致该所得或财产被双重征税，或者

bb)当因这种不同的归属或定性导致该所得或财产在缔约国中没有征税或者过低征税，而它们在联邦德国(见该条款的适用)处于免税地位。

这种规定可能涉及合伙企业，例如，一个德国的居民合伙人投资一个美国的合伙企业。[②] 美国承认合伙企业和合伙人之间的交易关

---

① Debatin Helmut & Endres Dieter, *Endres Dieter. Das neue Doppelbesteuerungsabkommen USA/Bundesrepublik Deutschland-The new US-German double tax treaty*, München, 1990, art. 23 Rz. 25.

② Bicker, H. & Höppner, H.-D. & Grotherr, S. & Kroppen, H.-K. *DBA-Kommentar*, Herne/Berlin, 1997, art. 11 OECD-MA Rz. 124.

系，因合伙人向合伙企业提供劳务、贷款、出租、转让财产等获得的特别报酬不属于营业利润，而属于单独的分配规则下的所得。美国认为其对特别报酬没有或者只有有限的课税权，如涉及合伙企业，当对常设机构利润进行确定时允许扣除这种支付。相反，只要德国的合伙人概念在协定中也被适用，德国会将上述特别报酬归入营业利润。德国推定特别报酬在美国属于常设机构税收范围内将被全额课税，因而德国对合伙人的该所得免税。这种适用协定的结果就部分或者完全导致对特别报酬的双重不征税。

但德—美协定中的这种转换条款受到一些学者的批评，理由是它违背了法律的确定性原则，法律的明确性以及稳定性遭到质疑。① Mittermaier 对其进行了合宪性的研究并指出，联邦宪法法院（Bunderverfassungsgericht，BVerfG）对税法规则的确定性没有特别高的要求。至今为止还没有案例证明，BVerfG 因税法规则的不确定性而宣布其违宪，尽管前述规则至少是不确定的。② 1989 年德—美协定议定书中第 21 段规定的在美国的所得或者财产"过低征税"，与宪法所强调的稳定性这个基本原则是不一致的。③ 与美国相比，何时"过低征税"这个问题，缺乏一个明确的可以对"过低"来进行测算的标准。因此，这个规则带来法律上的极大不稳定。因转换条款的存在，纳税义务人对德国实际上是否对其外国所得免税，会表示怀疑，从而产生不信任。④

---

① Vogel Klaus, *Doppelbesteuerungsabkommen Kommentar*, München, 1996, Einl. Rz. 102.

② Mittermater J., *Besteuerung von Personengesellschaften im Verhältnis USA-Deutschland*. Heidelberg, 1998, S. 300.

③ Mittermater J., *Besteuerung von Personengesellschaften im Verhältnis USA-Deutschland*. Heidelberg, 1998, S. 301.

④ Mittermater J., *Besteuerung von Personengesellschaften im Verhältnis USA-Deutschland*. Heidelberg, 1998, S. 309.

法律的不稳定不仅体现在“过低征税”或者“没有征税”这样的措辞中，而且也涉及如何理解“不同的归属或定性”的问题。OECD在《报告》中对定性冲突的原因进行了分析，缔约国另一方对协定的错误适用也可以引起不同的定性。对于这种情况，OECD 指出适用相互协商程序是正确的，转换条款因对免税法向抵免法的转变做了条件上的要求，就无法消除这种冲突。然而，如果缔约国一方对协定进行了错误适用，仍然坚持相互协商程序，就会给纳税人增加经济上的负担。因而也造成对纳税人的歧视，因为对他而言，缔约国的课税主张不再是有计划的、可行的，他的税务无法事先确定。

转换条款也缺乏实用性。相互协商程序往往不能说是成功的，但总是要贯彻实行。根据经验，这样的相互协商程序持续的时间往往很长，[①]以致有关国家以及纳税义务人对所涉事实最后都不能最终确定。[②] 为了根据协定避免双重征税或者双重不征税，在协商的转换条款中规定一个“最终税率”是正确的。[③]

赞同的学者认为，转换条款表明，免税国在给定的前提下有权从免税法向抵免法转变，这不仅能有效避免双重不征税，而且能避免双重征税。[④] 纳税人也可以据此提出避免双重征税的主张。[⑤] 与《范本》的第 23A 条第(4)款的规定相比较，缔约国至少能得出彼此一致

---

① Helmut, Krabbe, *Verständigungsverfahren bei Doppelbesteuerung*, DSWR, 2002 (1).

② Mittermater J., *Besteuerung von Personengesellschaften im Verhältnis USA-Deutschland*. Heidelberg, 1998, S. 308.

③ Bicker H. & Höppner H. -D. & Grotherr, S. & Kroppen, H. -K., *DBA-Kommentar*, Herne/Berlin, 1997, art. 23 A/23B OECD-MA Rz. 162.

④ Bicker H. & Höppner H. -D. & Grotherr, S. & Kroppen, H. -K., *DBA-Kommentar*, Herne/Berlin, 1997, art. 23 A/23B OECD-MA Rz. 162.

⑤ Debatin Helmut & Wassermeyer Franz, *Doppelbesteuerung*, *Kommentar*, München, 1999, DBA USA art. 23 Rz. 37.

同意的法律结果。

(2)征税条款

当居住国为了避免双重征税而偏爱适用免税法时,往往会适用到所谓的征税条款。对协定适用而言,原则上并不取决于来源国对所得的实际课税,因为协定业已将虚拟的双重征税也包括在内。尽管来源国实际上没有课税,而居住国必须免税时,将导致所谓的“白色所得”,即所得在缔约国双方都没有课税。为了避免这种并不令人满意的结果,可在协定中协商制定征税条款。①

征税条款是一种不以税收优惠为条件的规则,所得、收入或者利润应在另一国课税。② 与转换条款相比,其目的是避免因缔约国对协定的不同适用而导致的双重征税或者双重不征税。德—美协定第23条第(2)款第二句规定:“在该款意义上,当按照本协定规定德国居民应在缔约国另一方征税时,它们的利润或者所得被视为来源于缔约国另一方。”德国的BFH认为从该规定可以推出征税条款。因征税条款得出的方法被称为“征税法”。设计征税法的依据是征税权分享理论,即缔约国双方在税收协定中规定的收入来源国对某类所得减免税的目的,在于让居住国对此类所得征税,从而实现缔约国双方对此类所得分享征税权。③

但在这种协商一致的条款中,存在两个有争议的问题:一是要解释在外国税收中,是否实际上存在这样一种所得形式,所得或者利润根据该国税收制度能归属到该形式之下。如果缔约国另一方因为免税金额或者亏损结转(Verlustvorträge),课税税基相应减少,因

---

① Kluge Volker, *Das Internationale Steuerrecht*, München, 2000, S. 129.

② Lampe Mare, *Auslegung der sogenannten „ Rückfallklauseln“ in DBA*. IWB, 1999, SS. 773 – 780.

③ 参见廖益新主编:《国际税法学》,高等教育出版社2008年版,第255~256页。

而根据所得税税率无须征税，那么根据前述规则，居住国是否被视为满足了“不征税”的前提条件。二是当因缔约国不同国内税法制度而适用不同的协定条款或者将所得归属到不同的人而没有征税时，该条款是否也适用。[①]

对这种规则而言，问题的关键是是否实际课税。德国 BFH 在其 1996 年的判决中做了肯定回答。[②] 在该案例中，根据德—美协定，应在美国课税的所得，因为原告在美国没有提交纳税申报，因而在那里没有上税。BFH 对此适用《范本》第 23 条第(2)款第二句的规定，得出结论认为，该所得不是来源于美国，因为它在那里没有实际课税。但 BFH 的这种解释遭到了批评，根据德—美协定第 23 条第(2)款第二句的规定，如果所得在美国课税，德国推定所得来源位于美国；如果德国依其国内法判断，可能不会得出这样的结论。而当它在那里没有实际课税时，也不能得出所得不是来源于美国的结论。[③]

1981 年德国—加拿大协定（以下简称德—加协定）第 23 条第(3)款也包括了类似的规定：“如果缔约国一方居民的利润或者所得根据本协定在缔约国另一方被征税，则被视为来源于缔约国另一方。”

司法判例认为，仅当雇员劳动的报酬在加拿大实际上征税时，加拿大可以参照协定第 23 条第(3)款确认，该报酬来源于德—加协定第 23 条第(2)款第(a)项意义上的加拿大境内。该规定的目的不再是避免所谓的虚拟双重征税，而是要避免实际上的双重征税。[④] 因此，BFH 在这两个判决中推定，征税条款同样也适用于投资于被视

① Kluge Volker, *Das Internationale Steuerrecht*, München, 2000, S. 130.

② BFH v. 11. 06. 1996, BStBI II 1997, S. 117.

③ Vogel Klaus, *Die Mär von den „Rückfall-Klauseln“ in Doppelbesteuerungsabkommen*, IStR, 1997(24).

④ BFH v. 05. 02. 1992, BStBI II 1992, S. 660.

为纳税虚体的合伙企业的所得。

在适用德—加协定第23条第(3)款或者德—美协定第23条第(2)款第(2)项第(2)小项时,如果两个缔约国都一致同意,在来源国可以课税的所得属于确定的分配规则之一,那么来源国将该所得包括在税基之中就足够了,所得是否实际征税并不重要。① 但并不能从这种积极规则得出相反的结论,即如果所得或者利润在那儿没有征税,它就不是来源于缔约国另一方。如果缔约国另一方对该所得征税且根据协定证明是合理的,那么,居住国就无须再审查,该所得根据其国内法是否实际上来源于缔约国另一方。

BFH通过前述规则倒推出"征税条款",是值得怀疑的。当规则中有词语"仅"时,按照协定,如果利润和所得在那里课税,它就"仅"来源于缔约国另一方,才可以适用"倒推条款"(Rückfallklauseln)。但事实上没有词语"仅",按照协定它在那里课税,利润和所得"也"来源于缔约国另一方,而没有规定一种消极规则,即如果所得和利润没有在缔约国另一方征税,则不是来源于该国,这种规则不能理解为征税条款。②

现在,征税条款有了明确的表达形式,例如,2000年德国—奥地利协定(以下简称德—奥协定)第15条第(4)款规定:"为了该款宗旨,当根据本协定所得在缔约国另一方征税时,劳务被视为仅在缔约国另一方履行。"

用词语"仅"(nur)清楚地表明,如果劳务在那里没有征税,它不

---

① Lampe Mare, *Auslegung der sogenannten „Rückfallklauseln" in DBA*. IWB, 1999, SS. 773 – 780.

② Fischer Lutz, *Die Beteiligung an ausländischen Personengesellschaften vor dem Hintergrund der Betriebsstätten-Verwaltungsgrundsätze vom* 24. 12. 1999, in Kirchof & Lehner & Raupach & Prsdi. Statten und Steuern, Festschrift für Klaus Vogel zum 70. Geburstag. Heidelberg, 2000, S. 963.

被视为在缔约国另一方从事。对没有采用前述德—奥协定措辞的规则，只能从历史和体系解释得到征税条款意义上的适用领域。从税收协定的产生历史可知，这种规定将被引入适用于对协定的滥用以及那些缔约伙伴不可预见的不征税。因不同协定适用如定性冲突所致的不可预见的不征税，已经包括在转换条款之中，那么，征税条款的适用范围就应限于滥用协定，其适用范围要在目的上予以减损。只要没有涉及税收协定的滥用或者不可预见的不征税，就要承认缔约国另一方的任一课税。①

OECD 认为，如果协定没有征税条款，2000 年《范本》第 23A 条第(4)款的规定可以避免"白色所得"，因为来源国在协定法上的课税权是以该规定的措辞为前提，并不取决于来源国国内法上课税权的行使。

对征税条款的优点和缺点加以权衡之后，《范本注释》劝阻引入这种条款。其中规定："'征税法'看来有一定的优点，它可以适用于具有发达的经济结构和复杂税法的国家。然而，有必要在协定中补充针对善意行为的规定以提供必要的灵活性（对照下列第 19 段）。此外，这种方法不能有效地对付诸如'踏脚石策略'（stepping-stone strategies）之类的高级避税方案。'一般征税法'（general subject-to-tax）规定，只有在纳税人的有关所得应在居住国纳税的前提下，来源国才会给予协定的优惠。这基本上符合税收协定的目的，即避免双重征税。但是，出于某些原因，协定范本并不推荐这种一般性规定。"②当定性冲突和特别报酬碰到一起时，这种规定不能提供足够的解决方法。它们仅能实现避免双重不征税的目的，而双重征税将

---

① Fischer Lutz, *Die Beteiligung an ausländischen Personengesellschaften vor dem Hintergrund der Betriebsstätten-Verwaltungsgrundsätze vom* 24. 12. 1999, in Kirchof & Lehner & Raupach & Prsdi. Statten und Steuern, Festschrift für Klaus Vogel zum 70. Geburstag. Heidelberg, 2000, S. 963.

② 2005 OECD-MC, art. 1 para. 16 a. 15.

仍然存在,征税条款对定性冲突并没有可适性。①

另外,征税法使那些在其居住国基于各种事由而就相关所得未实际纳税的居民,被排除在适用税收协定优惠规定之外。也可能将那些享受特殊减免税待遇的慈善机构、养老基金和与其类似的组织,以及那些享有居住国为刺激国内经济发展而特别给予减免税待遇的公司,排除在适用税收协定优惠规定之外。对此,缔约国双方需要就以上组织或公司是否可以适用税收协定优惠待遇,作出特别的规定。②

(3)特别报酬条款

"转换条款"或者"征税条款"不仅因法律的不稳定以及实用性方面遭到批评,③而且仅是一种缓解方法罢了。④ 在协定实践中,为了解决特别报酬问题往往在协定中制定专门的特别规则。

1992 年德国—瑞士协定(以下简称德—瑞协定)以及 2000 年德—奥协定第 7 条第(7)款包括了对特别报酬的特别规则,两个协定中的措辞是一样的:"该条也适用于投资合伙企业获得的所得。它也涉及下列报酬:合伙人因在合伙企业中从事劳务活动、向合伙企业提供贷款或转让财产而从合伙企业获得的所得,如果这种报酬根据常设机构所在缔约国的税法属于常设机构合伙人的所得。"

该规定的第一句并没有独立的规则特征,而仅具有宣告作用。两个缔约国都将合伙企业视为纳税虚体,因而,合格的合伙企业作

---

① Schönhaus Mathias, *Die Behandlung der stillen Gesellschaft im Recht der Doppelbesteuerungsabkommen unter besonderer Berücksichtigung des OECD-Partnership-Reports*, Frankfurt a. M, 2005, S. 230.

② 参见廖益新主编:《国际税法学》,高等教育出版社 2008 年版,第 256 页。

③ Mittermater J., *Besteuerung von Personengesellschaften im Verhältnis USA-Deutschland*. Heidelberg, 1998, S. 319.

④ Bicker H. & Höppner H.-D. & Grotherr S. & Kroppen H.-K., *DBA-Kommentar*, Herne/Berlin, 1997, art. 23 A/23B OECD-MA Rz. 162.

为常设机构归属于单个的合伙人,他们通过合伙企业在缔约国另一方经营企业。因对必须从事企业活动的合伙企业进行投资,每个合伙人就可以适用第 7 条第(1)款,至少适用于合伙企业的利润部分。①

第二句具有独立的规则内涵,因为协定中的第 7 条第(8)款承认了其他分配规则优先于第 7 条。如果没有第 7 条第(7)款第二句,那么合伙人和合伙企业的交易所得就归属于单独分配规则。当涉及常设机构所在地国或者合伙企业所在地国国内的课税情况时,第二句的后半句就规定了对特别报酬的处理。如果国内税法规则将特别报酬归属于合伙企业所得,如《所得税法》第 15 条第(1)款第(1)项第(2)小项的后半句的规定,那么,根据德—瑞协定第 7 条第 7 款第二句前半句的规定,该所得应属于企业利润。该规定明确指示参照来源国国内法,即常设机构所在地国的定性对两个缔约国都有约束。② 居住国在适用方法条款时,如果也同意这种看法,就能确保两个缔约国达成一致定性。③

第 7 条第(7)款第二句的宗旨和《所得税法》第 15 条第(1)款第(1)项第(2)小项是一致的。没有这种规则,根据德—瑞协定第 7 条第(8)款的规定,特别报酬就会归属于对股息、利息或者特许权使用费所得这些单独的分配规则之中,即协定第 10 条、第 11 条、第 12 条。仅当常设机构的特别报酬实际上可以归属于合伙企业,从而上

---

① Piltz Detlev Jürgen, *Veräußerung von Sonderbetriebsvermögen unter den Doppelbesteuerungsabkommen (OECD-Musterabkommen und DBA-Schweiz)*, IStR, 1996 (2).

② Weggenmann Hans, *Einordnungskonflikte bei Personengesellschaften im Recht der deutschen Doppelbesteuerungsabkommen unter besonderer Berücksichtigung des OECD-Partnership-Reports 1999*, Nürnberger, 2002, S. 299.

③ Flick H. & Wassermeyer F. & Wingert K.-D. & Kempermann M., *Doppelbesteuerungsabkommen Deutschland-Schweiz Kommentar*, Köln, 1981, art. 7 Rz. 790.

述分配规则中的常设机构保留的前提条件实际上得以满足时,这些所得才可能归属于德—瑞协定第7条的企业利润之中,[①]第7条第(3)款费用分配规则的适用才得以考虑。

因此,第7条第(7)款第二句的规定并没有排除第7条第(8)款的适用,[②]第7条第(7)款第二句就没有规则内涵,因为特别报酬也可以根据单独分配规则来判断。但并不能假定,缔约国会纳入一个没有规则内涵的规定。相应地,BFH也认为,第(8)款没有包括特别报酬。[③] 在协定条款的相互关联中,特别报酬仅因第7条第(7)款的特别规则而得以支持。如果没有这种规则,特别报酬就主要根据单独分配规则来加以定性。

根据德—瑞协定第7条第(7)款,要注意缔约国之间对特别报酬课税权分配的不平衡。[④] 例如,如果德国合伙人投资一个瑞士的OHG并对其提供贷款,从而获得利息,那么根据德—瑞协定第7条第(7)款第二句的规定,两个国家都有对该利息的课税权。瑞士根据其国内税收规则中的贷款关系承认这种所得形式,[⑤]也就是说,瑞士允许在对常设机构利润的确定时扣除该利息,这种所得不属于合伙人的投资利润,即不属于合伙人的常设机构所得,根据第7条第(7)款第二句的规定该利息就不能归属于企业利润,而是归属于第

---

① Flick H. & Wassermeyer, F. & Wingert K.-D. & KEMPERMANN, M., *Doppelbesteuerungsabkommen Deutschland-Schweiz Kommentar*, Köln, art. 7 Rz. 790.

② Piltz Detlev Jürgen, *Veräußerung von Sonderbetriebsvermögen unter den Doppelbesteuerungsabkommen (OECD-Musterabkommen und DBA-Schweiz)*, IStR, 1996 (2).

③ BFH v. 17. 10. 1990. BStBI II 1991, pp. 211 – 213.

④ Flick H. & Wassermeyer, F. & Wingert K.-D. & Kempermann M., *Doppelbesteuerungsabkommen Deutschland-Schweiz Kommentar*, Köln, art. 7 Rz. 791.

⑤ Flick H. & Wassermeuer, F. & Wingert K.-D. & Kempermann M., *Doppelbesteuerungsabkommen Deutschland-Schweiz Kommentar*, Köln, art. 7 Rz. 64 u. 760.

11 条规定的对利息的课税之中。根据德—瑞协定第 11 条第(1)款，瑞士作为来源国没有课税权。[①] 当德国为来源国时，因第 7 条第(7)款第二句的定性联系也会有这样的判断。那么，德国对该合伙人的利息就有完全的课税权，德国《所得税法》第 15 条第(1)款第(1)项第(2)小项后半句的规定也可以适用。在相反的情况下，即一个瑞士的合伙人投资一个德国的 OHG，德国同样具有无限课税权。因为德国对第 7 条第(7)款第二句进行审查，根据德国《所得税法》第 15 条第(1)款第(1)项第(2)小项后半句的规定，作为常设机构所在地国对瑞士合伙人的利息具有课税权。如果瑞士同样也接受该定性，根据德—瑞协定第 24 条第(2)款第(1)项第(a)小项，必须对该合伙人的所得免税。

涉及奥地利时就不会出现这种不平衡，因为奥地利将这种合伙人从合伙企业获得的贷款利息原则上归属于合伙企业的所得。因此，德—奥协定第 7 条第(7)款第二句的规定就为奥地利创设了课税权，只要合伙企业在那里有其坐落场所，奥地利就可以成为常设机构国。[②]

因各国国内税法上的特别之处，以及《范本》第 7 条第(7)款承认单独分配规则的优先性，对于缔约国而言，考虑在协定中制定这种特别规则来解决有关特别报酬的课税是比较合适的。如果德国想要对缔约国另一方在协定法上也主张其国内法上对特别报酬因营业税导致的课税权，那么，就要如德—奥以及德—瑞协定中一样规定特别规则。否则，根据协定法上的解释，特别报酬原则上并不

---

① Debatin Helmut & Wassermeyer Franz, *Doppelbesteuerung*, *Kommentar*, München, 1999, art. 7 Rz. Schweiz Rz. 416.

② Weggenmann Hans, *Einordnungskonflikte bei Personengesellschaften im Recht der deutschen Doppelbesteuerungsabkommen unter besonderer Berücksichtigung des OECD-Partnership-Reports* 1999, Nürnberger, 2002, S. 1.

归属于《范本》第7条第(1)款规定的企业利润。在适用与瑞士和奥地利所缔结的协定时，德国可以实施其具有广泛立意的合伙人概念。但适用其他协定时，则不一定。[1] 德国所采用的转换或者征税条款仅在另一方不征税的情况下确保征税权，并不能帮助协定适用者，对特别报酬进行定性。德国的特别报酬定性问题一向显著，随着国内中小型企业的全球化趋势日益加强，德国在其税收协定谈判中也急于建议，通过这里所述的特别规则的形式与其他缔约国进行澄清。

---

① Helmut Krabbe, "Germany's Tax Treaty Policy", *IBFD*, 2000(8/9).

第五章　中外双边税收协定对合伙企业的适用

合伙企业组织形式由于形式简便、经营灵活、信用度高等特点,是一种具有悠久历史的经营方式。在当今社会,经济急速发展,法治环境日益完善,合伙企业组织形式也越来越成为我国一种重要的经济组织形式。随着《合伙企业法》的修改,合伙企业的组织形式、经营范围和方式等方面有了新的发展和变化,但关于合伙企业所得征税的制度却处于滞后状态,不利于合伙企业组织的正常发展。

一、中国合伙企业所得税收制度

(一)合伙企业在中国的税收待遇

1. 按照中国法律设立的合伙企业

(1)1997 年《合伙企业法》及其有关法律规定

1997 年 8 月 1 日施行的《合伙企业法》(以

下简称旧法)第 2 条规定:“本法所称合伙企业,是指依照本法在中国境内设立的由各合伙人订立合伙协议,共同出资、合伙经营、共享收益、共担风险,并对合伙企业债务承担无限连带责任的营利性组织。”由此可见,我国旧法规定的合伙企业仅指普通合伙,即所有合伙人对合伙企业负无限连带责任,而并没有包括有限合伙。另外,虽然旧法没有明确禁止公司法人成为合伙企业的合伙人,但从其第 9 条“合伙人应当为具有完全民事行为能力的人”和第 13 条关于合伙协议应当载明的事项之第 3 项“合伙人的姓名及住所”的规定中可以推知,旧法是不允许公司等法人出任合伙人或者投资合伙企业的。[①] 第 37 条规定:“合伙企业应当依法履行纳税义务。”也就是说,合伙企业本身具有纳税义务,即 2000 年以前,我国将合伙企业本身视为纳税主体。

但 2000 年国务院《关于个人独资企业和合伙企业征收所得税问题的通知》中明确规定:“自 2000 年 1 月 1 日起,对个人独资企业和合伙企业停止征收企业所得税,其投资者的生产经营所得,比照个体工商户的生产、经营所得征收个人所得税。”接着,国家税务总局制定了《关于个人独资企业和合伙企业投资者征收个人所得税的规定》(以下简称《规定》),其第 3 条明确规定:“个人独资企业以投资者为纳税义务人,合伙企业以每一个合伙人为纳税义务人。”至此,我国取消了合伙企业的纳税主体地位,改由合伙人对合伙企业所得负纳税义务,实质上合伙企业由纳税实体转变为了纳税虚体,即合伙人就其从合伙企业中的按份所得有纳税义务,根据合伙人本身的性质缴纳相应的税收,如个人所得税、企业所得税等。例如,不具备企业法人资格的中外合作经营企业(实质上即为合伙企业)一

① 参见朱慈蕴:《公司作为普通合伙人投资合伙企业引发的法律思考》,载《现代法学》2008 年第 9 期。

般不构成独立的纳税主体，而应由合作企业的合作各方分别依照有关税法的规定履行各自的纳税义务，合作中方如为内资企业，则应按照《企业所得税暂行条例》的有关规定计算缴纳企业所得税；如为外商投资企业，则应按外商投资企业待遇纳税。但根据国家税务局有关规定，未组成独立企业法人的中外合作企业，具备一定条件的，如订有公司章程，设立经营管理机构，实行统一核算，共负盈亏和共同承担投资风险，也可以由合作企业提出申请，经当地税务机关批准，取得纳税主体资格，依照《外商投资企业和外国企业所得税法》的规定统一计算缴纳所得税，[①]并享受外商投资企业的税收优惠待遇。[②] 也就是说，这类合作企业经批准也可成为纳税实体。

(2)2006 年《合伙企业法》的相关规定

2006 年我国颁布了新的《合伙企业法》，第 2 条增加了有限合伙的规定，它是指“普通合伙人与有限合伙人共同组成合伙人，其中普通合伙人对合伙企业债务承担无限连带责任，有限合伙人以其出资为限承担有限责任的营利性组织”。另外，还增加了“特殊的普通合伙”，第 55 条以及第 57 条对其作了规定，即“以专业知识和专门技能为客户提供有偿服务的专业服务机构，可以设立为特殊的普通合伙企业”，“一个合伙人或者数个合伙人在执业活动中因故意或者重大过失造成合伙企业债务的，应当承担无限责任或者无限连带责任，其他合伙人以其在合伙企业中的财产份额承担责任”。这种“特殊的普通合伙”也被称为有限责任合伙，主要适用于专业服务机构，比较典型的就是注册会计师事务所、律师事务所等。因此，我国目前法律规定的合伙企业形式主要有 3 种，即普通合伙、有限合伙以及

① 参见《外商投资企业和外国企业所得税法实施细则》第 7 条。

② 参见《关于贯彻执行外商投资企业和外国企业所得税法若干业务处理问题的通知》(国税发〔1991〕165 号)。

有限责任合伙。另外,《合伙企业法》第 2 条还规定:“自然人、法人和其他组织可以成为合伙人。”这就明确了法人也可以参与合伙。同时,为防止国有企业和上市公司等因参加合伙可能使企业全部财产面临承担无限连带责任的风险,保护国家利益和公共利益,维护股东利益,新《合伙企业法》又规定:“国有独资企业、国有企业、上市公司以及公益型的事业单位、社会团体不得成为普通合伙人。”但不禁止其作为有限责任合伙人出资合伙企业。这意味着有限责任公司、股份有限公司等企业法人均可以通过合伙的方式进行投资。

《合伙企业法》第 6 条规定:合伙企业的生产经营所得和其他所得,按照国家有关税收规定,由合伙人分别缴纳所得税。这一有关合伙企业所得税的专门规定,结束了我国合伙企业所得税制方面基本法律长期缺位的状况,在扩展了合伙企业类型的同时,也使合伙企业所得税制在新法的框架下得到了整合和统一。《合伙企业法》对合伙企业所得税制彻底贯彻了“流经”原则,合伙企业在税收中仅起“导管”的作用,其本身并不能成为纳税主体,而合伙人才是真正的纳税主体。合伙企业被视为“纳税虚体”,其经营所得应分配给各合伙人,由各合伙人根据其自身情况缴纳所得税,个人合伙人依据个体工商户所得缴纳个人所得税,法人合伙人依据新的《企业所得税法》缴纳企业所得税。但是,我国目前尚未出台与《合伙企业法》规定相配套的所得税法实施细则,实务操作的法律依据仍主要集中在国家税务总局、财政部颁布的一些通知中,如财政部、国家税务总局《关于合伙企业合伙人所得税问题的通知》(财税〔2008〕159 号)、国家税务总局于 2000 年颁布的《规定》、2001 年颁布的国家税务总局《关于〈关于个人独资企业和合伙企业投资者征收个人所得税的规定〉执行口径的通知》(国税函〔2001〕84 号)。《关于〈关于个人独资企业和合伙企业投资者征收个人所得税的规定〉执行口径的通知》规定，以合伙企业名义进行的对外投资，对其分回的“利息、股息、红利”3种所得，需确定各个投资者的利息、股息、红利所得，分别按对应的应税项目计缴个人所得税。因该通知发生在《合伙企业法》引入法人、其他组织合伙人以前，所以仅规定了合伙企业投资取得的“利息、股息、红利”3种所得在性质上传递给自然人合伙人，未规定3种所得的性质能否传递到法人合伙人或其他组织合伙人的情形，对合伙企业利息、股息、红利以外的其他所得能否在性质上传递给合伙人也未作规定。①

2. 按照外国（地区）法律成立的合伙企业——纳税实体

我国在2008年1月1日起生效施行的《企业所得税法》第1条第（2）款中进一步明确了企业所得税的纳税主体不包括个人独资企业和合伙企业。但值得注意的是，根据新的《企业所得税法实施条例》第2条的解释，上述个人独资企业和合伙企业，是指依照中国法律、行政法规成立的个人独资企业和合伙企业（以下简称中国合伙企业）。因此，依照外国（地区）法律成立的个人独资企业或者合伙企业（以下简称外国合伙企业），仍然属于中国企业所得税法意义上的非居民企业，负有就其来源于中国境内的所得向中国政府按照企业所得税纳税的义务。也就是说，这类合伙企业在中国被视为纳税实体，合伙企业所得由合伙企业本身负企业所得税纳税义务，合伙人不是纳税义务人。

（二）合伙企业所得税收制度的缺陷及完善

《合伙企业法》增加了有限合伙和特殊合伙，并明确规定法人也可以成为合伙人，其颁布实施无疑是我国关于合伙企业法制的一大进步。但也还存在一些缺陷，如在有限合伙制度方面，没有区分两

① 参见熬玉芳：《我国合伙企业反避税法律制度的完善》，载《税务与经济》2015年第1期。

种出资的性质，有限责任与无限责任的界限及转化设计不完善；①公司出任普通合伙人时，如何平衡公司利益、如何平衡公司股东与合伙企业或者有限合伙人的利益等问题有待解决，尤其是从适用国际税收协定的角度来看，还存在一些缺陷。

1. 合伙人与合伙企业之间的交易定性

我国有关法律如新《合伙企业法》、《个人所得税法》及其实施条例、新《企业所得税法》及其新条例原则上禁止合伙人与合伙企业之间发生交易往来关系。但在例外情况下，两者之间可能发生的交易如合伙人向合伙企业提供劳务、贷款、转让财产等所产生的所得应如何定性，是否予以所得税法上的认可，则无具体规定。

《合伙企业法》第 32 条规定："除合伙协议另有约定或者经全体合伙人一致同意外，合伙人不得同本合伙企业进行交易。"本条的"交易"应如何理解，是从广义来理解，泛指所有合同关系，还是仅指狭义的商业买卖？如果是前者，那么就包括如劳务、转让、租赁、贷款、融资等法律关系；如果是后者，就仅指买卖合同，显然就不包括合伙人与合伙企业之间内部的各种其他契约关系。较合理的看法应是作广义的理解。合伙人与合伙企业之间各种内部交易关系就取决于合伙协议的约定或者全体合伙人的承认与否。如果全体合伙人一致同意或者合伙协议中有此规定，则合伙人与合伙企业之间的债权债务关系得以建立，合伙人就取得特别报酬，那么这种特别报酬又如何来课税？是应按交易的不同性质而进行定性且归属于相关合伙人的个人所得，还是归属于合伙企业的营业利润？

例如，假设合伙企业 P 在中国设立，合伙人 A 是 R 国居民，合伙

① 参见袁碧华：《新〈合伙企业法〉有限合伙制度的立法缺陷于克服》，载《国际经贸探索》2007 年第 6 期。

人B是中国居民，R国将合伙企业视为纳税虚体，但R国法律承认合伙人与合伙企业之间的各种交易关系。A向P出售其位于中国的不动产。此时，R国认为，这种所得应该纳入税收协定的第13条，可以由中国征税。但因我国没有对这类交易性质作出明确规定，合伙企业因此向合伙人支付的款项，是否可以由合伙企业列支？如果我国对该合伙人的财产转让所得扣征所得税，但却又不允许从合伙企业中列支，就会导致双重征税。这种做法显然是不合理的。除德国等少数国家外，大多数国家都承认合伙人与合伙企业之间的交易关系，并承认合伙企业可以将因此支付给合伙人的款项列支，在涉及合伙企业的跨国所得课税时，这样的规定有利于避免所得定性冲突的产生。因此，建议对合伙企业的这种交易支出，可以列支。

假如R国不承认合伙企业与合伙人之间的交易关系，则会将这种财产转让所得纳入合伙企业的营业利润之中，而如果合伙人一致同意这种交易或者合伙协议中有此规定，则我国会将所得纳入合伙人的财产转让所得之中，按照协定第13条我国有课税权，这样就导致定性冲突与双重征税。

因此，建议将来制定合伙企业法实施条例或者有关合伙企业的税收法规中补充规定：《合伙企业法》第32条所指的交易包括诸如贷款、融资、租赁、转让动产、不动产、知识产权、提供服务等。合伙人因此而获得的所得，由合伙人个人缴纳所得税；合伙企业因此而支出的款项，可以列支。

另外，鉴于不同国家对合伙人与合伙企业因发生交易关系的规定各异，往往导致对所得的双重征税或者不征税。对此，德国以及其他国家在协定中采用"转换条款""征税条款"以及涉及特别报酬的特别条款来达到协定的目的，但"转换条款"和"征税条款"主要适用于采用免税法来避免双重征税或者双重不征税的国家，而且也存在适用上的一些缺陷。我国在协定中主要采用抵免方法，所以这两个条款目前无须借鉴。但如上所述，在协定中可以制定专门针对特别报酬的条款，规定因合伙人与合伙企业之间交易产生的所得属于合伙企业的营业利润或者属于协定中各单独分配规则下的所得，以避免对这些所得的双重征税或者不征税。

2. 合伙企业合伙人应纳税所得额的计算依据

财政部、国家税务总局《关于合伙企业合伙人所得税问题的通知》（财税〔2008〕159 号）第 4 条规定，合伙企业的合伙人按照下列原则确定应纳税所得额：（1）合伙企业的合伙人以合伙企业的生产经营所得和其他所得，按照合伙协议约定的分配比例确定应纳税所得额。（2）合伙协议未约定或者约定不明确的，以全部生产经营所得和其他所得，按照合伙人协商决定的分配比例确定应纳税所得额。（3）协商不成的，以全部生产经营所得和其他所得，按照合伙人实缴出资比例确定应纳税所得额。（4）无法确定出资比例的，以全部生产经营所得和其他所得，按照合伙人数量平均计算每个合伙人的应纳税所得额。合伙协议不得约定将全部利润分配给部分合伙人。〔2008〕159 号文表明，应优先按照合伙协议约定的分配比例来确定合伙人的应纳税所得额。但实践中常常发生的情况是，全体合伙人会另外共同签署一份合伙协议的补充协议，该补充协议对合伙协议约定的收益分配比例进行了变更，但相关税收法规并未明确当合伙企业同时存在合伙协议及其补充协议，且两者对分配比例的事项存在不一致时，应按哪一个协议来确定合伙企业合伙人的应纳税所得额。此外，在有限合伙制私募基金中，为了实现某些特殊目的，普通合伙人会与某个或某些有限合伙人签订单边协议。这些单边协议通常涉及对于签署方的权益进行不同于有限合伙协议的特殊安排，可能与合伙协议或其补充协议中约定的收益分配不同，那么，此时单边协议能否作为确定计算应纳税所得额的依据?

在合伙协议、补充协议以及单边协议三者共存已经越来越成为常态的情况下,如何设立合理原则,以确定计算应纳税所得额的依据就显得非常重要。可考虑将合理原则设定为,分配协议应体现出有利于促进合伙企业整体利益的激励约束,并公平对待每一个合伙人,即分配协议体现出的激励约束能够最大限度地促进合伙企业发展,增进合伙企业整体利益,合伙人享受权利平等性,以及在享受权利、承担义务方面的对等性。①

3. 合伙企业的反避税

国际避税是跨国纳税人利用合法的方式,在不违反税法的前提下,通过人(个人或法人)、没有独立法人资格的团体或资金跨国境的流动或非流动,达到减轻或消除税收负担的目的。国际避税形式可以分为两类:一是利用税法优惠条款或可自由选择的计税方法等处理财务、经营、交易事项而减轻税负。由于这种形式不违反税法本意,符合政策导向,又可称其为节税(Tax Saving)。这种避税一般得到税务部门的鼓励。二是利用各国税制差异、税法漏洞,通过经营和财务活动的安排达到规避或减轻税负的目的。尽管这种行为可能不直接触犯税收法规,但却与税收政策导向相违背,受到大多数国家的抵制,引发避税与反避税的斗争。②

合伙企业常常成为避税的工具之一,因为它与公司在税收待遇上存在很大的区别,同时合伙人与合伙企业之间的关系又远较公司与股东之间的关系紧密。意图避税的纳税人通常会利用法律赋予

---

① 参见单顺安:《我国合伙企业所得税政策改革的探讨》,载《税务研究》2014年第4期。

② 参见靳东升、张智慧:《反避税的国际合作及发展趋势》,载《国际税收》2013年第6期。

他的行为选择权，通过一定的筹划，使其交易行为在形式上符合法律规定的适用优惠税收待遇的行为类型，从而达到消除纳税义务的实质结果。合伙企业往往就会成为避税的选择对象。如上所述，2000 年的《规定》所确定的制度虽然也贯彻了“流经”原则，但该规定中的很多制度和内容存在较大的缺陷。其中，最为严重的缺陷是没有一个明确的反避税制度，从而使合伙企业容易被用作避税的工具。

一般来说，合伙企业常见的避税行为主要有以下两种方式：一是通过合伙协议对利润、亏损的特殊分配降低合伙人的整体税负。合伙企业注重“人合”性，侧重于合伙人之间的相互信任关系，法律赋予合伙人比公司股东更大的自由权，由合伙人通过合伙协议的约定明确各个合伙人之间的权利义务关系，它是调整合伙关系、规范合伙人之间权利义务的法律文件，是合伙企业设立和从事经营活动的基本依据。如果缺乏相应的制度规定，合伙人出于减少自身税款、降低税负、协商一套对其最有利的纳税方案。二是利用合伙人与合伙企业之间的关联交易降低合伙人税负。我国《合伙企业法》第 32 条第 2 款规定，除合伙协议另有约定或者全体合伙人一致同意外，合伙人原则上不得同其所在的合伙企业进行交易。第 70 条规定，有限合伙人可以同其所在的有限合伙企业从事交易，合伙协议另有约定者除外。从这两项规定来看，合伙人与合伙企业之间有可能与合伙企业进行关联交易。合伙企业在发展和壮大过程中，因急需资金、设备、技术等资源，合伙企业并非全部能从外部市场得到满足，加之考虑到合伙人的信息优势和融资的便捷性，合伙企业更多地依赖内部融资。从规避税收的角度来看，合伙人有可能为了降低税负之目的，协商一致抬高或压低交易价格，甚或出现合伙人借关联交易之名作出规避税收的特殊安排，即无交易实质内容存在的情形。①

我国目前的合伙企业所得税制中尚无明确具体的反避税规则和措施，仅有《合伙企业法》第33条第2款规定："合伙协议不得约定将全部利润分配给部分合伙人或者部分合伙人承担全部亏损；……"《税收征收管理法》（以下简称《征管法》）第36条规定："企业或者外国企业在中国境内设立的从事生产、经营的机构、场所与其关联企业之间的业务往来，应当按照独立企业之间的业务往来收取或者支付价款、费用；不按照独立企业之间的业务往来收取或者支付价款、费用，而减少其应纳税的收入或者所得额的，税务机关有权进行合理调整。"《税收征收管理法实施细则》（以下简称《细则》）第51条规定："税收征管法第三十六条所称关联企业，是指有下列关系之一的公司、企业和其他经济组织：（一）在资金、经营、购销等方面，存在直接或者间接的拥有或者控制关系；（二）直接或者间接地同为第三者所拥有或者控制；（三）在利益上具有相关联的其他关系。"由此可知，合伙企业的关联交易也应当按该法及其实施细则进行限制和调整。前者能够有效防止利用"特殊分配"以规避部分合伙人纳税义务的情形出现，如在居民纳税人与非居民纳税人共同投资的合伙企业中，合伙人一般喜欢通过特殊安排，将来源于国外的收入分配给非居民合伙人，而将来源于国内的收入分配给居民合伙人。由于非居民合伙人仅就来源于国内的收入纳税，上述安排就会导致本应分配给居民合伙人而缴纳的来源于国外的所得，因其全部分配给非居民合伙人而导致无法征税。后者可以防止合伙企

① 参见敖玉芳：《我国合伙企业反避税法律制度的完善》，载《税务与经济》2015年第1期。

业之间部分关联交易的避税。①

然而,《征管法》上的关联企业并不包括自然人,但从本质上来讲,合伙人与合伙企业之间的交易关系,其性质类似于关联企业关联方之间的交易关系。虽然这种交易关系,我国原则上不承认,但只要合伙协议中有规定或者全体合伙人同意,还是予以认可的。因此,《征管法》上的有关关联企业的规定就难以规制合伙人与合伙企业之间的交易关系,它们游离于法律管制之外,出于税收上的目的,它们往往会尽可能压低或者抬高两者之间交易的价格。而目前的法律对合伙人与合伙企业之间的这种转让定价望尘莫及,只能望"价"兴叹。

2009 年新的《特别纳税调整实施办法(试行)》(以下简称《调整办法》)中对关联企业间的转让定价、预约定价安排、成本分摊协议、受控外国企业、资本弱化以及一般反避税等特别纳税调整事项进行了详细具体的规定,这无疑是一大进步。但该办法是针对《企业所得税法》第六章的特别纳税调整而制定的,其适用主体是具有纳税主体地位的企业。毫无疑问,能适用于按照外国法律设立的合伙企业,对它们的避税行为将给予有力的打击。但因按我国法律设立的合伙企业不是纳税主体,该办法就不能适用于此类合伙企业。因此,建议将《调整办法》也适用于按照我国法律设立的合伙企业,或者在将来制定合伙企业法实施条例时参照《调整办法》作出具体明确的反避税规定。

一是完善特殊反避税措施。应制定详细明确的反避税特殊法律规则,首先,增加规定合伙企业的纳税申报义务;其次,建立合伙人在合伙企业中的"权益基值"并作为利润分配、亏损分担的根据;再

① 参见仟超:《论我国合伙企业所得税反避税制度的建构》,载《财会研究》2008 年第 14 期。

次，规定合伙企业的所得性质上传至合伙人；最后，增加合伙人与合伙企业的独立交易原则。[①]

二是完善一般反避税原则。一般反避税条款的意义在于为税务机关和司法机关反避税提供一个合法性依据和允许基准框架。税务、司法机关援引一般反避税条款的意义在于，借一般反避税条款的认定思路和适用标准或程序，使反避税更具有明确性和可操作性，避免其权力滥用，以保障纳税人的信赖和预期利益。通过一般反避税立法，以克服特殊反避税条款立法涵盖性不足的缺陷，宣示对所有避税行为的规制。[②] 目前，我国的一般反避税条款主要规定在《企业所得税法》中，该条款只能适用于企业所得税的避税行为。因此，对于合伙企业的反避税规则而言，应在完善特殊反避税规则的基础上，进一步完善一般反避税规则。具体而言，应在合伙企业税收法律制度中增加合理商业目的原则、实质重于形式原则、经济实质原则。并处理好特殊反避税措施和一般反避税原则二者之间的关系，特殊反避税措施具有优先适用的效力，仅当特殊反避税措施没有规定但有必要进行调整，并且在一般反避税规则调整范围内时，才考虑适用一般反避税规则。[③]

4. 合伙企业待遇不一致使协定适用变得更复杂

本来因各国对合伙企业的税收待遇规定不同，在适用协定时就已经困难重重了，我国对外国合伙企业和中国合伙企业给予不同的税收待遇，就使协定的适用更是复杂异常。加之我国将按照《中外

---

① 参见熬玉芳：《我国合伙企业反避税法律制度的完善》，载《税务与经济》2015年第1期。

② 参见王宗涛：《我国一般反避税条款：法律性质及其立法建构》，载《税务研究》2014年第8期。

③ 参见熬玉芳：《我国合伙企业反避税法律制度的完善》，载《税务与经济》2015年第1期。

合作经营企业法》和《外资企业法》规定成立的企业，适用《企业所得税法》的规定，中外合伙企业在税收法律、法规适用上的不同，不可避免地产生税负不公等问题。中外税收协定中往往都会制定“无差别待遇”条款，我国给予中外合伙企业不同税收待遇显然有悖于这种非歧视原则。例如，外国合伙企业在中国获得营业利润所得，要按照我国的《企业所得税法》来征税，而中国合伙企业却只要按个人所得税法课税；这种外国合伙企业清算解散时，也要缴纳企业所得税，而中国的合伙企业则不用缴纳；外国合伙企业中的合伙人与合伙企业发生的交易受到《调整办法》的管制，无疑这是正确的，但中国合伙企业的内部交易却游离于《调整办法》之外。显然，外国合伙企业可以主张其在我国负担的税收和有关条件，与中国合伙企业在相同情况下，负担或可能负担的税收或有关条件不同或比其更重。这样就在无形中增加了税收协定适用的难度。另外，外国的合伙企业能享受中外税收协定的优惠，而中国的合伙企业却不能，在同样的情况下，如中国的居民合伙人参与外国合伙企业与参与中国合伙企业获得跨国所得时，两者之间的不同纳税地位就会给同属中国居民的合伙人带来歧视，违反平等待遇原则。

绝大部分将合伙企业视为纳税虚体的国家都没有区分按照本国法律或者外国（地区）法律设立的合伙企业，只是对外国的实体在进行定性时，采用了一些判断的标准和方法，如第一章所述，美国采用“四要素”法以及“实体选择”法，德国采用“类型比较”法来认定，一个外国的实体是属于合伙企业还是公司。这样，在适用协定时就将国内外合伙企业一视同仁，符合国民待遇和非歧视原则的要求，也减轻了协定适用的难度。

建议以后在修改相关法律法规时，明确规定按照外国（地区）法律设立的合伙企业或者类似实体也如按照我国法律设立的合伙企业一样为纳税虚体。以缓减协定适用的难度。至于如何来判断外国的合伙企业或者实体是否真如同我国的合伙企业,我们也可以制订一些判断标准。例如,可以借鉴德国的类型比较法,将外国的实体与我国的合伙企业或者公司进行比较,看其是更接近我国的合伙企业还是更像我国的公司。这样使协定的适用变得相对简单。

此外,为了尽可能地避免双重征税或者不征税,实现协定目的,可以在协定中制定关于合伙企业协定资格的特别条款,规定合伙企业具有完全协定资格或者部分协定资格。如前所述,这种特别条款有利有弊。但在以后的发展中,如果我国的合伙企业越来越多地投资国际市场,外国合伙企业来华投资也日趋增多,不可避免地经常产生协定适用的冲突,不利于实现协定的目的和宗旨,那么,还是建议在协定中制定针对合伙企业协定资格的特别条款,以便快捷、便利地解决具体的课税问题,维护纳税人的利益以及我国的税收权益。

5. 合伙企业形式多样性的挑战

一是多层级合伙企业税收问题。我国《合伙企业法》规定,自然人、法人和其他组织可以根据《合伙企业法》,在中国境内设立普通合伙企业和有限合伙企业。对于有“多层合伙”关系的合伙人,该如何确定“纳税人”? 其税基确定、税款缴纳、征管协作又该如何进行? 对境外多层合伙企业是否适用透视、流经原则? 合伙企业形式的多样性和复杂性将给税制设计和税收管理带来新的挑战。二是合伙人为非居民企业和非居民个人的税收政策不明晰。根据2009年国务院令567号《外国企业或者个人在中国境内设立合伙企业管理办法》,允许外国企业和个人在中国境内设立合伙企业。但是,我国目前合伙企业所得税制还没有专门针对合伙人为非居民企业和非居民个人的相关规定。三是在税收协定的利息、股息、特许权使用费条款的适用方面。如果外国合伙人自中国合伙企业取得的全部分配所得都作为单一经营所得，那么，合伙企业形式就排除了利用这些条款享受协定限制税率优惠的可能性，该非居民合伙人可能在中国面临双重征税。[①] 因此，应明确多层级的合伙企业在税收上也应适用穿透或流经原则，对合伙企业是否构成非居民合伙人的常设机构、非居民合伙人能否享受中外双边税收协定优惠、是否对有限合伙企业与普通合伙企业、有限合伙人与普通合伙人的税收处理适用差异化措施、非居民企业和非居民个人合伙人的税收政策等做出明确规定。合伙人从合伙企业中取得的所得应根据协定的分配条款予以定性，并将该定性上传至合伙人，以避免双重征税。

此外，一个科学完善的合伙企业税制是以科学完善的个人所得税制为依托，并以健全的申报制度和严密的稽查制度为基础的。因此，仅有课税种类和课税环节的转变是无法达到合伙企业税制科学化这一艰巨任务的，仍需要我们在诸多方面作系统的探索与充实。[②]

二、中外双边税收协定对合伙企业的规定及其适用

截至2015年12月底，我国内地已经对外正式签署了101个避免双重征税协定，并与香港、澳门两个特别行政区签署了税收安排。每个协定第1条都规定了人的适用范围："本协定适用于缔约国一方或者双方居民的人。"除了极少数协定外，合伙企业都可以被视为协定意义上的人。

（一）中外双边税收协定对合伙企业的规定

1. 合伙企业属于协定意义上的"人"

纵观我国内地以及香港特别行政区与其他国家或地区缔结的各个协定或者类似协定，对合伙企业属于协定意义上的人的表述可以

---

① 参见魏志梅：《合伙企业所得税制研究》，载《税务研究》2014年第4期。

② 参见吴金光：《三种合伙企业课税模式比较》，载《涉外税务》2002年第8期。

分为两类：

（1）合伙企业属于“其他团体”

我国与绝大多数国家，如日本、法国、德国等国所缔结的协定第3条一般规定：“人”一语包括个人、公司和其他团体；“公司”一语是指法人团体或者在税收上视同法人团体的实体。中国—泰国协定第3条第（4）款对“人”的范畴规定得更详细：“人”一语包括个人、公司、其他团体以及按照缔约国任何一方现行税法视为应纳税单位的任何实体。从这种措辞来看，毫无疑问，合伙企业也属于“人”的范畴，因为它如果不属于公司，可以包括在“其他团体”这一用语之中。

（2）明确规定合伙企业属于“人”

这主要体现在中国与美国、塞浦路斯缔结的协定中。中国—美国协定第3条第（5）款规定：“‘人’一语包括个人、公司、合伙企业和其他团体。”《中国—塞浦路斯协定》第3条第（5）款规定：“‘人’一语包括个人、遗产、信托、合伙企业、公司和其他法人或非法人团体。”另外，我国香港特别行政区与其他国家或者地区缔结的协定或者航运入息协定中，大部分也明确规定合伙企业属于“人”的范畴。

2. 合伙企业不属于协定意义上的“人”

在我国内地以及香港特别行政区与其他国家或地区缔结的个别协定或者类似协定中，明确规定合伙企业不属于协定意义上的“人”。例如，中国—印度协定、香港—大不列颠协定第2条第（1）款第（f）项明确将合伙企业排除在“人”之外，规定：“‘人’一词包括个人、公司及任何其他团体，但不包括合伙。”在这种情况下，合伙企业不是协定意义上的人，更不是协定意义上的居民，在任何情况下都不可能具有协定资格，这时合伙企业有关所得的纳税义务人是合伙人，协定优惠待遇也应由合伙人享有。不过，这种将合伙企业排除在协定“人”的范围之外的规定毕竟不多。

3. 中法新税收协定中关于合伙企业规则的新发展

我国早期的税收协定大多签订于20世纪八九十年代，主要与英、美、日等发达国家缔结，以吸引外资。当时由于我国以资本输出为主，为了维护来源国的税收利益，谈签的协定主要参照的是《范本》。随着我国经济形势和对外投资的新发展，尤其是“走出去”战略的实施，我国企业和个人“走出去”步伐加快，资本输出规模不断增加，维护居民国税收权益的需求提升。从2000年开始，我国逐步对早期税收协定进行重新谈签。中国—比利时税收协定在2009年10月7日签署，2011年6月27日签署中国—英国税收新协定，2013年中国与荷兰、法国、瑞士都签署了新协定。

中国—法国新协定（以下简称中法协定）第4条首次明确了合伙企业的协定待遇，基本遵循了2010年OECD《范本》及其注释的精神，分为几种情况确定合伙企业是否适用协定并享受相关的协定待遇。合伙企业本身能否构成缔约国一方的居民，从而能否主张享受该缔约国对外签订的税收协定待遇，取决于合伙企业是否同时满足三个条件：一是协定意义上的人；二是负有居民纳税义务的人；三是纳税义务是由住所、居所、管理机构场所这类居住性质的法律事实标准而引起的。按照中法协定，合伙企业能否享受协定优惠待遇分为三种情形：

第一种是在缔约国一方设立合伙企业，从缔约国另一方取得所得，在这种情况下，无论缔约国双方是按照《企业所得税法》对合伙企业的所得征税（将合伙企业视为实体），还是按照《个人所得税法》对合伙人的所得征税，只要合伙企业或合伙人在设立地构成居民，同时满足以上三个条件，都有资格享受协定待遇。例如，中国将设立在国内的合伙企业P视为纳税虚体，P有两个中国居民合伙人A

和B,两个法国居民合伙人C和D,一个第三国合伙人E,合伙企业P从缔约国另一方法国取得所得,则合伙人A和B可以享受中法税收协定所规定的协定待遇,但合伙人C、D、E则不能享受协定待遇。假设中国将合伙企业视为纳税实体,即类似于公司征税,则合伙企业在具有中国居民身份的情况下,合伙企业本身可以就其从法国获得的所得享受协定待遇。在这两种情况下,缔约国另一方法国对合伙企业的定性,即视为纳税实体还是纳税虚体,则不予考虑。反之亦然。这里遵循了OECD所确认的原则,即合伙企业从缔约国对方取得所得时,应遵循合伙企业所在地国对合伙企业的税收定性,而不问所得来源国如何认定合伙企业,以确保居民国的居民企业或个人就其从来源国取得的所得享受协定待遇。

第二种是缔约国另一方的居民在缔约国一方设立合伙企业,从设立地取得所得,都不可以享受协定待遇。因为在这种情形下,对于缔约国一方而言,其是本国居民企业从本国境内取得所得,属于仅因来源地标准而产生的纳税义务。假如中国将设立在国内的合伙企业P视为纳税实体,但法国将P视为纳税虚体,P有中国居民合伙人A、B,法国居民合伙人C、D,合伙企业从中国境内获得所得。此时,在中国看来,P属于中国居民企业,并从中国境内获得所得,则中国对该所得的课税权不受协定限制,可以完全按照国内法课税。因法国将P视为纳税虚体,认为其居民合伙人C、D直接从中国取得所得,这并不能使C、D享受协定规定的限制税率,但法国居民合伙人可以就该所得享受协定其他条款规定的待遇,如抵免。假设法国将合伙企业P视为纳税实体,则不论中国如何看待,在法国看来,属于中国居民企业的合伙企业P从中国取得所得当然不能享受协定待遇。在此情形下,即使中国将合伙企业P视为纳税虚体,将所得直接归属于合伙人,则法国居民合伙人C、D也不能享受协定待遇。

也就是说，合伙企业从其设立地国本身取得所得，只要有一方将合伙企业视为纳税实体，就不能享受协定待遇，或者说来源国的征税权不受协定限制。[①]

第三种情形是在第三国成立合伙企业，从缔约国一方取得所得，如果合伙人是缔约国另一方的居民且该国将合伙企业看作透明体，那么，该所得可以主张享受协定待遇，因为该所得在缔约国另一方的纳税义务是由于合伙人的居民身份引起的。反之，如果缔约国另一方将合伙企业看作实体，就没有因居住性质标准产生的纳税义务，因此没有资格享受协定待遇。[②] 假设合伙企业 P 在第三国 X 国设立，有中国居民合伙人 A、B，法国居民合伙人 C、D，X 国居民合伙人 E、F，合伙企业 P 从中国获得所得。如果法国和 X 国都将合伙企业 P 视为纳税虚体，即将合伙企业 P 从我国取得的所得认定为归属于合伙人的时代，相当于法国居民合伙人 C 和 D 直接从我国取得所得，则在其他条件满足的情况下，C 和 D 才可以享受协定待遇。在这种情形下，不论我国赋予合伙企业 P 何种税收待遇，都不予考虑。但是，法国居民合伙人 C 和 D 享受中法协定待遇的另一个前提条件是，X 国应与中法两国都签订了信息交换协议或者包含了信息交换条款的税收协定。中国的居民合伙人 A 和 B 则不能享受协定待遇。这既可保证缔约国一方居民就其从缔约国另一方取得的所得享受应有的协定待遇，也可避免因税务当局之间信息不通而造成的避税。[③] 在刚才的案例中，假设法国不是将合伙企业 P 视为纳税虚体，而是视为纳税实体，那么，在法国看来，并非其居民合伙人直接从中

---

① 参见冯立增:《新中法税收协定解析》，载《国际税收》2014 年第 1 期。

② 参见何杨、张国承等:《我国最新税收协定发展解读》，载《国际税收》2014 年第 5 期。

③ 参见冯立增:《新中法税收协定解析》，载《国际税收》2014 年第 1 期。

国取得所得，而是 X 国的居民企业从中国取得所得，当然不能享受中法税收协定的待遇。这时，中国和 X 国如何认定合伙企业，则不予考虑。从这里可以看出，在合伙企业 P 在第三国设立的情形下，所得来源国给予合伙企业的税收待遇无关紧要，重要的是缔约国另一方对合伙企业税收待遇的定性，以保证享受应有的协定待遇。

中法协定第 4 条实际上相当于德国双边税收协定中的特别规则，即缔约国双方在协定中对合伙企业的协定资格进行明确规定，有利于在对合伙企业及其跨国所得课税时，避免双重征税和不征税。

（二）中外双边税收协定对合伙企业的适用

中国已经从合伙企业基本法层面上明确将中国合伙企业视为纳税虚体，其所得或利润应由合伙人纳税。虽然中法协定首次对合伙企业的课税进行了规定，这无疑对解决合伙企业的跨国所得课税中的双重征税或不征税起到了巨大的推动作用。但在中国缔结的其他大多数双边税收协定中，虽然规定了合伙企业是协定意义上的"人"，却没有关于合伙企业课税的进一步其他必要条款的规定。因我国将国内设立的合伙企业视为纳税虚体，不具备纳税主体地位，故合伙企业不是缔约国一方的居民，不具有协定资格，无法享有协定优惠。而将根据外国法律设立的合伙企业视为纳税实体，其他国家对合伙企业也赋予不同的税收地位，则在适用协定时，对合伙企业及其跨国所得征税时，往往会产生双重征税或不征税现象。那么，在适用其他中外双边税收协定时，因缺少具体规定，则我国可视不同情况，以及我国处于不同的地位，如所得来源国、合伙人居住国、合伙企业所在地国，有时可以同时是所得来源国和居住国等情况来对协定进行分析适用。

如前所述，按照中国现行企业所得税法，外国合伙企业仍然属于中国企业所得税法意义上的纳税主体,如果它们的实际管理机构不在中国境内,则属于企业所得税法意义上的非居民企业,负有就其来源于中国境内的所得向中国政府纳税的义务。如果其实际管理机构在中国境内,那么这种外国合伙企业就是中国的居民企业,就其全球所得在中国负有纳税义务。也就是说,外国合伙企业在我国享受纳税实体的待遇,可以成为协定意义上中国的居民,具有协定资格,能享受协定优惠。这种同为合伙企业但彼此在中国税法上的纳税地位不同的情况,更增加了有关中外协定适用于合伙企业课税问题上的复杂性,以下笔者将从中国处于不同缔约国地位对合伙企业适用税收协定加以扼要分析,并假定中国与缔约国另一方缔结的是类似于 OECD 范本模式的协定。

1. 中国作为合伙企业所在地国

(1)从将合伙企业视为纳税虚体的缔约国另一方获得所得

假如合伙企业 P 在中国设立,合伙人 A、B 是中国居民。合伙企业从 S 国获得不属于 S 国常设机构的利息所得,S 国将合伙企业视为纳税虚体。中国与 S 国之间缔结了协定。

中国作为合伙企业所在地国,将合伙企业视为纳税虚体,合伙企业不是税法上的纳税主体,不具有协定资格,不能以中国居民纳税人身份主张享受中外协定待遇。但合伙人 A 和 B 是协定意义上的居民,可以享受协定优惠待遇。来源国 S 根据其国内税法也认为合伙企业是纳税虚体,推定合伙人 A 和 B 是相关的纳税人。此时,中国与 S 国对合伙企业协定资格的认定没有分歧。S 国根据其国内法,将会适用中国—S 国协定的第 11 条,其第(1)款适用的前提是,利息被支付给“缔约国另一方的居民”。在该例中,所得恰恰被视为“支付”给了合伙人 A 和 B,因为在中国税收目的上,该所得被分配给这些合伙人而不是合伙企业 P。因此合伙人就获得适用协定意义上的所得,S 国应将该所得视为从纳税虚体的合伙企业“流经”到了在其居住国有纳税义务的合伙人。来源国 S 对该所得应适用协定税率,中国对在 S 国已经缴纳的所得来源税应该允许合伙人抵免。

如果涉及合伙人与合伙企业之间内部交易关系产生的所得,例如,合伙人 A 在 S 国有不动产或者动产,甚至他在 S 国设有独立于该合伙企业的工商企业,他将该不动产或者动产出售给合伙企业 P,或者其自己的工商企业与合伙企业发生交易关系,从而从合伙企业 P 获得所得。此时,如果 S 国国内税法与中国国内税法对合伙人与合伙企业的内部交易之间存在不同规定,在适用协定时,对这些所得的定性就会产生冲突。根据《范本》第 3 条第(2)款所隐含的解决方法,中国作为合伙企业的居住国,如果协定没有制订有关特别条款,应该受到来源地国对所得定性的约束,即尊重 S 国对此类所得的定性。

(2)从将合伙企业视为纳税实体的缔约国另一方获得所得

假如合伙企业 P 在中国设立,合伙人 A、B 是中国的居民,S 国将合伙企业视为纳税实体,合伙企业从 S 国获得不属于 S 国常设机构的特许权使用费所得。我国与 S 国之间缔结了协定。

合伙企业是否具有协定资格,中国与缔约国另一方会有不同看法。中国认为,合伙企业 P 不具有纳税义务,而由合伙人就从合伙企业中获得的按份所得纳税。根据缔约国对方 S 的国内法,将合伙企业视为纳税实体,S 国认为合伙企业 P 既不是 S 国的居民也不是我国的居民,P 没有资格享受协定优惠,则 S 国就可以对合伙企业 P 的所得课税。这样,合伙人 A 和 B 的所得要再次承担纳税义务。

这显然与协定目的及宗旨不符。合伙企业在所在地国的税收待遇是适用协定用语所依赖之事实环境的一部分。S 国应该考虑合伙企业 P 在所在地国即中国的税收待遇,所得应视为支付给了 A 和 B

这两个中国的居民，他们也是该所得的受益所有人，是对该所得在中国负有纳税义务的人，这样就应适用协定第 12 条，则 S 国不能对特许权使用费课税，而由中国对合伙人 A 和 B 的特许权使用费独占征税。这就能保证对该所得负有纳税义务的人享受协定优惠，避免双重征税。

如果涉及合伙人与合伙企业因内部交易而产生的所得，如合伙人 A 将其位于 S 国的财产转让给合伙企业。假设 S 国承认这种交易就如同独立的第三人与合伙企业产生的交易。而目前中国对这种交易原则上是禁止的，如果中国合伙企业 P 在其设立合同中有此种规定或者全体合伙人一致同意，则承认这种交易关系，但中国对这种所得的定性没有明确规定，就极可能产生冲突，导致双重征税或者不征税。假设 S 国不承认这种内部交易关系，而中国又必须承认时，也会产生所得定性冲突。中国应尊重来源国 S 对所得的定性，除非在协定中制定了特别规则。

2. 中国作为所得来源国

(1)合伙企业所在地国将其视为纳税虚体

假设合伙企业 P 在 P 国设立，两位合伙人 A 和 B 都是 P 国的居民，从中国获得不属于位于我国常设机构范围的所得。P 国与中国之间缔结了协定。P 国将合伙企业视为纳税虚体，合伙企业没有协定资格，协定待遇由合伙人享受。因为中国将按照外国法律设立的合伙企业视为纳税实体，认为该合伙企业 P 是我国企业所得税法上的纳税主体，合伙企业本身可以享受中国与 P 国之间协定的优惠，而合伙人则不能。这样，对合伙企业的主体定性就产生了冲突。此时，中国应尊重所在地国赋予合伙企业的税收待遇，而将协定资格给予合伙人。

现假定合伙企业 P 在某纳税年度内取得一笔来源于中国境内的

债务人支付的贷款利息，并且该项利息所得不归属于合伙企业P在中国境内的某个常设机构的所得范围，如果不考虑适用报告建议的协调规则，中国作为上述跨国利息所得的来源地国将认为，虽然该外国合伙企业是我国企业所得税法上的纳税主体，但P本身并不是缔约国对方P国的居民纳税人，因为P在P国税法上不具备纳税主体资格，合伙人A和B虽然是缔约国对方的居民纳税人，但它们不是税收协定中有关利息所得课税条款规定的直接取得利息所得支付的人，因为利息款项是直接支付给合伙企业P的。因此，中国对上述情形中的跨国利息所得在行使来源地课税权征收预提税时可以不受协定中有关利息所得课征的预提所得税条款规定的协定税率的限制。结果，中国对上述跨国利息所得课征的预提所得税在缔约国对方P国也无法适用税收抵免措施得到消除，因为中国对利息所得课征的预提所得税的纳税人是合伙企业P而不是合伙人A和B，因此，A和B就上述利息所得无权要求适用其居住国P国与中国之间的协定待遇，即要求中国应按照税收协定中有关利息所得课税条款规定的限制税率课征预提税。

如果按照前述报告所建议的，中国在对上述利息所得课税时，应考虑到上述利息所得在主张享受协定待遇的人的居住国的课税处理情况。在上述假设案例中，合伙人A和B的居住国P国税法上将合伙企业视为纳税虚体，合伙企业所得“流经”至各个合伙人名下课税，因此，作为合伙企业的利息所得来源地国，中国应认定合伙人A和B有权适用其居住国P与中国之间的协定待遇，也就是说，上述案情中的利息所得经由纳税虚体的合伙企业分流至了合伙人A和B，符合协定中有关利息所得课税条款规定的“支付给缔约国另一方居民的利息”的限定条件要求，在对合伙人A和B通过合伙企业P取得的上述利息所得课税时，应该受到协定中有关利息所得课税条款规定的限制税率约束，尽管根据我国《企业所得税法》，这种利息所得是具有独立纳税主体资格的合伙企业P取得的。①

(2)合伙企业所在地国将其视为纳税实体

假如合伙企业P在P国设立，合伙人A和B是P国的居民。P从中国获得不属于其境内常设机构的利息所得。S国与中国缔结了协定。与上例唯一不同的是P国将合伙企业P视为纳税实体。

因为中国将外国合伙企业视为纳税实体，这时，与缔约国另一方对该合伙企业P的协定资格具有一致看法，即该合伙企业具有纳税地位，是缔约国对方的居民，且在对方具有居民纳税义务，能够享受协定待遇。在适用协定时对合伙企业协定资格的认定不会发生冲突，合伙企业P可以要求中国按协定第11条有关利息所得课税条款规定的限制税率课征预提税。

上述例子的一种变体是，假如合伙企业是按照中国法律设立，但坐落在P国，并构成P国所得税法上的纳税主体，并且符合缔约国对方税法规定的居民企业构成条件，从而在缔约国对方负有居民纳税义务，则可以作为缔约国对方的居民纳税人主张适用中国—P国协定待遇。在这种情况下，由于该合伙企业本身是缔约国对方的居民，对该合伙企业取得的来源于中国境内的所得，中国作为来源地国主张课税要受到协定中有关限制来源地国课税条款的约束。这时，应遵循合伙企业坐落国法对合伙企业的归类，中国在适用协定时，可以将对方的居民合伙企业视为纳税人，将协定资格赋予合伙企业，而不是合伙人。

① 参见廖益新:《国际税收协定适用于合伙企业及其所得课税的问题——以中国执行双边税收协定为视角》，载《上海财经大学学报》2010年第4期。

(3)合伙企业在所在地国被视为纳税虚体,在合伙人居住国被视为纳税实体

假如合伙企业 P 在 P 国设立,合伙人 A 和 B 是 R 国的居民,P 从中国获得不属于中国境内某个常设机构所得范围内的利息所得。P 国将合伙企业视为纳税虚体,R 国将其视为纳税实体。P 国、R 国都与我国缔结了协定。

在这种情况下,由于主张适用协定待遇的合伙人 A 和 B 的居住国 R 国税法上视合伙企业为纳税实体,并没有将合伙企业 P 的所得分流至各个合伙人的名下课税,合伙企业 P 取得的中国境内债务人支付的利息所得,在 R 国税法上将认定为归属于具有独立纳税主体的合伙企业 P 的所得,而合伙企业 P 又不是 R 国税法意义上的居民。因此,中国对合伙企业 P 取得的利息所得的课税,既不受 P 国与中国协定的约束,也不受 R 国与中国协定的限制。① 即该所得没有协定保护。

但这种解释和做法不符合协定的目的,无法避免由此带来的双重征税:如果中国不适用协定,并随之对来源于其国内的所得具有无限课税权,那么从合伙人 A 和 B 的角度来看,就会对该所得产生双重征税。尽管 R 国对该合伙企业 P 累积的或者说不是以股息分配给合伙人 A 和 B 的所得没有课税,但 P 国将合伙企业视为纳税虚体,从而将该合伙企业视为合伙人 A 和 B 设在其境内的常设机构,根据《范本》第 7 条第(1)款,P 国可以对常设机构所得课税,而中国也会对来源于其境内的利息所得课税,P 国要对该所得产生的双重征税给予抵免。

如果中国考虑合伙企业 P 在其所在地国的税收待遇,就会放弃

① 参见廖益新:《国际税收协定适用于合伙企业及其所得课税的问题——以中国执行双边税收协定为视角》,载《上海财经大学学报》2010 年第 4 期。

中国—P国协定的适用。因为合伙企业P在P国被视为纳税虚体，不是《范本》第4条第(1)款意义上的居民，无权享有协定保护，其合伙人也不是两国的居民。

如果考虑中国—R国协定的适用，中国同样必须审查，合伙企业P是否享有协定保护。虽然两个缔约国中国与R国都将合伙企业P视为纳税主体，但这并不表示合伙企业P本身可以向这两个缔约国之一要求协定保护，因为P位于P国。因此，不如考虑合伙人A和B为佳，因为两个国家都将他们视为R国的居民。合伙企业P在R国或P国的课税情况对R国—S国协定的适用没有影响。但中国认为，合伙企业P在P国被视为纳税虚体，因而拒绝给予协定保护。仅当中国对合伙人，A和B也考虑这种合伙企业的纳税虚体待遇，并认为根据S国—R国协定，A和B享有来源所得税减免时才会得出结论。那么，当合伙企业P在P国从事企业活动或者在那里被视为常设机构，该来源于中国的所得实际上属于该常设机构的活动所得时，才能避免部分双重不征税。否则，R国会对国内合伙人投资所谓外国从事消极活动的企业之所得不征税，但这可因活动保留或者滥用协定规则而得以保留。最后，P国根据P国—R国协定第24条第(3)款或是根据P国—中国协定的规定负有来源所得税抵免义务，由合伙企业P在中国缴纳的税收应由合伙人享有。

(4)合伙企业在所在地国被视为纳税实体，在合伙人居住国被视为纳税虚体

假如合伙企业P在P国设立，合伙人A和B是R国的居民，P从中国获得不属于其境内某个常设机构所得范围内的股息所得。P国将合伙企业视为纳税实体，R国将其视为纳税虚体。P国与R国都与中国缔结了协定。

在此情况下，根据报告的观点，同一所得具有享受两个协定待遇

的双重资格。中国既要受到与P国之间协定的限制，也要受到与R国所缔结协定的约束，中国应适用两个协定中的较低税率来使这种享受协定优惠的双重资格得以满足。

但事实上，国际税法与协定中都并没有规定税收的最惠国待遇。中国在适用协定时，要注意合伙企业P在其所在地国的税收待遇。在该例中，实际上仅涉及一个协定即中国—P国间协定的适用。合伙企业P因其在中国的纳税主体身份被视为协定资格人，可以对其从中国获得的所得主张中国—P国所订协定优惠，这是没有争议的。在《范本》第10~12条的分配规则范围内意味着，合伙企业P既是所得的接受者又是受益所有人，中国根据P国—中国协定有义务对合伙企业P从中国获得的所得提供来源所得税减免。如果中国审查根据R国—中国协定，它是否还有其他义务要履行，此时起决定作用的是合伙人A和B是否被承认为受益所有人。支付的股息是由P国的合伙企业P获得，显然合伙人A和B不是股息的接受者。在该例中，合伙企业P在P国具有企业活动，因此，合伙企业P是分配规则意义上的受益所有人。从经济上来看，合伙企业P作为居民有权得到股息，就不用再考虑将合伙人作为受益所有人。结果，中国仅因P国—中国协定有义务对合伙企业P获得的所得给予协定保护，R国—中国协定因缺少受益所有人而不适用。P国有义务根据《范本》第23A条第(2)款对所得免税或者根据第23B条第(1)款对中国的来源所得税给予抵免。

(5)中国同时是合伙企业所在地国，合伙人居住国将合伙企业视为纳税实体

假如合伙企业P在我国设立，合伙人A和B是R国居民，R国将合伙企业视为纳税实体。P从我国获得特许权使用费所得。R国与我国缔结了协定。按照报告的观点，不能要求中国给予该特许权

使用费协定保护，中国对所得具有无限课税权。

理由是，尽管A和B是R国的居民，按照R国的分配规则，他们对该特许权使用费在R国没有纳税义务，无权享受协定优惠。从R国的角度来看，P不是协定意义上R国的居民，也不是任何意义上的国内纳税人，所以，P国对该合伙企业所得的课税权不受协定的限制。合伙人无权享受协定待遇，因为他们不是协定意义上的受益所有人。中国可以只注重这个事实，即按照分配规则，该所得支付给P，而P既不具备成为R国居民的资格，也不具备成为P国居民的资格。此时，A和B的税收待遇并不相关。

在这种情况下，极易产生对所得定性的冲突，从而导致双重征税或者不征税。假如R国居民合伙人B将他位于中国合伙企业中的股份转让给他人所取得的收益，该合伙人的居住国税法上将视同为转让公司股权所得，并因此会认为根据《范本》第13条第(5)款规定，中国作为所得来源国不得对上述转让公司股份所得课税，只应由转让人的居住国征税。而中国合伙企业由于在中国税法上不具有独立的纳税主体地位，R国合伙人转让其在中国合伙企业中的出资份额，按照中国所得税法相当于非居民转让其在中国境内的常设机构或者固定基地的营业财产，根据《范本》第13条第(2)款规定可以由中国行使优先课税权。如果合伙人居住国R国认为中国适用第13条第(2)款规定对上述财产转让收益征税不符合两国间的协定，根据协定第23条规定并没有义务对转让人在中国缴纳的所得给予税收抵免救济，将造成对上述情形下的跨国财产转让所得的国际双重征税。在这种情形下的国际重复征税，完全是由于缔约国之间各自国内税法关于合伙企业的课税规定差异导致对有关所得性质认定的分歧造成的。[①] 根据前面章节分析得出的结论，此时正确的做法是，合伙人B的居住国R承认来源国即中国对所得的定性，将该所得视为转让常设机构营业财产所得，并有义务根据协定第23条对其居民纳税人提供免税或者税收抵免救济。

3. 中国作为合伙人居住国

(1)从将合伙企业视为纳税实体的所在地国获得所得

假如合伙企业P在P国设立，从P国获得不属于其境内常设机构范围的所得，合伙人A和B是中国居民。P国将合伙企业视为纳税实体且与中国缔结了协定。

缔约国对方将合伙企业视为纳税主体，中国也将该外国合伙企业P视为纳税主体，双方都将合伙企业视为公司对待。因而，在合伙企业的协定资格上不会产生定性冲突，合伙企业P而不是合伙人A和B可以享受中国—P国的协定待遇。

(2)从将合伙企业视为纳税虚体的所在地国获得所得

案情与上例基本一致，只是P国将合伙企业视为纳税虚体。尽管中国将外国合伙企业视为纳税主体，但根据报告的观点，此时中国应考虑合伙企业所在地国对合伙企业的待遇，P国不承认合伙企业是其国内税法上的主体，其所得和税收由合伙人A和B承担，则税收协定资格就由合伙企业流经至合伙人。因此，合伙人A和B可以享受中国与P国的协定待遇。

(3)合伙企业在所在地国被视为纳税虚体，在来源国被视为纳税实体

假如合伙企业P在P国设立，从S国获得不属于其境内的常设机构范围的所得，合伙人A和B是中国的居民。P国将合伙企业视

---

① 参见廖益新：《国际税收协定适用于合伙企业及其所得课税的问题——以中国执行双边税收协定为视角》，载《上海财经大学学报》2010年第4期。

为纳税虚体,S 国将其视为纳税实体,且两国都与中国缔结了协定。

因为我国将外国合伙企业视为纳税实体,所以此种情况与本部分(二)2.(3)部分所述的情况相同,只不过中国成了合伙人居住国 R 国而非来源国 S 国罢了。

(4)合伙企业在所在地国被视为纳税实体,在来源国被视为纳税虚体

假如合伙企业 P 在 P 国设立,从 S 国获得不属于其境内常设机构范围的所得,合伙人 A 和 B 属于中国居民。P 国将合伙企业视为纳税实体,而 S 国将其视为纳税虚体。此时,中国作为合伙人居住国也将该外国合伙企业 P 视为纳税实体。在此情况下,仅合伙企业 P 可以是受益所有人。虽然合伙人 A 和 B 是中国居民,但所得的接受者不是他们,而是合伙企业,从经济上来看,不是合伙人而是合伙企业 P 有权享有来源于 S 国的所得。在这种认识上,P 国和中国就会达成一致,S 国因注意到合伙企业 P 在 P 国的纳税主体身份也会和其他缔约国达成一致。合伙人是否属于一国的居民,合伙企业是否被视为纳税虚体或者纳税实体,在此没有进一步的意义,重要的是合伙企业 P 在其所在地国的税收待遇。因此,应适用 P 国—S 国协定,合伙企业 P 可以享受该协定优惠。P 国有义务对外国来源所得税给予抵免。

(5)合伙企业在所在地国与来源国被视为纳税虚体

假如合伙企业 P 在 P 国设立,从 S 国获得不属于其常设机构范围内的股息所得,合伙人 A 合 B 是中国的居民。P 国与 S 国都将合伙企业视为纳税虚体,且两国都与中国缔结了协定。在这种情况下,报告认为合伙人 A 和 B 不能根据中国—S 国协定要求来源所得税减免。同样也不能考虑 P 国—S 国协定,因为在该两国没有协定意义上的居民。

但事实上,合伙人A和B在P国对其从合伙企业P获得的所得具有有限纳税义务,对于P国的税收而言,合伙企业来源于S国的所得部分就由他们承担。如果S国不考虑协定限制对该所得向合伙人A和B课税,而P国对这两个合伙人从合伙企业获得的所得部分课税,就产生法律上的双重征税。原因是S国对合伙人A和B不适用S国—中国协定。

此时,S国应根据S国—中国协定对合伙人提供协定保护,相应地,对来源所得税可以根据《范本》第10条的额度进行减免,从而避免双重征税。

(6)合伙企业在所在地国与来源国都被视为纳税实体

假如合伙企业P在P国设立,从S国的子公司获得股息所得,合伙人A合B是中国的居民。P国与S国将合伙企业视为纳税实体,并且两国都与中国缔结了协定。

根据《范本》第4条第(1)款的规定,P是P国的居民,因而对S国也可以主张协定资格。因中国将外国合伙企业视为纳税实体,故3国都将合伙企业视为纳税主体,承认P的协定资格,股息从S国的X公司流入P国的P,该P有投资X的事实,是《范本》第10条第(2)款意义上的居民和受益人,第10条的前提得以完全满足。被视为纳税实体的合伙企业P具有协定资格,那么它本身可以援引S国—P国协定所规定的协定税率,根据《范本》第10条可以在S国要求限制来源税。合伙人A和B的居民身份在这里并无意义,对于他们来说没有外国的来源所得税要处理。如果S国放弃了对该所得的课税权,那么P国就保留其课税权。如果来源国保留了其课税权或者只是受到限制,那么所在地国就要限制其课税权或者对该所得完全放弃其课税权。

综上可知,合伙企业的跨国所得课税协调问题相当复杂,各国在谈判签订双边税收协定时，应本着互利互惠、既避免双重征税也避免税收落空的精神，针对跨国合伙企业在两国的发展实际情况和前景，商定具体协调办法。中法协定的做法就是一大有益尝试。我国在以后的双边税收协定的修订、谈签等过程中，应进一步重视合伙企业的课税协调条款的谈签，借鉴中法协定，在协定中制订关于合伙企业协定资格的特别条款。

结　　语

一、对全书的总结

综上所述，对合伙企业及其跨国所得的课税方面，可以得出以下粗浅的结论：

（一）合伙企业的协定资格方面

1. 合伙企业属于协定上的“人”

合伙企业是《范本》第3条第（1）款第（a）项意义上的“人”，因为它或者可以被视为“公司”，或者可以被视为“其他团体”。

2. 合伙企业成为缔约国一方居民的条件：纳税义务

如果要成为缔约国一方的居民，合伙企业本身必须具有纳税义务。当它被视为纳税主体时，就满足纳税义务的标准，而并不取决于实际课税。当合伙企业被视为纳税虚体，没有纳税义务或者被视为利润计算和分配主体从而在税收目的上仅具有暂时的独立性时，不足以构成居民。

如《报告》所强调的，仅当在确定税收时，合伙人的人身关系并不对合伙企业的所得产生影响，合伙企业才被视为纳税主体。如果合伙企业所得的应纳税额是根据合伙人的属人特点来确定的，如该合伙企业的合伙人是否为纳税主体、合伙人是否有其他所得、合伙人有哪些个人扣除项目以及对合伙人应适用的税率如何，那么这样的合伙企业本身不是纳税义务人，尽管有关所得在分配给合伙人之前是在合伙人企业层面计算的，或者有关税款在征管技术方式上也是由合伙企业来支付的，或者是在合伙企业这一层面来征收的，均不能改变上述结论。税收须独立于合伙人的存在而由合伙企业承担，仅当合伙企业是纳税实体或者被视为企业税纳税主体时，其才具有《范本》第1条意义上的协定资格，被视为纳税虚体的合伙企业通常不具有。

3. 被一致视为纳税虚体的合伙企业，仅合伙人可以主张协定待遇

如果缔约国将合伙企业一致视为纳税虚体，那么只有合伙人可以向另一国主张协定保护。当合伙人属于不同国家的居民时，可以要求适用不同的协定。因此，每个合伙人仅根据其可适用的协定按其投资额度主张来源所得税减免。对合伙人实施协定保护时，每个合伙人要向所得来源国证明其居民身份，这会产生行政管理上的困难。在涉及3国的情况下，仅要求适用合伙人居住国与来源国所缔结的协定。

4. 来源国要受合伙企业所在地国定性的约束

《报告》认为，对合伙企业协定资格问题，来源国要受到合伙企业所在地国定性的约束。这种观点得到大多数学者的认可。它可以从《范本》第4条第(1)款的文义得以证实且最能符合协定的目的和宗旨。但这也带来了一些困难：如果来源国国内法将合伙企业视为

纳税虚体，虽然它根据合伙企业所在地国的定性承认合伙企业的协定资格，但因其国内法上并没有对合伙企业进行来源所得税减免的相关规定，那么协定法上的双重征税就还是不能完全避免。协定在这方面对来源所得税减免没有规定自己的程序，各国可以在其国内的税法规则中作相应修订，以便对合伙人或者合伙企业提供协定保护。将合伙企业视为纳税虚体的国家也可以在其税收协定中增加特别规则，以便涉及将合伙企业视为纳税实体的国家时消除待遇上的不平衡。在协定中应该增加对常设机构部分协定资格的规定，因为仅制定单方面针对被视为纳税虚体的合伙企业的规定将导致新的不平等待遇。

来源国在适用协定时应遵循所在地国对合伙企业的定性，在涉及 3 国的情况下也要尽可能避免双重征税，每个居住国都有义务抵免来源税。《范本》第 21 条在涉及 3 国的情况下具有特别意义。为了避免协定适用时的矛盾，《范本》第 21 条应优先于第 7 条。如果《范本》第 6 条、第 10 ~ 12 条适用的前提没有得以满足，其就不适用，那么有关所得就并非总是归属第 7 条营业利润之下。协定上下文所蕴含的特殊原则将那些涉及与《范本》第 7 条不同的协定条款的所得从营业利润中分离出来。

委员会对来源国提出了一些建议，但并没有回答哪一国可以作为来源国，更没有考虑涉及 3 国情况下的抵免问题。根据《范本》第 24 条第(3)款，合伙企业的所在地国有义务对第三国的来源所得税给予抵免。

5.“来源国应注意居住国对所得的分配”并不合理

OECD 建议，来源国应该注意居住国对所得的分配，即根据协定规定，仅当应该得到协定保护的所得，以及可以援引协定的人都归属于居住国时，来源国才有义务提供来源所得税减免。但《范本》并没有隐含这种建议,协定的适用并不取决于缔约国国内的所得分配规则。如果缔约国认为,协定的适用应该依赖于国内的分配规则,那么可以在征税条款中加以协商。OECD 的这种解决办法是不合理的,由此造成《范本注释》相互矛盾。因此,OECD 应该抛弃这种解决方法并将相应的注释予以删除。

6. 合伙企业也可以享受关联企业优惠

如果所有国家都将合伙企业视为纳税实体,那么合伙企业可以主张协定保护,合伙人的居住国并不起什么作用。如果作为纳税主体的合伙企业同时又是其所在地国的母企业,那么其也有权享有《范本》第 10 条第(2)款第(a)项规定的关联企业优惠。该款括号中的内容即合伙企业应加以删除,OECD 的观点并不有助于正确理解括号中合伙企业的含义。

(二)合伙人从合伙企业获得所得方面

1. 合伙企业被一致视为纳税虚体时,所在地国对利润具有无限课税权

要确定合伙人和合伙企业之间的法律关系,当将合伙企业一致视为纳税虚体时,对利润部分的判断尽可能一致。此时,合伙企业被视为其所在地国的常设机构,合伙人作为其居住国的企业主在所在国按份运营常设机构。根据《范本》第 7 条第(1)款第二句,所在地国对合伙企业的利润具有无限课税权。对那些不适用该解释的国家,应该针对《范本》第 7 条作出特别协商。

2. 居住国应注意来源国对所得的定性

当缔约国对合伙人与合伙企业之间的交易往来有不同解释时,经常会对特别报酬的定性产生分歧。为了解决该冲突,《报告》建议,居住国在适用《范本》第 23 条时,应考虑来源国对有关所得的定性,这是符合协定目的的。要注意的是,该建议是在 2000 年写入

《范本注释》之中的。如果有关协定是在此之前就已缔结,则可以不作这样的解释。

特别报酬本身并不属于《范本》第 7 条的营业利润,该条第(7)款规定,单独的分配规则具有优先权。协定仅确定利润在缔约国的归属,这种利润何时以及如何产生,则由国内法进行规定。

3. 合伙企业在所在地国为纳税实体时,其利润仅在该国征税,通过设在缔约国另一方的常设机构进行营业的除外

如果合伙企业在其所在地国被视为纳税实体,那么仅该国对《范本》第 7 条第(1)款前半句规定的利润享有无限课税权。只要这种利润是在合伙企业内部积聚,那么根据分配规则,合伙人居住国的课税权就被排除。同样,这些国家也不太可能对合伙人的利润部分因方法条款而规定累进保留。当合伙企业将利润向合伙人分红时,允许合伙人国无限课税。合伙人因与合伙企业发生交易关系而获得的所得在这种情况下归属于单个分配规则之中。

(三)中外税收协定对合伙企业的适用

我国合伙企业所得税制具有一些缺陷与不足,首先,应从国内法层面加以修改和完善。其次,从税收协定层面增设有关条款,以避免对合伙企业及其跨国所得的是双重征税。尤其是我国将按照中国法律设立的合伙企业视为纳税虚体,而将依照外国法律设立的合伙企业视为纳税实体,这进一步增加了协定适用的困难。但无论我国处于何种地位,如合伙企业所在地国、所得来源国、合伙人居住国,当与缔约国对方因合伙企业课税产生冲突时,都可以借鉴上述原则来加以解决。在中外双边税收协定中明确规定合伙企业是否享受协定资格与优惠待遇,制定反滥用反避税规则以及针对合伙企业协定资格和特别报酬的特别条款。

二、对未来的展望

在拙著撰写与修改过程中,恰遇 OECD 针对“税基侵蚀和利润

转移”(Base on Erosion and Profit Shifting, BEPS)行为，提出重构国际税收秩序的建议，以应对BEPS挑战。这一行动不仅得到了发达国家的大力支持，也得到了发展中国家的热烈响应。我国亦积极主动参与OECD所开展的BEPS行动计划。

BEPS是随着经济全球化的加剧，跨国公司不断创新组织结构与运行模式，进行全球布局，为降低成本而进行的疯狂税收策划。OECD近年来一直在研究跨国企业通过税务结构调整以及到低税收国家开设分支机构而合法避税的办法，发现苹果、谷歌、脸谱等超级跨国企业均是个中高手，这些跨国公司采取各种手段，进行大规模的“税基侵蚀和利润转移”行为，导致居住国和所得来源国的税基受到严重侵蚀，税收主权受到严重影响。

属于BEPS行为之一的混合错配安排，就与合伙企业有着千丝万缕的联系。混合错配安排，是指由于交易所涉国家(地区)间在所得性质认定、实体性质认定、交易性质认定等方面的税制差异，对同一实体、金融工具或交易进行不同税务处理，从而产生双重扣除或者一方扣除，一方不计收入的错配结果，使交易方总体税负减少的安排。由于本书前述的合伙企业在各国的实体性质认定的差异，合伙企业所得性质定性的不同，以及合伙企业与合伙人之间交易定性的分歧，极容易诱使有关交易当事方利用这些因素进行人为的筹划，进行混合错配安排，以达到降低税负的目的。

2014年9月OECD发布《应对税基侵蚀和利润转移行动计划》(以下简称BEPS计划)之二适用于有错配因素并导致税基侵蚀结果的安排，主要是关联交易及筹划交易。报告表示尊重各国国内法和自主权，并在注意与税收协定协调的基础上，按错配的税收结果提出了相关政策建议。[1] 本书中所述关于对合伙企业适用双边税收协定的阐述,可以为国家在制定相关政策时提供参考。

随着我国金融体制和税收体制改革的深入,因混合错配安排导致的税基侵蚀问题将对我国形成越来越严峻的挑战。应通过借鉴BEPS报告和BEPS计划的成果,加强我国国内立法和国际税收协定的修改,适时引入反错配安排,消除混合错配安排对我国税收利益的影响,为新的国际税收法律秩序发挥我国应有的贡献。

但遗憾的是,本书囿于结构安排,尤其是笔者对混合金融工具、混合转让等新型"混合错配安排"的国际避税与反避税问题的研究尚浅,未能将与此相关的现实问题在本书中进行广泛、全面和深入的探讨。希望将来在本书基础上,能进一步深入研究"混合错配安排"等BEPS行为及其防范与规制。

---

① 参见黄晓理:《BEPS行动计划2、成果2:消除混合错配安排的影响》,载《国际税收》2014年第10期。

参考文献

一、著作类

（一）中文类

1. 韩德培主编:《国际私法新论》,武汉大学出版社 2003 年版。

2. 李双元主编:《国际私法》,武汉大学出版社 2014 年版。

3. 廖益新主编:《国际税法学》,高等教育出版社 2008 年版。

4. 廖益新主编:《国际税法学》,北京大学出版社 2002 年版。

5. 刘剑文主编:《国际税法学》,北京大学出版社 2000 年版。

6. 杨斌:《国际税收》,复旦大学出版社 2004 年版。

（二）英文类

1. Daniels A. H. M. , *Issues in International*

Partnership Taxation, Deventer(NL): Kluwer Law and Taxation Publishers, 1991.

2. Davies D. R., *Principles of International Double Taxation Relief*, London: Sweet & Maxwell, 1985.

3. Lang Michael, *The Application of the OECD Model Tax Convention to Partnerships-A Critical Analysis of the Report Prepared by the OECD Committee on Fiscal Affairs*, Wien, 2000.

4. Philip Barker, *Double Taxation Conventions and International Tax Law*, London: Sweet & Maxwell, 1994.

5. Vogel Klaus, *On Double Taxation Converntions*(3), London/the Hague/Boston: Kluwer Law International, 1997.

6. Yoshiaki Hirano, *Partnership no Hoteki Houzou ni Kansuru Ichi Kosatsu*(*A Certain Consideration on Legal Structure of Partnership*), Zeimu Daigakuko Ronso, 1993.

(三)德文类

1. Beckerath H. J. von., *Der Durchgriff im deutschen Außensteuerrecht*, Berlin, 1978.

2. Bicker H. & Höppner H. D. & Grotherr S. & Kroppen H. K., *DBA*-Kommentar, Herne/Berlin, 1997.

3. Debati H. & Wassermayer F., *Doppelbesteuerung Kommentar*, *München*, 1999.

4. Debatin Helmut & Endres Dieter, *Das neue Doppelbesteuerungsabkommen USA/Bundesrepublik Deutschland-The new US-German double tax treaty*, München, 1990.

5. Flick H. & Wassermeyer F. & Wingert K. & Kempermannk, *Doppelbesteuerungsabkommen Deutschland-Schweiz Kommentar*, Köln,

1981.

6. Gündisch Stephan, *Personengesellschaften im DBA-Recht —Eine Analyse des OECD-Partnership-Reports*, C. H. Beck, 2003.

7. Helde Stephanie, *Dreiecksverhältnisse im internationalen Steuer unter Beteiligung einer Betriebstätte*, Köln, 2000.

8. Hock Bernhard, *Personengesellschaften mit internationalem Gesellschafterkreis*, Wiesbaden, 1994.

9. Jacobs Otto H., *Internationale Unternehmensbesteurung*, München, 2002.

10. Kaulen G., *Ertragsteuerliche Behandlung der Niederlassungen ausländischer Unternehmen nach spanischem Recht unter Berücksichtigung des DeutschSpanischen Doppelbesteueung-sabkommens*, Erlangen-Nürnberg, 1973.

11. Kesselmeyer B., *Die Partnership im US-Steuerrecht (Federal)-unter Berücksichtigung der Beteiligung deutscher Partner*, Aachen, 2000.

12. Kluge Volker, *Das internationale Steuerrecht*, München, 2000.

13. Lang Michael, *Hybride Finanzierungen im internationalen Steuerrecht*, Wien, 1991.

14. Larenz Karl, *Methodenlehre der Rechtswissenschaft*, Berlin u. a., 1991.

15. Mittermaier J., *Besteuerung von Personengesellschaften im Verhältnis USA-Deutschland*, Heidelberg, 1998.

16. Mössner J., *Steuerrecht international tätiger Unternehmen*, Köln, 1998.

17. Ostendorf Claudia, *Behandlung von Sondervergütungen der Mitunternehmer im internationalen Steuerrecht unter besonderer*

Berücksichtigung der österreichen Rechtslage, Berlin, 1994.

18. Piltz Detlev Jürgen, *Die Personengesellschaften im internationalen Steuerrecht der Bundesrepublik Deutschland*, Heidelbeg, 1981.

19. Riemenschneider Sven, *Abkommensberechtigung von Personengesellschaften und abkommensrechtliche Behandlung der Einkünfte aus Beteiligungen inländischer Gesellschafter an ausländischen Personengesellschaften*, Frankfurt a. M., 1995.

20. Schaumburg Harald, *Internatinales Steuerrecht*, Köln, 1998.

21. Schōnhaus Mathoas, *Die Behandlung der stillen Gesellschaft im Recht der Doppelbesteuerungsabkommen unter besonderer Berücksichtigung des OECD-Partnership-Reports. Frankfurt a*, M: Peter Lang, 2005.

22. Selent Alexander, *Ausländische Personengesellschaften im Ertrag-und Vermögensteuerrecht*, Gelsenkirchen, 1982.

23. Tipke Klaus, *Die Steuerrechtsordnung*, Köln, 1993.

24. Vogel Klais, *Doppelbesteuerungsabkommen Kommentar*, München, 1996.

25. Vogel Klaus & Lehner Moris, *Doppelbesteuerungsabkommen der Bundersrepublik Deutschland auf dem Gebiet der Steuern vom Einkommen and Verögen Kommentar*, Müchen, 2003.

26. Weber-Fas Rudolf, *Staatsverträge im internationalen Steuerrecht*, Tübingen, 1982.

27. Wilke K. M., *DBA-Kommentar*, Herne/Berlin, 1997.

28. Weggenmann Hans, *Einordnungskonflikte bei Personengesellschaften im Recht der deutschen Doppelbesteuerung-sabkommen unter besonderer Berücksichtigung des OECD-Partnership-Reports* 1999, Nürnberger,

2002.

二、论文类

（一）中文类

1. 陈延忠:《国际税法上的识别冲突问题及其解决》,载《涉外税务》2006年第9期。

2. 傅明:《外商投资合伙企业的法律障碍》,载《上海国资》2008年第2期。

3. 何杨、嵇绍军:《2008年OECD税收协定范本新规解析》,载《涉外税务》2008年第10期。

4. 廖益新:《国际税收协定适用于合伙企业及其所得课税的问题——以中国执行双边税收协定为视角》,载《上海财经大学学报》2010年第4期。

5. 任超:《论我国合伙企业所得税反避税制度的建构》,载《财会研究》2008年第14期。

6. 喻中:《法学方法论视野中的规范分析方法及其哲学基础》,载《新疆社会科学》2004年第3期。

7. 袁碧华:《新〈合伙企业法〉有限合伙制度的立法缺陷于克服》,载《国际经贸探索》2007年第6期。

8. 朱慈蕴:《公司作为普通合伙人投资合伙企业引发的法律思考》,载《现代法学》2008年第9期。

9. 黄晓理:《BEPS行动计划2、成果2:消除混合错配安排的影响》,载《国际税收》2014年第10期。

10. 欧蓉蓉、陈延忠:《国际税收协定解释规则新论》,载《税务与经济》2012年第2期。

11. 敖玉芳:《我国合伙企业反避税法律制度的完善》,载《税务与经济》2015年第1期。

12. 王丽华:《混合实体的税收协定优惠待遇分析》,载《税务研究》2015 年第 6 期。

13. 张标敏:《中加合伙企业所得税制比较及启示》,载《涉外税务》2002 年第 2 期。

14. 吴青伦:《德国法上判定外国企业税法法人格的标准》,载《涉外税务》2012 年第 5 期。

15. 廖凡:《美国非公司型有限责任企业初探》,载《法学》2003 年第 9 期。

16. 何杨、张国承等:《我国最新税收协定发展解读》,载《国际税收》2014 年第 5 期。

17. 单顺安:《我国合伙企业所得税政策改革的探讨》,载《税务研究》2014 年第 4 期。

18. 杨斌:《合伙企业税制及其国际税收协调规则》,载《涉外税务》2003 年第 9 期。

19. 冯立增:《新中法税收协定解析》,载《国际税收》2014 年第 1 期。

20. 杨斌、宋春平:《两个协定范本关于所得征税权分配规则的比较》,载《国际税收》2011 年第 8 期。

21. 魏志梅:《合伙企业所得税制研究》,载《税务研究》2014 年第 4 期。

22. 武肇英:《浅谈合伙企业居民身份的确认》,载《税务研究》2001 年第 12 期。

23. 吴金光:《三种合伙企业课税模式比较》,载《涉外税务》2002 年第 8 期。

24. 丑世栋:《国际税收协定对跨国合伙企业的适用研究》,华东政法学院国际法专业 2005 年硕士学位论文。

25. 靳东升、张智慧:《反避税的国际合作及发展趋势》,载《国际税收》2013 年第 6 期。

26. 叶永青等:《国际税收发展新动向》,载《公司财务》2013 年第 7 期。

27. 杜秋娟:《论“受益所有人”在税收协定与我国税收管理实践中的运用》,载《税收经济研究》2012 年第 3 期。

28. 史耀武:《中国个人所得税制度研究》,财政部财政科学研究所 2013 年博士学位论文。

(二)英文类

1. A. Engelen Frank, P. G. Potgens Frank, “OECD Report on ‘The Application of the OECD Model Tax Convention to Partnerships’ and the Interpretation of Tax Treaties”, *ET*, 2000, 43(7).

2. Avery Jones, “The Relationship between Domestic Tax Systems and Tax Treaties”, *IBFD*, 2002, 56(6).

3. Avery Jones, “The ‘One True Meaning’ of a Tax Treaty”, *IBFD*, 2001, 55(6).

4. Avery Jones, “Credit and Exemption under Tax Treaties in Case of Differing Income Characterisation”, *BTR*, 1996(3).

5. Avery Jones, “Article 3(2) of the OECD Model Convention and the Commentary to It: Treaty Interpretation”, *ET*, 1993, 36(7).

6. Avery Jones, “1987 Simon’s Tax Cases”, *The British Tax Rev.*, 1987(36).

7. Avery Jones, John F, “The Interpretation of Tax Treaties with Particular Reference to Art. 3(2) of the OECD Model”, *BTR*, 1984(1).

8. Calderon J. M., Dolores Pina, “Interpretation of Tax Treaties”, *ET*, 1999, 42(10).

9. Daniels A. H. M. ,"International Tax Problems of Partnerships-National Report Netherlands. In IFA", *CDFI*, Volume LXXXa. Rotterdam,1995.

10. David J. Rachofsky,"Overview of the U. S. Tax Consequences of Disregarded Entities",*IBFD*,2001,55(9/10):388.

11. Engelen Frank A. , Frank P. G. ,"Report on, Application of the OECD-Model Tax Convention to Partnerships, and the Interpretation of Tax Treaties",*ET*,2000,43(7).

12. Garcia Prats, Franciso Alfredo, "Triangular Casesand Residence as a Basis for Alleviating International Double Taxation-Rethinking the Subjective Scope of Double Tax Treaties", *Intertax*, 1994,22(12).

13. Gerrit Groen,"Arbitration in Bilateral Tax Treaties",*Intertax*, 2002,30(1).

14. Gunadi,"International Tax Problems of Partnerships-Natioanl Report Indonesia. In *IFA*, *CDFI*, Volume LXXXa, Rotterdam, 1995.

15. Heinrich Johannes, Mority Helmut, "Interpretation of Tax Treaties",*ET*,2000,43(2).

16. Huelmut Krabbe, "Germany's Tax Treaty Policy", *IBFD*, 2000,54(8/9).

17. Hugues Salome, Robert J. Danon, "The OECD Partnership Report-A Swiss on Conflicts of Qualification",*Intertax*,2003,31(3).

18. Jackson J. Paul. , Mark H. Johnson, Stanley S. , Surrey, William C. Warren,"A Proposed Revision of the Federal Income Tax Treatment of Partnerships and Partners-American Law Institute Draf", *Tax Law Rev*. ,1954(9).

19. J. David B. Oliver, Jerome B. Libin, Stef van Weeghel, Charl Du, Toit, "Beneficial Ownership", *IBFD*, 2000, 54(7).

20. Jean Schaffner, "The OECD Report on the Application of Tax Treaties to Partnerships", *IBFD*, 2000, 54(5).

21. J. Wattel Peter, Marres. "The Legal Status of the OECD Commentary and Static or Ambulatory Interpretation of Tax Treaties", *ET*, 2003, 46(7/8).

22. Kirk J. Stark, Eric, M. Zolt, "United States Partnership Taxation: Current Structure and Proposals for Reform", *IBFD*, 2000, 54 (7).

23. Kostense H. E., "The Saint-Gobain Case and the Application of Tax Treaties. Evolution or Revolution?" *EC Tax Rev.*, 2000(4).

24. Lang Michael, "Later Commentaries of the OECD Committee on Fiscal Affairs-Not to Affect the Interpretation of Previously Concluded Tax Treaties", *Intertax*, 1997, 25(1).

25. Lethaus Hans J., Assessor Harald Mohr, C. H. Boehringer, Sohn Ingelheim, "The Taxation of German Partnerships", *IBFD*, 2000, 54(8/9).

26. Ludiwig Max Beat, "The Taxation of Enterprises with Permanent Establishments abroad-General Report", In IFA, *CDFI*, Volume LVIIIa. Rotterdam, 1973, I/3.

27. Marjaana Helminen, "Tax Treatment of Cross-Border Income Derived Through a Partnership-A Finnish Perspective", *IBFD*, 2002, 56 (7).

28. Martin Bünning, "Germany: Use of Partnership and Other Hybrid Instruments in Cross Border Transactions", *Intertax*, 2003, 31

(6/7).

29. Mouillan-Hogberg N., "The Taxation of Enterprises with Permanent Establishments abroad-General Report", *In IFA. CDFI*, Volume LVIIIa, Rotterdam, 1973. II/147.

30. Peters C., Snellaars M., "Non-Discrimination and Tax Law: Struchture and Comparison of the Various Non-discrimination clauses", *EC Tax Rev.*, 2001(1).

31. Rabinovitz Joel, Eric M. Zolt, "*Tax Nothings Taxes*, 1997 (75).

32. Rabkin Jacob, Mark H. Johnson, "The Partnership under the Federal Tax Laws", *Harvard Law Rev.*, 1942(55).

33. Raad Van Kees, "1992 Additions to Articles 3 (2) (Interpretation) and 24 (Non-Discrimination) of the 1992 OECD Model and Commentary", *Intertax*, 1992, 20(9).

34. Raad Van Kees, "Recognition of Foreign Enterprises as Taxables Entities-General Report", *IFA. CDFLa*. Rotterdam, 1988.

35. Shannon Harry A., "United States income tax treaties: Reference to domestic law for the meaning of undefined terms", *Intertax*, 1989, 17(6).

36. Sinclair L., "Interpretation of Tax Treaties", *IBFD*, 1986, 40 (1).

37. Vogel Klaus & Prokisch Rainer, "Interpretation of Double Taxation Conventions: General Report. In IFA", *CDFI*, 1993.

38. Vogel Klaus, "Tax Treaty News", *IBFD*, 2000, 54(12).

39. Vogel Klaus, "The Influence of the *OECD* Commentaries on Treaty Interpretation", IBFD, 2000, 54(12).

40. Yuri Matsubara, "International Tax Aspects of the Tokumei Kumiai", *IBFD*, 2004, 58(12).

41. Yoshihiro Musui, "Taxation of Partnerships in Japan", *IBFD*, 2002, 56(4).

42. Xenophon R. R, "Case Closed: Tax Treatment of US S-Corporations under the Germany-United States Income and Capital Tax Treaty-Treaty Benefits for Hybrid Entities", IBFD, *European Taxation*, 2014(5): 192-197.

(三)德文类

1. Aigner Hans-Jōgen, Die Bedeutung des Begriffes "Personengesellschaft" in Art. 10 Abs. 2 lit. A OECD-MA. SWI, 2001(2).

2. Aigner Hans-Jōgen & Züger Mario, Sind Entnahmen aus Personengesellschften "Dividenden"? SWI, 2000(4).

3. Aigner Hans-Jōgen & Züger Mario, Abkommensvergünstigungen für im Quellenstaat ansässige Gesellschfter von Personengesellschften?. SWI, 2000(4).

4. Aigner Hans-Jögen & Züger Mario, Die Lösung des OECD-Steuerausschusses für Qualifikationskonflikte bei Personengesellschaften. In Gassner W. & Lang K. & Lechner E., Personengesellschaften im Recht der Doppelbesteuerungsabkommen. Wien, 2000.

5. Baranowski Karl-Heinz, Grundsätze der Verwaltung für die Prüfung der Aufteilung des Betriebsvermögens und der Einkünfte bei Betriebsstätten international tätiger Unternehmer, IWB, F. 3, Gr. 2.

6. Debatin Helmut, Subjektiver Schutz unter Doppelbesteuerungsabkommen. BB, 1989(1).

7. Debatin Helmut, Zur Behandlung von Beteiligungen an

Personengesellschaften unter den Doppelbesteuerungsabkommen im Lichte der neueren Rechtsprechung des Bundesfinanzhofs. BB, 1992 (12).

8. Dōtsch Ewald & Pung A., Die geplante Reform der Unternehmensbesteuerung. DB, 2000(4).

9. Firlinger Robert, Die abkommensrechtliche Ansässingkeit und die Methoden zur Vermeidung der Doppelbesteuerung. In Gassner W. & Lang M. & Lechner, E., Die Methoden zur Vermeidung der Doppelbesteuerung. Wien, 1995.

10. Fischer-Zernin Justus, Sondervergütungen und DBA. RIW, 1991(7).

11. Fischer Lutz, Die Beteiligung an ausländischen Personengesellschaften vor dem Hintergrund der Betriebsstätten-Verwaltungsgrundsätze vom 24. 12. 1999. In Kirchof & Lehner & Raupach & Prsdi, Statten und Steuern, Festschrift für Klaus Vogel zum 70. Geburstag. Heidelberg, 2000.

12. Hahn Hartmut, Ein Urteil des Conseil d' Etat zur Abkommensberechtigung von Personengesellschaften. IStR, 2000(4).

13. Heinrich Johannes, Länderbericht Österreich. IStR, 1996(3).

14. Helmut Krabbe, Verständigungsverfahren bei Doppelbesteuerung. DSWR, 2002(1): 14 – 16.

15. Helmut Krabbe, Abkommensrechtliche Behandlung von Sondervergütung-Eine Replik. FR, 2001(2).

16. Helmut Krabbe, OECD-Musterabkommen 2000, IStR, 2000(3).

17. Helmut Krabbe, Das Optionsmodell im internationalen Steuerrcht. In Arbeitsunterlage zur Tagung. Reform der Unternehmen-

sbesteuerung 30. und 31. März,2000.

18. Hock Bernhard, Personengesellschaftenund internationales Steuerrecht,RIW,1995(2).

19. Kaulen G., Ertragsteuerliche Behandlung der Niederlassungen ausländischer Unternehmen nach spanischem Recht unter Berücksichtigung des Deutsch-Spanischen Doppelbesteueungsabkommens. Erlangen-Nürnberg,1973.

20. Kluge Volker,Die Anerkennung ausländischer Gesellschaften im deutschen Steuerrecht,IStR,1976(5).

21. Kluge Volker, Ertragsteuerliche Zurechnungsprobleme bei internationaler Unternehmenstätigkeit und ihre Beeinflussung durch Doppelbesteuerungsabkommen. Bochum,1975.

22. Knobbe-Keuk Brigitte,„ Qualifikationskonflikte “ im internationalen Steuerrecht,RIW,1991(4).

23. Kuß Maul, H. & SchÄfer, R., Die Option von Personengesellschaften für eine Besteuerung durch die Körperschaftsteuer im französischen Steuerrecht,IStR,2000(2).

24. Lanpe Mare,Auslegung der sogenannten „ Rückfallklauseln“ in DBA. IWB,1999(F.3,Gr.2).

25. Lang Michael Die Bedeutung des Musterabkommens und des Kommentars des OECD-Steuerausschusses für die Auslegung von Doppelbesteuerungsabkommen. In Gassner Wolfgang & Lang Michael & Lechner,Eduard. Aktuelle Entwicklungen im internationalen Steuerrecht. Wien 1994.

26. Lang Michael, Qualifikationskonflikte im Recht der Doppelbesteuerungsabkommen. In Kirchhof & Lehner & Raupach &

Prodi. Staaten und Steuern, Heidelberg, 2000.

27. Lang Michael, Personengesellschaften im DBA-Recht, SWI, 2000 (1).

28. Lang Michael & Wimpissinger Christian, Die Einkünfte von Gesellschaftern einer Personengesellschaft aus abkommensrechtlicher Sicht. In Gassner & Lang & Lechner, Personengesellschaften im Recht der Doppelbesteueungsabkommen-Die Auswirkung des OECD-Reports auf die Abkommenspraxis. Wien, 2000.

29. Lang Michael, Qualifikationskonflikte bei Personengesellschaften, IStR, 2000(2).

30. Lang Michael, Die Abkommensrechtliche Behandlung von ausländischen Personengesellschaften mit Steuersubjektivität im Ausland. In Kleineidam H.-J., Unternehmenspolitik und internationale Besteuerung, Festschrift für Lutz Fischer, Berlin, 1999.

31. Lechner Eduard, Die Abkommensberechtigung von Personengesellschaften. In Gassner Wolfgang & Lang Michael & Lechner Eduard, Personengesellschaften im Recht der Doppelbesteuerung-sabkommen, Wien, 2000.

32. Lethaus Hans, Wege zur Abkommensberechtigung der Personenge-sellschaft, In Kley M. D. & Sünner, E. & Willemsen, A., Steuerrecht, Steuer-und Rechtspolitik, Wirtschaftsrecht und Unternehmensverfassung, Umweltrech, Festschrift für Wolfgang Ritter, Köln, 1997.

33. Manke, Klaus, Personengesellschaften und DBA-Abkommensberechtigung und Abkommensschutz. In Vogel Klaus, Grundfragen des Internationalen Steuerrchts, DStJG, Köln, 1985.

34. Manke Klaus, Personengesellschaften im internationalen Steuerrecht. In

Deutsches Anwaltsinstitut. Jahrbuch der Fachanwälte für Steuerrecht 1978/1979, Herne/Berlin, 1978.

35. Menck Thomas, Der Qualifikationskonflikt im neuen deutsch-kanadischen Doppelbesteuerungsabkommen, Intertax, 1982, 10(6).

36. O. V.. Warum, Art. 4 a KStG-E gar nicht funktionieren kann, Anmerkung wfr, DB, 2000(10).

37. Piltz. Detlev Jürgen, Veräußerung von Sonderbetrieb-svermögen unter den Doppelbesteuerungsabkommen (OECD-Musterabko-mmen und DBA-Schweiz), IStR, 1996(2).

38. Pyszka Tillmanb, Lizenz-und Zinszahlungen einer Personengesellschaft an ihren ausländischen Mitunternehmer. IStR, 1998(9).

39. Schaumburg Harald, Die Personengesellschaften im internationalen Steuerrecht, Stbg, 1999(2).

40. Tumpel Michael, Beteiligung an einer Personengesellschaft als Betriebstätte des Gesellschafters. In GassneRr W & Lang & M. & Lechner E., Die Betriebstätte im Recht der Doppelbesteuerungsabkommen-Voraussetzungen der Besteuerung von Unternehmensgewinnen im Quellenstaat, Wien, 1998.

41. Vogel Klaus, Probleme der Auslegung von Doppelbesteuerungsabkommen, SWI, 2000(2).

42. Vogel Klaus, Zur Abkommensberechtigung ausländischer Personengesellschaften, IStR, 1999(1).

43. Vogel Klaus, Die Mär von den „Rückfall-Klauseln" in Doppelbesteuerungsabkommen, IStR, Beihefter 1997(24).

44. Wassermeyer Franz, Die Beurteilung der Abkommensberechtigung ausländischer Personengesellschaften durch Deutschland als dem

Nichtansässigkeitsstaat der Personengesellschaft, IStR, 1998(7).

45. Wassermeyer Franz, Soll Deutschland die Abkommensberechtigung in seinen DBA verankern? IStR, 1999(6).

46. Weggenmann Hans, Sondervergütungen unbeschränkt steuerpflichtiger Mitunternehmer einer ausländischen Personengesellschaft in der Rechtsprechung des BFH und aus Sicht der OECD, IStR, 2002(1).

47. Zehetner ulf, Personengesellschaften als Arbeitgeber nach Art. 15 Abs. 2 OECD-MA? SWI, 2001(1).

48. Züger Mario, Die Definition der Betriebstätte durch die Generalkausel und deren beispielhafte Erläuterung(Art. 5 Abs. 1 und 2 OECD-Musterabkommen), In Gassner W. & Lang & M. & Lechner E., Die Betiebstätte im Recht der Doppelbesteuerungsabkommen, Wien, 1998.

三、资料类

(一)法规及报告

(1)中文类

1.《维也纳条约法公约》

2.《中华人民共和国合伙企业法》

3.《中华人民共和国个人所得税法》

4.《中华人民共和国企业所得税法》

5.《中华人民共和国个人所得税法实施条例》

6.《中华人民共和国企业所得税法实施条例》

7.《中华人民共和国外商投资企业和外国企业所得税法实施细则》

8.《关于贯彻执行外商投资企业和外国企业所得税法若干业务处理问题的通知》,国税发〔1991〕165 号

9.《中华人民共和国税收征收管理法》

10.《中华人民共和国税收征收管理法实施细则》

11.《特别纳税调整实施办法(试行)》

(2)英文类

1. IFA, CDFI, Subject on International tax problems of partnerships, Kluwer Law International, 1995.

2. OECD, Commentaries on the Articels of the Model Convention, 2005 & 2002.

3. OECD, Model Tax Convention on Income and on Capital, 2003.

4. OECD, Previous Reports, "Triangular Cases" 2000.

5. OECD, The Application of the OECD Model Tax Convention to Partnerships, 1999.

6. OECD, Neutralising the Effects of Hybrid Mismatch Arrangements, 2015.

7. OECD, Preventing the Granting of Treaty Benefits in Inappropriate Circumstances, 2015.

8. OECD, Designing Effective Controlled Foreign Company Rules, 2015.

(3)德文类

1. Abkommen zwischen der Bundesrepublik Deutschland und Kanada zur Vermeidung der Doppelbesteuerung auf dem Gebiet der Steuern vom Einkommen und bestimmter anderer Steuern, zur Verhinderung der Steuerverkürzung und zur Amtshilfe in Steuersachen.

2. Abkommen zwischen der Bundesrepublik Deutschland und der Republik Island zur Vermeidung der Doppelbesteuerung auf dem Gebiete der Steuern vom Einkommen und vom Vermögen.

3. Abkommen zwischen der Bundesrepublik Deutschland und der Italienischen Republik zur Vermeidung der Doppelbesteuerung auf dem Gebiet der Steuern vom Einkommen und vom Vermögen und zur Verhinderung der Steuerverkürzung.

4. Abkommen zwischen der Bundesrepublik Deutschland und der Schweizerischen Eidgenossenschaft zur Vermeidung der Doppelbesteuerung auf dem Gebiete der Steuern vom Einkommen und vomVermögen.

5. Abkommen zwischen der Bundesrepublik Deutschland und den Vereinigten Staaten von Amerika zur Vermeidung der Doppelbesteuerung und zur Verhinderung der Steuerverkürzung auf dem Gebiet der Steuern vom Einkommen und vom Vermögen und einiger anderer Steuern.

6. Abkommen zwischen der Bundesrepublik Deutschland und dem Königreich der Niederlande zur Vermeidung der Doppelbesteuerung auf dem Gebiete der Steuern vom Einkommen und vom Vermögen sowie verschiedener sonstiger Steuern und zur Regelung anderer Fragen auf steuerlichem Gebiete.

7. Abkommen zwischen der Bundesrepublik Deutschland und dem Spanischen Staat zur Vermeidung der Doppelbesteuerung und zur Verhinderung der Steuerverkürzung bei den Steuern vom Einkommen und vom Vermögen.

8. Abkommen zwischen der Bundesrepublik Deutschland und der Republik Finnland zur Vermeidung der Doppelbesteuerung auf dem Gebiet der Steuern vom Einkommen und vom Vermögen sowie einiger anderer Steuern.

9. Abkommen zwischen der Bundesrepublik Deutschland und der Französischen Republik zur Vermeidung der Doppelbesteuerungen und

über gegenseitige Amts-und Rechtshilfe auf dem Gebiete der Steuern vom Einkommen und vom Vermögen sowie der Gewerbesteuern und der Grundsteuern.

(二)判例

1. BFH v. 21. 07. 1999, BStBI II 2000.
2. BFH v. 11. 06. 1996, BStBI II 1997.
3. BFH v. 23. 06. 1992, BStBI II 1992.
4. BFH v. 26. 02. 1992, BStBI II 1992.
5. BFH v. 05. 02. 1992, BStBI II 1992.
6. BFH v. 27. 02. 1991, BStBI II 1991.
7. BFH v. 17. 10. 1990. BStBI II 1991.
8. BFH v. 03. 02. 1988, BStBI II 1988.
9. BFH v. 24. 02. 1988, BStBI II 1988.
10. BMF v. 24. 12. 1999, BStBI I 1999.
11. BMF v. 28. 05. 1998, BStBI I 1998.
12. BMF v. 13. 01. 1997, BStBI I 1997.
13. BMF v. 26. 03. 1975, BStBI I 1975.
14. Hoge Raad v. 23. 03. 94, BNB 1993.
15. Hoge Raad v. 10. 03. 93, BNB 1993.
16. Philip G. Larson, 66 T. C. 159(1976).
17. Pierre Boulez v. Commissioner. 83 T. C. 584(1984).
18. RFH v. 12. 02. 1930, RStBI 1930.

缩略语表

一、英语

a.：and

BTR：British Tax Review

CDFI：Cahiers de Droit Fiscal International

DTC：Double Tax Convention

ET：European Taxation

IBFD：International Bureau of Fiscal Documentation

IFA：International Fiscal Association

Intro.：Introduction

IRC：Internal Revenue Code

IRS：Internal Revenue Service

LLC：Limited Liability Company

OECD：Organization for Economic Cooperation and Development

OECD-MC：OECD, Commentaries on the

Articels of the Model Convention，不同年份的范本注释会在前加上年份，如 2000 OECD-MC，则表示该注释是 2000 年颁布的。

OECD-MTC：OECD，Model Tax Convention on Income and on Capital，2010.

Para.：Paragraph

OECD-Report：OECD，The Application of the OECD Model Tax Convention to Partnerships，1999.

p.：page

Rev.：Review

TC：Tax Convention

二、德语

AG：Aktiengesellschaft

AO：Abgabenordnung

BB：Der Betriebsberater

BFH：Bundesfinazhof

BGBI：Bürgerliches Gesetzbuch Teil I

BMF：Bundesministerium der Finanzen

BNB：Beslissingen in Belastingzaken，Nederlandes Belastingrechtspraak

BverfG：Bunderverfassungsgericht

BStBI I（Ⅱ Ⅲ）：Bunderssteuerblatt Teil I（Teil II Teil III）

BT-Drs.：Bundestags-Drucksachen

DB：Der Betrieb

DBA：Dobblebesteuerungsabkommen

DSWR：Datenverarbeitung Steuer Wirtschaft Recht

DStJG：Deutsche Steuerjuristische Gesellschaft

DStR：Deutsches Steuerrecht

EStR:Einkommensteuergesetz

Einl. :Einleitung

F. :Fach

FG:Finanzgericht

Fn. :Fußnote

FR:Finanzrundschau

GbR:Gesellschaft bürgelichen Rechts

GewSTG:Gewerbesteuergesetz

GmbH:Geseellschaft mit beschränkter Haftung

Gr. :Gruppe

IStR:Internationale Steuerrecht

IWB:Internationale Wirtschaftsbriefe

JbFfSt:Jahrbuch der Fachanwälte für Steuerrecht

KG:Kommanditgesellschaft

MA: Musterabkommen der OECD zur Vermeidung der Doppelbesteuerung auf dem Gebiete der Steuern vom Einkommen und vom Vermögen mit weiteren Nachweisen

ÖstZB:Beilage zur ÖstZ, Die finazgerichtlichen Erkenntnisse des Verwaltungsgerichtshofs und des Verfassungsgerichtshofs

OHG:Offene Handesgesellschaft

RStBI II:Reichssteuerblatt Teil I(Teil II)

RFH:Reichsfinanzhof

RIW:Recht der Internationalen Wirtschaft

Rz. :Randziffer

S. :Seite

s. o. :sehen oben

Stbg：Die Steuerberatung

StbJb：Steuerberater-Jahrbuch

StuW：Steuer und Wirtschaft

SWI：Steuer und Wirtschaft International

u.：und

Wpg：Die Wirtschaftsprüfung

附录：OECD 关于对所得和财产避免双重征税的税收协定范本

第一章　协定的范围

第 1 条　人的范围

本协定适用于缔约国一方或者双方居民的人。

第 2 条　税种的范围

（1）本协定适用于缔约国任何一方或其政治附属国或其地方政府无论以任何形式对所得和资本征收的税种。

（2）可以是对总所得、总资本、所得和资本的各要素征收的税种，包括从动产和不动产中获得的资本利得税，和对企业支付的工资薪金总额征收的税种，以及对资产增值征收的税种。

（3）协定中所指的税种专门是：

（a）A 国的________________

(b)B 国的________________

(4)范本还适用于在协定签署之后开征的或替代当前税种的其他任何相同或相似的税种。缔约国双方应该通知对方本国税法的显著变动。

第二章 定 义

第 3 条 一般定义

(1)在本协定中,除上下文另有规定的以外:

(a)“人”一语包括个人、公司、合伙企业和其他团体;

(b)“公司”一语是指法人团体或者在税收上视同法人团体的实体;

(c)“企业”一语是指从事经营的实体;

(d)“缔约国一方企业”和“缔约国另一方企业”的用语,分别是指缔约国一方居民经营的企业和缔约国另一方居民经营的企业;

(e)“国际运输”是指任何企业经营的通过轮船或飞机的运输在缔约国一方有实际管理机构,除非该轮船或飞机仅在缔约国另一方经营;

(f)“主管当局”一语是指

A 国________________

B 国________________

(g)“国民”一语是指具有缔约国一方国籍的所有个人和按照该缔约国现行法律取得其地位的所有法人、合伙企业和团体;

(h)“商业”一语是指专业劳务或其他具有独立特征的活动。

(2)缔约国一方在实施本协定时,对于未经本协定明确定义的用语,除上下文另有规定的以外,应当具有该缔约国关于适用本协定税种的法律所规定的含义。

第4条　居民

(1)本协定中"缔约国一方居民"一语是指按照该缔约国法律，由于住所、居所、管理机构或者其他类似的标准，在该缔约国负有纳税义务的人。这个术语并不包括仅仅从缔约国一方获得收入来源的人。

(2)如果按照第(1)款的规定某人同时构成缔约国双方的居民，那么他的身份按照以下确定：

(a)如果他仅在缔约国一方拥有永久性住所，他应该构成该国的居民；如果他在缔约国双方都拥有永久性住所，他应该是和其具有更紧密经济联系的一国的居民(关键利益中心)；

(b)如果无法确定他的关键利益中心，或者他在缔约国双方都没有永久性住所，那么应该判定为他是拥有习惯性住所的一国的居民；

(c)如果他在缔约国双方都有或者都没有习惯性住所，那么应该根据他的国籍来判定他的居民身份；

(d)如果他都拥有或都不拥有缔约国双方的国籍，那么缔约国双方通过相互协商来解决这一问题。

(3)由于第(1)款的规定，除个人以外，同时为缔约国双方居民的人，应认为仅是其实际管理机构所在国家的居民。

第5条　常设机构

(1)在本协定中，"常设机构"一语是指企业进行全部或部分营业的固定营业场所。

(2)"常设机构"一语特别包括：

(a)管理场所；

(b)分支机构；

(c)办事处；

(d)工厂;

(e)作业场所;

(f)矿场、油井或气井、采石场或者其他开采自然资源的场所。

(3)建筑工地,建筑、装配或安装工程,或者与其有关的监督管理活动,但仅以该工地、工程或活动连续超过6个月的为限;

(4)虽有本条上述规定,"常设机构"一语应认为不包括:

(a)专为储存、陈列或者交付本企业货物或者商品的目的而使用的设施;

(b)专为储存、陈列或者交付的目的而保存本企业货物或者商品的库存;

(c)专为由另一企业加工的目的而保存本企业货物或者商品的库存;

(d)专为本企业采购货物或者商品,或者收集信息的目的所设的固定营业场所;

(e)专为本企业进行其他准备性或辅助性活动的目的所设的固定营业场所;

(f)专为本款(a)项至(e)项活动的结合所设的固定营业场所,如果由于这种结合使该固定营业场所的全部活动属于准备性质或辅助性质。

(5)虽有第(1)款和第(2)款的规定,当一个人(除适用第(7)款规定的独立地位代理人以外)在缔约国一方代表缔约国另一方的企业进行活动,有权以该企业的名义签订合同并经常行使这种权力,该人为该企业进行的任何活动,应认为该企业在该缔约国一方设有常设机构,除非该人通过固定营业场所进行的活动限于第(4)款的规定。按照该款规定,不应认为该固定营业场所是常设机构。

(6)缔约国一方企业仅通过按常规经营本身业务的经纪人、一般佣金代理人或者任何其他独立地位代理人在缔约国另一方进行营业,不应认为在该缔约国另一方设有常设机构。但如果该代理人的活动全部或几乎全部代表该企业,不应认为是本款所指的独立地位代理人。

(7)缔约国一方的居民公司,控制或被控制于缔约国另一方的居民公司或者在该缔约国另一方进行营业的公司(不论是否通过常设机构),此项事实不能据以使任何一方公司构成另一方公司的常设机构。

第三章　对收入的征税

第6条　不动产所得

(1)缔约国一方居民从位于缔约国另一方的不动产取得的所得(包括农业或林业所得),可以在该缔约国另一方征税。

(2)“不动产”一语应当具有财产所在地的缔约国的法律所规定的含义。该用语在任何情况下应包括附属于不动产的财产,农业和林业所使用的牲畜和设备,有关地产的一般法律规定所适用的权利,不动产的用益权以及由于开采或有权开采矿藏、水源和其他自然资源取得的不固定或固定收入的权利。船舶和飞机不应视为不动产。

(3)第(1)款的规定应适用于从直接使用、出租或者任何其他形式使用不动产取得的所得。

(4)第(1)款和第(3)款的规定也适用于企业的不动产所得和用于进行独立个人劳务的不动产所得。

第7条　营业利润

(1)缔约国一方企业的利润应仅在该缔约国征税,但该企业通过缔约国另一方的常设机构在缔约国另一方进行营业的除外。如果企业按照前述进行营业,按照第(2)款的规定将可以归属到常设机构的利润在缔约国另一方征税。

(2)为了第22条A、B的目标,第(1)款中能够归属到常设机构在缔约国另一方征税的利润应该是该机构如果作为一个独立企业在相同或相似条件下进行相同或相似活动,考虑其发挥的功能,使用的资产和承担的风险,能够获得的利润。

(3)与第(2)款一致,缔约国一方要对该国企业归属到缔约国另一方的常设机构的利润和在缔约国另一方征的税收进行调整,对这些利润采取必要的消除双重征税方法,对这些利润所征的税款进行必要调整。为了决定这些调整,缔约国双方主管当局必要时应该相互咨询。

(4)利润中如果包括本协定其他各条单独规定的所得项目,本条规定不应影响其他各条的规定。

第8条 海运、内陆运输和空运

(1)缔约国一方企业以船舶或飞机经营国际运输业务所取得的利润,应仅在该企业实际管理机构所在的缔约国征税。

(2)内河运输中产生的利润应该仅在该企业实际管理机构所在的缔约国征税。

(3)如果海运企业或内河运输企业的实际管理机构是境外的轮船或船只,那么该利润应在该轮船或船只母港口所在的缔约国一方征税;如果没有这样的母港口,那么应在该轮船或船只构成居民的缔约国一方征税。

(4)第(1)款规定也适用于参加合伙经营、联合经营或者参加国际经营机构取得的利润。

第9条　关联企业

(1)在下列任何一种情况下:

(a)缔约国一方企业直接或者间接参与缔约国另一方企业的管理、控制或资本,或者

(b)相同的人直接或者间接参与缔约国一方企业和缔约国另一方企业的管理、控制或资本,两个企业之间商业或财务关系的构成条件不同于独立企业之间商业或财务关系的构成条件,并且由于这些条件的存在,导致其中一个企业没有取得其本应取得的利润,则可以将这部分利润计入该企业的所得,并据以征税。

(2)缔约国一方将缔约国另一方已征税的企业利润——在两个企业之间的关系是独立企业之间关系的情况下,这部分利润本应由该缔约国一方企业取得——包括在该缔约国一方企业的利润内征税时,缔约国另一方应对这部分利润所征收的税额加以调整,条件是该缔约国另一方认为调整是正当的。在确定调整时,应对本协定其他规定予以注意。如有必要,缔约国双方主管当局应相互协商。

第10条　股息

(1)缔约国一方居民公司支付给缔约国另一方居民的股息,可以在缔约国另一方征税。

(2)然而,这些股息也可以在支付股息的公司是其居民的缔约国,按照该缔约国的法律征税。但是,如果股息受益所有人是缔约国另一方居民,则所征税款:

(a)在受益所有人是公司(合伙企业除外),并直接拥有支付股息的公司至少25%资本的情况下,不应超过股息总额的5%;

(b)在其他情况下,不应超过股息总额的15%。

本款不应影响对该公司支付股息前的利润征税。

（3）本条“股息”一语是指从股份或者非债权关系分享利润的其他权利取得的所得，以及按照分配利润的公司是其居民的缔约国法律，视同股份所得同样征税的其他公司权利取得的所得。

（4）如果股息受益所有人作为缔约国一方居民，在支付股息的公司是其居民的缔约国另一方，通过设在缔约国另一方的常设机构进行营业或者通过设在缔约国另一方的固定基地从事独立个人劳务，据以支付股息的股份与该常设机构或固定基地有实际联系的，不适用第（1）款和第（2）款的规定。在这种情况下，应视具体情况适用第 7 条或第 14 条的规定。

（5）作为缔约国一方居民的公司从缔约国另一方取得利润或所得，该缔约国另一方不得对该公司支付的股息征税，也不得对该公司的未分配利润征税，即使支付的股息或未分配利润全部或部分是发生于缔约国另一方的利润或所得。但是，支付给缔约国另一方居民的股息或者据以支付股息的股份与设在缔约国另一方的常设机构或固定基地有实际联系的除外。

第 11 条 利息

（1）发生于缔约国一方而支付给缔约国另一方居民的利息，可以在该缔约国另一方征税。

（2）然而，这些利息也可以在其发生的缔约国，按照该缔约国的法律征税。但是，如果利息受益所有人是缔约国另一方居民，则所征税款不应超过利息总额的 10%。缔约国双方主管当局应协商确定实施限制税率的方式。

（3）本条“利息”一语是指从各种债权取得的所得，不论其有无抵押担保或者是否有权分享债务人的利润；特别是从公债、债券或者信用债券取得的所得，包括其溢价和奖金。由于延期支付而产生的罚款不应视为本条所规定的利息。

(4)如果利息受益所有人作为缔约国一方居民,在利息发生的缔约国另一方,通过设在该缔约国另一方的常设机构进行营业或者通过设在该缔约国另一方的固定基地从事独立个人劳务,据以支付该利息的债权与该常设机构或者固定基地有实际联系的,不适用第(1)款和第(2)款的规定。在这种情况下,应视具体情况适用第7条的规定。

(5)如果支付利息的人是缔约国一方居民,应认为该利息发生在该缔约国。然而,如果支付利息的人——不论是否为缔约国一方居民——在缔约国一方设有常设机构或固定基地,支付该利息的债务与该常设机构或固定基地有联系,并由其负担该利息,上述利息应认为发生于该常设机构或固定基地所在的缔约国。

(6)由于支付利息的人与受益所有人之间或者他们与其他人之间的特殊关系,就有关债权所支付的利息数额超出支付人与受益所有人没有上述关系所能同意的数额时,本条规定应仅适用于在没有上述关系情况下所能同意的数额。在这种情况下,对该利息的超出部分,仍应按各缔约国的法律征税,但应对本协定其他规定予以适当注意。

第12条　特许权使用费

(1)缔约国一方支付给缔约国另一方的特许权使用费应仅在缔约国另一方征税。

(2)本条“特许权使用费”一语是指为使用或有权使用任何文学、艺术或科学著作,包括电影影片、无线电或电视广播使用的胶片、磁带的版权,任何专利、商标、设计或模型、图纸、秘密配方或秘密程序,或任何工业、商业、科学设备所支付的作为报酬的各种款项。

(3)如果特许权使用费受益所有人作为缔约国一方居民,在特许权使用费发生的缔约国另一方,通过设在该缔约国另一方的常设机构进行营业,据以支付该特许权使用费的权利或财产与该常设机构或固定基地有实际联系的,不适用第(1)款和第(2)款的规定。在这种情况下,应视具体情况适用第 7 条的规定。

(4)由于支付特许权使用费的人与受益所有人之间或他们与其他人之间的特殊关系,就有关使用、权利或信息所支付的特许权使用费数额超出支付人与受益所有人没有上述关系所能同意的数额时,本条规定应仅适用于在没有上述关系情况下所能同意的数额。在这种情况下,对该支付款项的超出部分,仍应按各缔约国的法律征税,但应对本协定其他规定予以适当注意。

第 13 条 财产收益

(1)缔约国一方居民转让第 6 条所述位于缔约国另一方的不动产取得的收益,可以在该缔约国另一方征税。

(2)转让缔约国一方企业在缔约国另一方的常设机构营业财产部分的动产取得的收益,包括转让常设机构(单独或者随同整个企业)或者固定基地取得的收益,可以在该缔约国另一方征税。

(3)缔约国一方企业转让从事国际运输的船舶或飞机,内河运输的船只,或者转让属于经营上述船舶、飞机或船只的动产取得的收益,应仅在企业实际管理机构所在的缔约国一方征税。

(4)转让一个公司的股份取得的收益,如果该公司财产 50% 以上主要直接或间接由位于缔约国一方的不动产构成,可以在该缔约国一方征税。

(5)转让第(1)款至第(4)款所述财产以外的其他财产取得的收益,应仅在转让者为其居民的缔约国一方征税。

第 14 条 独立个人劳务(已删除)

第 15 条 受雇所得

(1)除适用第 16 条、第 18 条和第 19 条的规定外,缔约国一方居民因受雇取得的薪金、工资和其他类似报酬,除在缔约国另一方从事受雇的活动以外,应仅在该缔约国一方征税。在缔约国另一方从事受雇活动取得的报酬,可以在该缔约国另一方征税。

(2)虽有第(1)款的规定,缔约国一方居民因在缔约国另一方从事受雇活动取得的报酬,同时具有以下三个条件的,应仅在该缔约国一方征税:

(a)收款人在有关纳税年度开始或结束的任何 12 个月内在缔约国另一方停留连续或累计不超过 183 天;

(b)该项报酬由并非缔约国另一方居民的雇主支付;

(c)该项报酬不是由雇主设在缔约国另一方的常设机构所负担。

(3)虽有本条上述规定,在缔约国一方企业经营国际运输的船舶或飞机上从事受雇活动取得的报酬,可以在该企业实际管理机构所在的缔约国一方征税。

第 16 条 董事费

缔约国一方居民作为缔约国另一方居民公司董事会或其他类似组织的成员取得的董事费和其他类似款项,可以在该缔约国另一方征税。

第 17 条 艺术家和运动员

(1)虽有第 7 条和第 15 条的规定,缔约国一方居民作为表演家,如戏剧、电影、广播或电视艺术家或音乐家,或作为运动员,在缔约国另一方从事个人活动取得的所得,可以在该缔约国另一方征税。

(2)表演家或运动员从事个人活动取得的所得,未归属于表演家或运动员本人,而归属于其他人时,虽有第7条和第15条的规定,该所得仍可以在该表演家或运动员从事其活动的缔约国一方征税。

第18条 退休金

除适用第19条第(2)款的规定以外,因以前的雇佣关系支付给缔约国一方居民的退休金和其他类似报酬,应仅在该缔约国一方征税。

第19条 政府服务

(1)(a)缔约国一方或其法定团体或地方当局对向其提供服务的个人支付退休金以外的薪金、工资和其他类似报酬,应仅在该缔约国一方征税。

(b)但是,如果该项服务是在缔约国另一方提供,而且提供服务的个人是该缔约国另一方居民,并且该居民:

A. 是该缔约国另一方的国民;或者

B. 不是仅由于提供该项服务而成为该缔约国另一方居民的,该项薪金、工资和其他类似报酬,应仅在该缔约国另一方征税。

(2)(a)缔约国一方或其法定团体或地方当局支付或者从其建立的基金中支付给向其提供服务的个人的退休金,应仅在该缔约国一方征税。

(b)但是,如果提供服务的个人是缔约国另一方居民,并且是其国民的,该项退休金应仅在该缔约国另一方征税。

(3)第15条、第16条、第17条和第18条的规定,应适用于向缔约国一方或其法定团体或地方当局举办的事业提供服务取得的薪金、工资、退休金和其他类似报酬。

第20条 学生

如果一个学生是或者在紧接前往缔约国一方之前曾是缔约国另

一方居民，仅由于接受教育的目的，而停留在该缔约国一方，对其为了维持生活或接受教育的目的收到的来源于该缔约国一方以外的款项，该缔约国一方应免予征税。

第21条 其他收入

(1)缔约国一方居民取得的各项所得，不论在什么地方发生，凡本协定上述各条未作规定的，应仅在该缔约国一方征税。

(2)第6条第(2)款规定的不动产所得以外的其他所得，如果所得收款人为缔约国一方居民，通过设在缔约国另一方的常设机构在该缔约国另一方进行营业，据以支付所得的权利或财产与该常设机构或固定基地有实际联系的，不适用第一款的规定。在这种情况下，应视具体情况分别适用第7条或的规定。

第四章 资本征税

第22条 资本

(1)由第6条所指不动产构成的资本被缔约国一方居民所有，坐落在缔约国另一方的，可以由缔约国另一方征税。

(2)由缔约国一方企业的常设机构商业财产中的动产构成的资本位于缔约国另一方的，可以在缔约国另一方征税。

(3)由国际运输的轮船和飞机，和内河运输的船只，以及经营这些轮船、飞机和船只中使用的动产，应只在该企业的实际管理机构所在的缔约国征税。

(4)其他缔约国一方居民的资本应只在该缔约国一方征税。

第五章 消除双重征税方法

第23条 A免税法

(1)按照本协定的规定，缔约国一方居民从缔约国另一方取得所得或拥有资本可以在缔约国另一方征税的，缔约国一方按照第(2)款和第(3)款的规定，对这些所得和资本免税。

(2)如缔约国一方居民适用第10条和第11条的规定，从缔约国另一方取得所得并可以在缔约国另一方征税，缔约国一方将已经在缔约国另一方缴纳的税款从应税所得中扣除。但是，该扣除不应超过从缔约国另一方取得的所得应该计算缴纳的税款。

(3)本协定其他条款中规定的由缔约国一方居民从缔约国另一方获得的所得或拥有的资本在缔约国一方免税，缔约国一方在计算该居民剩余应税所得或资本时应将免税收入或资本考虑在内。

(4)本条第(1)款不适用于缔约国一方居民从缔约国另一方获得所得或拥有资本按照第10条和第11条第(2)款征税的情况。

第23条　B 抵免法

(1)按照本协定的规定，缔约国一方居民从缔约国另一方取得所得或拥有资本可以在缔约国另一方征税的，缔约国一方可以：

(a)在该居民所得中将已纳税款扣除，扣除额等于在缔约国另一方已纳的所得税税款；

(b)在该居民资本中将已纳税款扣除，扣除额等于在缔约国另一方已纳的资本税税款。

但是，无论何种情况，扣除额都不应该超过对该项所得按照缔约国另一方税法和规章计算的所得税或资本税税款。

(2)当按照本协定任何条款的规定，缔约国一方的居民取得的所得在缔约国一方免税时，在计算该居民其余所得的税额时，可以对免税的所得予以考虑。

第六章　特殊条款

第24条　非歧视

(1)缔约国一方的国民在缔约国另一方负担的税收或者有关要求,在相同情况下,特别是在居民身份相同的情况下,不应与该缔约国另一方的国民负担或可能负担的税收或者有关要求不同或比其更重。虽有第一条的规定,本规定也应适用于不是缔约国一方或者双方居民的人。

(2)缔约国一方的居民在缔约国任一方负担的税收或者有关要求,在相同情况下,特别是在和居民相关的情况,不应比该国的国民负担的税收或相关要求更重。

(3)缔约国一方企业在缔约国另一方常设机构的税收负担,不应高于缔约国另一方对从事同样活动的本国企业征收的税收。本规定不应理解为缔约国一方由于民事地位、家庭责任给予该国居民的任何税收上的个人补贴、优惠和减免也必须给予缔约国另一方居民。

(4)除适用第9条第(1)款、第11条第(6)款或第12条第(4)款的规定外,缔约国一方企业支付给缔约国另一方居民的利息、特许权使用费和其他款项,在确定该企业应纳税利润时,应像支付给该缔约国一方居民的一样,在相同情况下予以扣除。相似地,缔约国一方居民向缔约国另一方居民持有的债务,为了确定该企业应税资本的目的,在相同情况下应在缔约国一方予以扣除。

(5)缔约国一方企业的资本全部或部分、直接或间接为缔约国另一方一个或多个居民拥有或控制,该企业在该缔约国一方负担的税收或者有关要求,不应与该缔约国一方其他同类企业负担或可能负担的税收或者有关要求不同或比其更重。

(6)虽有第2条的规定,本条规定应适用于所有种类和性质的税收。

第25条　相互协商程序

(1)如有人认为,缔约国一方或者双方所采取的措施,导致或将导致对其的征税不符合本协定的规定时,可以不考虑各缔约国国内法律的救济办法,将案情提交该人为其居民的缔约国主管当局,或者如果其案情属于第24条第1款,可以提交该人为其国民的缔约国主管当局。该项案情必须在不符合本协定规定的征税措施第一次通知之日起,3年内提出。

(2)上述主管当局如果认为所提意见合理,又不能单方面圆满解决时,应设法同缔约国另一方主管当局相互协商解决,以避免不符合本协定的征税。达成的协议应予执行,而不受各缔约国国内法律的时间限制。

(3)缔约国双方主管当局应通过协议设法解决在解释或实施本协定时所发生的困难或疑义,也可以对本协定未作规定的消除双重征税问题进行协商。

(4)缔约国双方主管当局可以相互进行直接交流,包括通过由他们自己或其他代表的联合团队,目的是为了某些条款的含义达成共识。

(5)其中,

(a)第(1)款中,如果当事人向缔约国一方主管当局提交了案例,涉及一方或两方缔约国,得到的结果和本协定条款规定不一致的;或者

(b)主管当局不能就第(2)款的案例在2年内达成一致的,

如果当事人请求,可以将该案例提交仲裁程序。但是,这些未决案例如果已经由任何一方缔约国的法院或行政部门做出判决的,不能提交仲裁。除非直接受到该案例影响的当事人不接受相互协商程序达成的仲裁决议,该决议可以影响缔约国双方,其执行不受缔约国国内法的时间限制。缔约国双方主管当局可以通过相互协商

应用本款的模式。

第 26 条　信息交换

(1)缔约国双方主管当局应交换可以预见的与执行本协定的规定相关的信息,或与执行缔约国双方或其地方当局征收的各种税收的国内法律相关的信息,以根据这些法律征税与本协定不相抵触为限。信息交换不受第 1 条和第 2 条的限制。

(2)缔约国一方根据第(1)款收到的任何信息,都应和根据该国国内法所获得的信息一样作密件处理,仅应告知与第(1)款所指税收有关的评估、征收、执行、起诉或上诉裁决有关的人员或当局(包括法院和行政部门)及其监督部门。上述人员或当局应仅为上述目的使用该信息,但可以在公开法庭的诉讼程序或法庭判决中披露有关信息。

(3)第(1)款和第(2)款的规定在任何情况下不应被理解为缔约国一方有以下义务:

(a)采取与该缔约国一方或缔约国另一方的法律和行政惯例相违背的行政措施;

(b)提供按照该缔约国一方或缔约国另一方的法律或正常行政渠道不能得到的信息;

(c)提供泄露任何贸易、经营、工业、商业或专业秘密或贸易过程的信息或者泄露会违反公共政策(公共秩序)的信息。

(4)如果缔约国一方根据本条请求信息,缔约国另一方应使用其信息收集手段取得所请求的信息,即使缔约国另一方可能并不因其税务目的需要该信息。前句所确定的义务受第(3)款的限制,但是这些限制在任何情况下不应被理解为允许缔约国一方仅因该信息没有国内利益而拒绝提供。

(5)在任何情况下,第(3)款的规定不应被理解为允许缔约国一方仅因信息由银行、其他金融机构、被指定人、代理人或受托人所持有,或者因信息与人的所有权益有关,而拒绝提供。

第27条 征管互助

(1)缔约国双方应在收入追索的征管中相互提供帮助。这种互助不限于第1条和第2条的范围。缔约国主管当局可以通过相互协商确定本条的应用方式。

(2)本条中"收入追索"(revenue claim)是指缔约国政府或其政治附属部门或其地方政府征收的各种形式的税收的金额,以及和这个金额相关的利息、行政罚款和征管成本,该税收不应和本范本和缔约国任一方的其他指南冲突。

(3)如果缔约国一方按照本国税法进行的收入追索,并且当事人在当时在该国法律下阻止此征收,这项收入追索可以由缔约国一方主管当局提出,缔约国另一方主管当局基于征收的目的接受。该收入追索可以被看作缔约国另一方的税收按照缔约国另一方的法律征收。

(4)如果缔约国一方按照本国税法对一项追索采取税收保全措施,可以由缔约国一方主管当局提出,缔约国另一方主管当局基于征收的目的接受。缔约国另一方可以将被该收入追索看作本国的税收,按照本国税法采取税收保全措施。

(5)尽管有本条第(3)款和第(4)款的规定,缔约国一方接受的收入追索请求不应该受到时间限制或按照其国内法享受优先执行地位。并且,缔约国一方接受的收入追索请求不应按照缔约国另一方的法律享受优先执行地位。

(6)收入追索的存在、有效性和金额不应在缔约国另一方的法院、行政机构做出决定之前提交。

(7)缔约国一方按照第(3)款和第(4)款做出请求后的任何时间内,在缔约国另一方对相关收入进行征收之前,相关收入追索在下列情况下停止:

(a)第(3)款所列的请求,如果缔约国一方的收入追索在该国法律下成立,但是当事人按照该国法律无法阻止税款征收;

(b)第(4)款所列的请求,如果缔约国一方可以按照本国法律进行税收保全措施以保证税款征收。

缔约国一方主管当局应该迅速通知缔约国另一方主管当局以上事实,根据缔约国另一方的选择,缔约国一方应该停止或者取消请求。

(8)无论任何案例,本条款都不应该赋予缔约国一方以下义务:

(a)按照缔约国另一方的法律或行政规定采取行政措施;

(b)采取违背公共利益的措施;

(c)对缔约国一方按照本国法律或者行政法规尚未采取足够措施征收或者保全的情况下提供协助;

(d)在一国为此付出的行政成本明显高于另一国获得的收益情况下提供协助。

第28条　外交代表和领事官员

本协定应不影响按国际法一般原则或特别协定规定的外交代表或领事官员的税收特权。

第29条　领域扩展

(1)本范本可以将整体或一些必要修订向(A国或B国从范本应用中排除的部分管辖权内或)A国或B国在国际关系上负责的国家或地区进行扩展,这些国家或地区应该和范本所要求的特征征收基本相似的税收。任何扩展的生效时间、修订和条件都应通过外交渠道或其他法定程序进行确定。

(2)除非缔约国双方均同意,任何一方按照30条提出的协定终止同样适用于按照本条扩展的协定应用。

第七章 最后条款

第30条 执行

第31条 终止

图书在版编目(CIP)数据

双边税收协定对合伙企业的适用研究 / 黄素梅著. —北京:法律出版社,2017.5
ISBN 978-7-5197-0886-3

Ⅰ.①双… Ⅱ.①黄… Ⅲ.①合伙企业—对外投资—税收管理—研究—中国 Ⅳ.①F812.423

中国版本图书馆 CIP 数据核字(2017)第 094268 号

双边税收协定对合伙企业的适用研究
SHUANGBIAN SHUISHOU XIEDING DUI HEHUO QIYE DE SHIYONG YANJIU

黄素梅 著

策划编辑 沈小英
责任编辑 沈小英 刘晓萌
装帧设计 李 瞻

出版 法律出版社
总发行 中国法律图书有限公司
经销 新华书店
印刷 北京京华虎彩印刷有限公司
责任校对 杜 进
责任印制 吕亚莉

编辑统筹 财经出版分社
开本 A5
印张 10.375
字数 255 千
版本 2017 年 6 月第 1 版
印次 2017 年 6 月第 1 次印刷

法律出版社/北京市丰台区莲花池西里 7 号(100073)
网址/www.lawpress.com.cn
投稿邮箱/info@lawpress.com.cn
举报维权邮箱/jbwq@lawpress.com.cn
销售热线/010-63939792
咨询电话/010-63939796

中国法律图书有限公司/北京市丰台区莲花池西里 7 号(100073)
全国各地中法图分、子公司销售电话:
统一销售客服/400-660-6393
第一法律书店/010-63939781/9782 西安分公司/029-85330678 重庆分公司/023-67453036
上海分公司/021-62071639/1636 深圳分公司/0755-83072995

书号:ISBN 978-7-5197-0886-3 **定价:**43.00 元
(如有缺页或倒装,中国法律图书有限公司负责退换)